成都局集团公司铁路职工岗位培训系列教材

机车副司机

中国铁路成都局集团有限公司　编

中国铁道出版社有限公司

2024年·北 京

内 容 简 介

本书为机车副司机岗位培训教材，全书分七章，包括力学与机械基础，电工、电子基础，计算机基础，机务运用与管理一般常识，机车制动系统，行车安全装备，机车乘务岗位技能与应急处置。

本书适用于集团公司“新职、转岗、晋升”人员岗前资格性培训，也可作为高职生“2+1”定向培养教材和日常岗位适应性培训教材。

图书在版编目（CIP）数据

机车副司机 / 中国铁路成都局集团有限公司编. 北京 ：中国铁道出版社有限公司，2024. 11. --（成都局集团公司铁路职工岗位培训系列教材）. -- ISBN 978-7-113-31537-5

Ⅰ. U268.48

中国国家版本馆 CIP 数据核字第 2024YN4482 号

书　　名：机车副司机
作　　者：中国铁路成都局集团有限公司

责任编辑：李晓慧　　**编辑部电话：**(010)51873421
封面设计：郑春鹏
责任校对：刘　畅
责任印制：高春晓

出版发行：中国铁道出版社有限公司(100054，北京市西城区右安门西街8号)
网　　址：https://www.tdpress.com
印　　刷：天津嘉恒印务有限公司
版　　次：2024年11月第1版　2024年11月第1次印刷
开　　本：787 mm×1 092 mm 1/16　**印张：**13.25　**字数：**312千
书　　号：ISBN 978-7-113-31537-5
定　　价：70.00元

成都局集团公司铁路职工岗位培训系列教材
编审委员会

本书编委会

主　　编： 池尚军

副 主 编： 包成令　罗林顺　许志刚　刘　阳　邓所钊　张世毕

主　　审： 赵鹏程　何　强　余强军　张　荣

编写人员： 池尚军　罗林顺　李惠群　黄　强　徐　华　马　元　余　阳　何　强　杜斌刚　余强军　赵鹏程　周碧波　邓所钊　王达辉　张　荣　詹金凤　魏晓萌

前 言

随着我国铁路事业快速发展，路网规模持续扩大、技术装备不断更新、职工队伍大规模迭代，对铁路专业技能人才，尤其是“新职、转岗、晋升”人员的知识技能结构提出了更高的要求。为进一步加强职工队伍建设，加快铁路高技能人才培养，适应铁路高质量发展对职工岗位素质的要求，依据《铁路特有工种技能培训规范》、教学大纲和岗位作业标准，中国铁路成都局集团有限公司组织编写了“铁路职工岗位培训系列教材”。

本套教材从各工种岗位工作实际出发，注重专业性、实用性和指导性，以新职、转岗、晋升人员基础知识和专业技能培训为重点内容，以适应岗位需求为主要目标，严格按照《铁路特有工种技能培训规范》培训科目要求，充分依据现行基本规章和作业标准，紧密结合现场各工种岗位作业实际组织编写，内容反映各工种岗位“新技术、新设备、新工艺、新规章”变化，重点突出岗位作业标准、安全规定、应急处置。

本套教材由中国铁路成都局集团有限公司教材编审委员会组织，以专业指导委员会为平台，职工培训部统筹，职工培训基地牵头，运输、客运、货运、机务、工务、电务、供电、车辆、土房专业部门组建以现场专业技术骨干为主体的编写团队进行编写，适用于“新职、转岗、晋升”人员岗前资格性培训，也可作为高职生“2＋1”定向培养教材和日常岗位适应性培训教材。

本书为机车副司机岗位培训教材，全书分七章，包括力学与机械基础，电工、电子基础，计算机基础，机务运用与管理一般常识，机车制动系统，行车安全装备，机车乘务岗位技能与应急处置。本书引用的基本规章、作业标准等为编写时现行文件，与后续新发文件冲突时，以新发文件为准。

由于编者水平有限，书中难免存在疏漏和不妥之处，恳请广大读者提出宝贵意见，便于日后修订完善。

编委会

2024 年 4 月

目录

第一章　力学与机械基础

第一节　力 学 基 础

一、机车牵引力

(一)牵引力的定义

机车牵引力是由机车动力装置及传动装置产生、与列车运行方向相同、导致列车运行并可由司机根据需要调节的外力。

动力装置产生的机械能(热力牵引)或直接由接触网获得的电能(电力牵引),通过传动装置产生使动轮回转的扭矩,在动轮轮周上形成切向力,依靠轮轨间的黏着产生由钢轨作用于动轮轮周上的反作用力,从而使列车发生平移运动。这种由钢轨作用于动轮轮周上的切向外力,就是机车牵引力。这个力是用来克服机车阻力的,是使机车运动的原因。

对于动车组、城市轨道列车和地铁列车而言,动力集中配置的牵引力,可称为动车牵引力;动力分散配置的动车(包括带动力转向架的拖车)的牵引力,称为列车牵引力。

(二)牵引力的形成

电力机车牵引力的产生过程:接触网的高压交流电由机车受电弓引入主变压器的原边绕组,再经过动轮、钢轨,回到牵引变电所构成回路。

以交—直—交传动电力机车为例:接触网供给的交流电首先进入电力机车的受电弓,通过受电弓将交流电能引入机车变压器一次侧绕组;经过变压器二次侧绕组降压后,将交流电送入整流环节(交流电通过二极管整流桥整流成直流电);整流后的直流电经过平波电抗器,消除直流电中的谐波分量,然后供给牵引电动机;牵引电动机在直流电的作用下转动,从而产生牵引力(电力机车牵引列车的力量来源);牵引电动机产生的牵引力通过机车轮对传递到铁轨上,推动列车向前行驶。

从力学角度对机车牵引过程进行分析,机车牵引力的形成如图 1-1 所示,机车通过轮对将自身重量 P_g 作用在钢轨上,通过轮轨接触点 C,产生钢轨对车轮的法向反作用力 N。

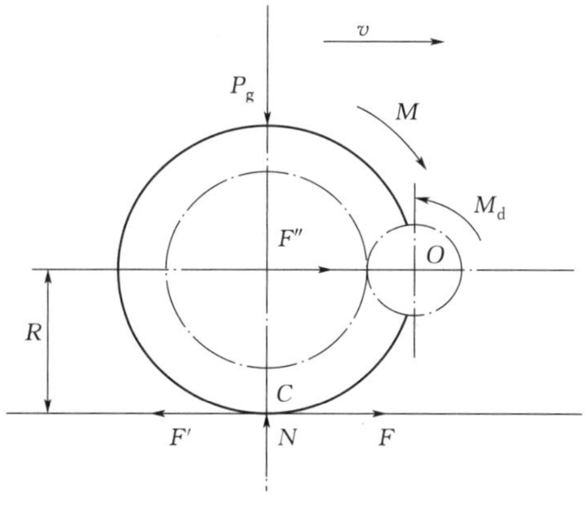

图 1-1　机车牵引力的形成

当牵引电机输出转矩 M_d 时,通过大小齿轮啮合,传递给动轮一个转矩 M。M 驱动半径为 R 的动轮绕其圆心 O 转动时,受轮轨接触面摩擦的阻碍,从而形成车轮与钢轨间的作用力 F' 与反作用力 F。此时 M 转化为 F' 和 F'' 力偶,由 F' 作用于钢轨,得到钢轨的反作用力 F。由于轮轨间的黏着作用，反作用力 F 阻碍了动轮与轨面间的滑动，因此 F'' 推动动轮以 C 为瞬时转动中心滚动，并将力传递给轴箱，再通过转向架及车架传至车钩，牵引列车前进。

（三）牵引力的分类

1. 按能量转换过程限制关系分类

（1）电力机车（电动车组）

牵引电机牵引力——受牵引电机功率限制的轮周牵引力。

黏着牵引力——受轮轨间黏着能力限制的轮周牵引力。

（2）热力机车

原动机牵引力——受原动机功率限制的轮周牵引力（内燃机车牵引时，即为柴油机牵引力）。

传动装置牵引力——受传动装置能力限制的轮周牵引力（采用电传动时，即为牵引电机牵引力）。

黏着牵引力——受轮轨间黏着能力限制的轮周牵引力。

实际条件下，能够实现的机车牵引力是上述这些牵引力中的最小者。

2. 按能量传递顺序分类

（1）指示牵引力

指示牵引力是一个假想的概念，假定原动机（内燃牵引时就是柴油机）所做的指示功毫无损失地传到动轮上所得到的机车牵引力。

这种牵引力通常由司机的操纵和机车的控制系统来决定。指示牵引力的大小取决于司机的操作方式、机车的控制系统和运行需要等因素。

（2）轮周牵引力

使机车牵引车辆沿轨道运行、来自钢轨和轮周的外力，称为轮周牵引力，即实际作用在动轮轮周上的牵引力。

机车通过动力传动装置的作用，将电能或化学能最终转变为机械能，并传递到动轮上。然而，动力传动装置作用在动轮上的力矩是机车的一种内力矩，假如动轮不作用于钢轨上，则动轮只能自身旋转，而无法使机车运动。因此，轮周牵引力产生有两个必须具备的条件：机车动轮上有动力传动装置传来的旋转力矩，动轮与钢轨接触并存在摩擦作用。

轮周牵引力的产生过程：当机车的动轮在力矩 M 的作用下，轮轨间出现相对运动趋势时，如果轮轨间的静摩擦作用不被破坏，那么动轮产生对钢轨的作用力 F' 和钢轨对动轮的反作用力 F，F' 与 F 两个力的方向相反、大小相等，轮周牵引力的产生如图 1-2 所示。

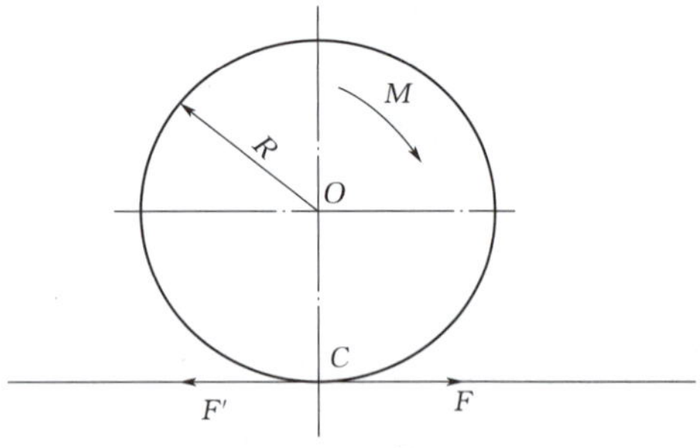

图 1-2　轮周牵引力的产生

反作用力 F 是由动力传动装置引起的，与列车运行方向相同的外力，本质是可以由司机调节的机车牵引力。由于作用于动轮轮周，反作用力 F 即为轮周牵引力。

（3）车钩牵引力

除去机车阻力的消耗，实际作用在机车车钩上的牵引力称为车钩牵引力。

车钩牵引力的概念如图 1-3 所示，在计算列车运行速度和运行时间时，要以整个列车为单独整体，而车钩牵引力是机车和车辆之间相互作用的力，因此车钩牵引力 F_g 不是使整个列车发生运动或加速的外力。

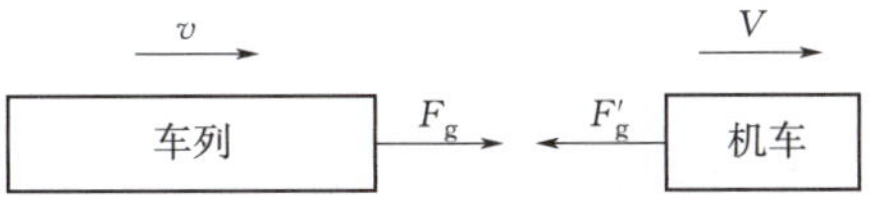

图 1-3　车钩牵引力的概念

《列车牵引计算　第 1 部分：机车牵引式列车》(TB/T 1407.1—2018)规定，机车牵引力、制动力以动轮半磨耗时的轮周牵引力和轮周制动力为计算标准。由于动轮直径的变化会影响轮周牵引力、制动力的大小，规定牵引力、制动力按动轮轮箍的半磨耗状态计算。

3. 按机车工作状态分类

(1)起动牵引力

机车在起动时所能够发出的牵引力。在机车从静止状态起动时，需要克服机车的静摩擦力和轨道的滚动阻力，因此起动牵引力通常比持续牵引力大。起动牵引力的大小受到机车起动加速度的影响，同时也受到机车轮轨间黏着条件的限制。

(2)持续牵引力

机车在持续运行过程中所能够发出的牵引力。在机车正常运行时，需要克服机车的滑动摩擦力和轨道的滚动阻力，因此持续牵引力通常比起动牵引力小。持续牵引力的大小取决于机车的功率和速度，同时也受到机车轮轨间黏着条件的限制。

(3)最大牵引力

机车在不对自身机械构成破坏的情况下所能发出的最大牵引力。最大牵引力通常与起动牵引力相同，因为在机车起动时通常会发挥出最大的牵引力。最大牵引力的大小受到机车机械结构的限制，同时也受到机车轮轨间黏着条件的限制。

(四)机车黏着牵引力

机车动轮轮周上的切线力大于轮轨间的黏着力时动轮就要发生空转。在不发生空转的条件下，所能实现的最大轮周牵引力称为黏着牵引力。

黏着牵引力的产生主要依赖于机车车轮与轨道之间的黏着系数。当机车需要增加牵引力时，机车轮周牵引力所能达到的最大值等于黏着重量与黏着系数的乘积，这个值是评定机车牵引性能的一项重要技术指标。

在机车行驶过程中，黏着系数受到很多因素的影响，包括机车和轨道的状态、车轮的磨损程度、机车行驶的速度等等。当机车动轮压在钢轨上的重力与黏着系数的乘积达到最大值时，机车能够获得的黏着牵引力也最大。如果黏着系数降低，那么机车的牵引力也会相应减小，从而影响机车的起动和加速性能。

(五)影响牵引力的主要因素

1. 牵引电动机的工作状态

电力机车中，牵引电动机将电能转化为机械能，从而驱动机车动轮旋转产生牵引力。因此，牵引电动机的额定功率、转速以及与传动装置的匹配程度等因素都会直接影响到电力机车的牵引力大小和机车运行的状态。

2. 黏着条件

机车的牵引力受到黏着条件的限制,即车轮与钢轨之间的摩擦力。如果黏着条件不好,比如轨道表面存在污物、油脂或其他物质,可能会影响轮胎与轨道之间的摩擦,从而减小牵引力。

3. 速　　度

机车的牵引力随速度的增加而增加。但是当机车速度达到一定值后,由于空气阻力和机械摩擦力的影响,牵引力会逐渐减小。

4. 坡道阻力

在坡道上行驶时,电力机车需要克服坡道阻力,这会使得牵引力增加。

5. 机车编组

机车编组也会影响牵引力。重载机车需要更大的牵引力来克服增加的阻力,而轻载机车则相对容易克服阻力。

6. 其他因素

除了以上因素,还有其他因素可能影响电力机车的牵引力大小,如机车使用时间、维护状况、气候条件等。

(六)电力机车牵引力的传递过程

电力机车牵引力的传递过程是从接触网获取电能,通过牵引电动机转化为机械能,再通过传动装置传递到动轮上产生牵引力,最后由牵引力的调整来满足不同的运行需求。这个过程是一个复杂而精密的过程,需要各部件的协同工作来实现机车的正常运行。

电力机车牵引力的传递如图 1-4 所示,电力机车的牵引力传递过程:轮轨接触点产生的牵引力→轮对→轴箱→轴箱拉杆→转向架构架→牵引拉杆→底架牵引座→车体底架→车钩。

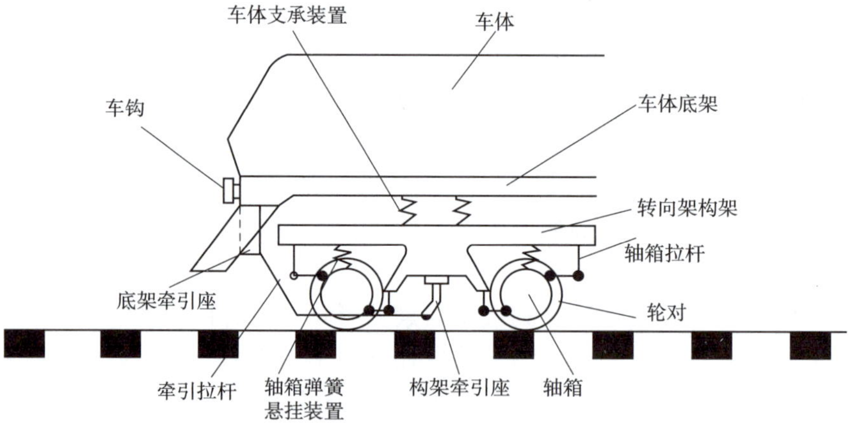

图 1-4　电力机车牵引力的传递

首先,牵引电动机产生牵引力,并通过轮轨接触点传递到动轮上。这个牵引力使得车轮产生旋转,进而推动机车前进。然后,牵引力通过轮对传递到轴箱,轴箱再将其传递到轴箱拉杆上。轴箱拉杆与转向架构架相连,通过轴箱拉杆的传动作用,将牵引力传递到转向架构架上。接下来,牵引力通过转向架构架传递到牵引拉杆上,牵引拉杆再将其传递到底架牵引座上。底架牵引座是机车底架的一部分，它将牵引力传递到车体底架上。最后，牵引力通过车体底架传递到车钩上，车钩再将牵引力传递到连接的车钩上，从而实现对车辆的牵引。

这个传递过程是一个连续的过程，各个部件的协同工作使得电力机车的牵引力能够有效地传递并推动机车及车辆前进。

二、列车运行阻力

(一)定　义

与列车运行方向相反、阻碍列车运行、司机不可控制的外力，称为列车运行阻力，简称列车阻力。

(二)分　类

1. 按阻力产生原因

(1)基本阻力：运行中(包括起动时)永远存在的阻力。列车在平直道上运行时，只有运行基本阻力；在平直道上起动时，只有起动基本阻力。

(2)附加阻力：个别情况下发生的阻力。如坡道附加阻力、曲线附加阻力、隧道附加阻力等。

基本阻力与附加阻力合并在一起称为全阻力。

2. 按阻力作用范围

(1)总阻力：作用在机车、车辆或列车全部重量上的阻力，分别称为机车、车辆或列车总阻力，总阻力用大写英文字母“W”表示，单位是 kN。

(2)单位阻力：平均到机车、车辆或列车每 1 kN 重力上的阻力，分别称为机车、车辆或列车单位阻力，单位阻力用小写英文字母“w”表示，单位是 N/kN。

动车组因为是固定编组，其阻力不再分动车阻力和拖车阻力，按动车组统一计算，称为列车阻力。

(三)列车基本阻力

列车的基本阻力由机械阻力和气动阻力组成。

1. 机械阻力

(1)轴承的摩擦阻力(简称轴承阻力)。当车轮转动时，轴承各部发生摩擦，这种摩擦在钢轨接触处引起钢轨对车轮的运行阻力。这种阻力是基本阻力的重要组成部分。

(2)轮轨间滚动摩擦阻力(简称液动阻力)。车轮压在钢轨上面，车轮和钢轨都有少许变形，变形程度随车轮荷重、钢轨强度、轨面和车轮踏面硬度，轨枕的种类与间隔，道床质量以及运行速度等而不同。车轮在钢轨上滚动时，轨面不断产生弹性波，阻碍车轮向前滚动，形成滚动阻力。采用重型钢轨和整体道床可以降低这部分阻力。

(3)轮轨间滑动摩擦阻力。车轮的圆锥形路面、轮对组装不正，同一轮对的车轮直径不等以及机车车辆转向架的蛇行运动都会导致轮轨间的纵向滑动和横向滑动，从而形成滑动摩擦阻力。

(4)冲击和振动引起的阻力。轨道接缝、钢轨轨面不平顺，车轮擦伤引起的冲击以及机车车辆弹簧装置、车钩缓冲装置的振动与冲撞，都会造成能量的损耗，其所引起的阻力称为冲击阻力。采用无缝钢轨能减少这部分阻力。

2. 气动阻力(空气阻力)

列车运行中,列车前面的空气被压缩,后面在车辆连接部和列车尾部的空气则发生涡流和部分真空,还有列车表皮和空气的摩擦在车辆与空气间造成涡流,都会形成运行阻力。空气阻力与列车最大截面积、空气密度、列车表面形状有关,与相对速度的平方成正比。

上述引起基本阻力的各种因素所占比例随着列车速度的高低有所变化。起动时,几乎没有气动阻力,以轴承的摩擦阻力和轮轨间的滚动摩擦阻力为主,滚动轴承的车辆起动要容易得多。低速运行时,轴承的摩擦阻力占较大的比例;速度提高后,轮轨间的滑动摩擦阻力、冲击振动和气动阻力的比重逐渐加大;高速运行时,基本阻力则以气动阻力为主,例如高速动车组在速度为 350 km/h 时,气动阻力可占基本阻力的 90%以上,因此高速列车的外形流线化就特别重要。

(四)起动阻力

列车起动阻力是只在机车车辆起动时才存在的基本阻力。列车起动时,机车车辆处于由静态到动态转变的过程中,与运行中有着很大区别。因此起动时的基本阻力不同于运行中的基本阻力。

列车停下时,轴颈与轴承之间的润滑油被挤出。油膜减薄的同时,轴箱内温度降低,油的黏度增大,故起动时,轴颈与轴承的摩擦阻力增大。此外,车轮压在钢轨上产生凹形变形比运行时大,增加了滚动阻力。同时,列车起动时,要求有较大的加速度以克服列车的惯性,使得列车由静止状态转变为运动状态,并尽快加速。这个列车静态惯性力也包括在列车起动的基本阻力之中,因此,这也是起动阻力大得多的原因之一。

货物列车起动时,一般不是所有车辆同时起动,而是由前向后逐辆起动。列车在上坡道起动时,坡道越大,“压缩车钩、逐辆起动”越困难,起动阻力也就越大。在计算货物列车起动阻力时需要考虑起动地点坡度的大小。

(五)附加阻力

附加阻力指列车在线路上运行时受到的额外阻力,主要决定于线路情况(坡道、曲线、隧道等)及气候条件(大风、严寒等)。与基本阻力不同,附加阻力受机车车辆类型的影响很小,主要受运行线路的条件影响。附加阻力不分机车、车辆,而是按列车计算的,主要分为坡道阻力、曲线阻力、隧道空气阻力等。

1. 坡道阻力

当列车在坡道上行驶时,除了基本阻力之外,还有坡道附加阻力。坡道阻力是列车重力沿轨道下坡方向的分力。

坡道阻力有正负之分,负阻力实际上起牵引力的作用。

2. 曲线阻力

列车在线路曲线处运行时的阻力大于同样条件下直线上运行时的阻力,其增大部分叫曲线阻力。

引起曲线附加阻力的主要原因:当列车在曲线上运行时,轮轨间的纵向和横向滑动;被平衡的离心力或向心力引起的轮缘与钢轨内侧面的摩擦增加;转向架转向和侧向力的作用;上下心盘部分摩擦加剧等。

3. 隧道空气阻力

列车在穿越隧道时，由于隧道壁的制约，列车是在有限的筒状空间运动，形成活塞效应，首车挤压的空气不能全部绕流到尾车之后，部分空气被列车夹持推移、向前流动直至隧道出口外，这种气流的变化，影响并增大了首车与尾车的压差阻力和列车车身与空气的摩擦力，导致列车在隧道中的气动阻力明显超过列车在明线运行时的状态，这种气动阻力的差值就是隧道空气阻力。

除了上述各种附加阻力外，还有因气候条件，如大风或严寒所引起的阻力。由于机车、车辆的基本阻力是在一定的气候条件下研究的，所以气候条件变化时，列车的基本阻力也将发生变化。风向与列车运行方向相反时，列车阻力增大；反之则阻力减小。如果大风从列车侧面吹来，将使列车表面加大摩擦，并使车轮轮缘紧靠钢轨一侧，产生较大摩擦，同时轴承摩擦及轮轨间的滑动也会加剧，列车越长，这种附加阻力越大，这种侧向大风对于列车运行是不利的。

严冬季节，气温很低的地区，润滑油黏度增大，摩擦系数和摩擦阻力增加，这将使列车运行增加额外阻力，同时气温降低，空气密度增大，空气阻力也有所增加。

这些附加阻力都会对列车的牵引力和速度产生影响，因此在实际运营中，需要根据线路条件和列车类型等因素来选择合适的牵引方式和运行速度，以保证列车的安全和经济运行。

三、列车制动力

（一）定　　义

列车制动力是由制动装置引起、与列车运行方向相反、阻碍列车运行、司机可以根据需要调节的外力。这个力一般比自然产生的列车运行阻力大得多，在列车运行制动减速过程中，尽管运行阻力也在起作用，但起主要作用的是列车制动力。

（二）产　　生

制动一般在牵引力为 0 的情况下进行的。

制动力的产生如图 1-5 所示，制动以前，列车靠惯性惰行，如以轮对为隔离体，不考虑其他力的影响，在轮对总闸瓦压力为 $\sum K$ 的作用下，产生的轴瓦摩擦力为 $\sum K \cdot \varphi_k$。

注意：闸瓦摩擦力并不能使列车减速，只能阻止轮对转动。但是，轮对转动一旦被阻，将引起轮轨间相对滑动的趋势，产生轮轨间的相互作用力，即轮对轨的作用力 $\sum B_L'$ 和轨对轮的反作用力 $\sum B_L$。

在静摩擦（黏着）条件下，由于 $\sum B_L$ 的作用，阻止轮对滑动，从而在车辆惯性力的推动下继续滚动。轮对转速 ω 将降低，列车速度 v 也相应降低。

由此可见，$\sum B_L$ 是由 $\sum K \cdot \varphi_k$ 作用而引起的，是钢轨作用在车轮轮周上的与列车运行方向相反的外力，这个外力就是使列车急剧减速的制动力，制动力在数值上等于闸瓦与车轮踏面之间的摩擦力。

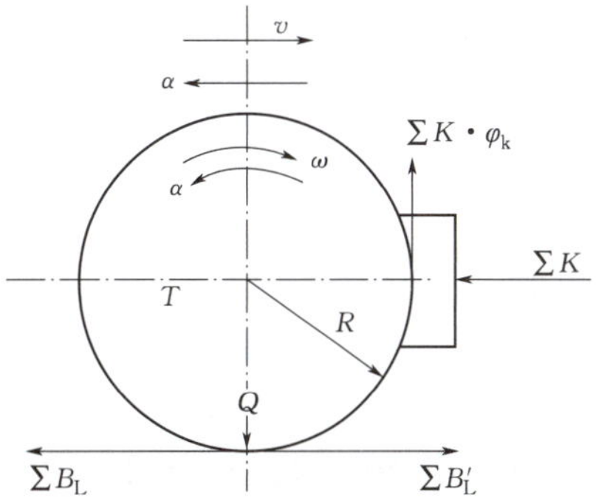

图 1-5　制动力的产生

(三)类　　型

1. 在操纵方式上,列车制动作用按用途分为常用制动和紧急制动两种。

(1)常用制动:正常情况下为调控列车速度或进站停车所施行的制动,其作用较缓和,制动力可以调节,通常只用列车制动能力的20%~80%,多数情况下只用40%~50%。

(2)紧急制动:机车遇到紧急情况或发生事故时使用的制动方式,具有更高的制动强度和更快的制动响应速度。紧急制动可以通过操纵台上的紧急按钮或自动控制系统触发,也可以通过机车断开主断路器等方式触发。

在紧急制动过程中,制动力的大小通常会用上全部的制动能力,并且作用比较迅猛。这种制动方式可以迅速降低机车的速度,并使机车在安全范围内停车,以避免事故的发生。

需要注意的是,紧急制动是一种紧急情况下的应急措施,只有在紧急情况下,如发生危险或故障时才应考虑使用紧急制动。

2. 根据列车产生制动力的方法,可分为黏着制动和非黏着制动两大类。

(1)黏着制动:依靠轮轨间的黏着产生制动力,制动力受到产生制动力轮对的轮轨间黏着力限制。同一轮对上各种制动力之和不能超过该轮对对轮轨间的黏着力,否则车轮会被抱死,产生滑行。黏着制动包括摩擦制动、电制动和盘式涡流制动。

(2)非黏着制动:在高速列车上,为了减轻黏着制动的负载,缩短高速制动的制动距离,还采用非黏着制动,主要包括线性涡流制动、磁轨制动、风阻制动。

3. 在制动方式上,中国铁路目前主要使用摩擦制动、动力制动和电磁制动三种制动方式。

(1)摩擦制动:我国铁路采用的主要制动方式,包括闸瓦制动和盘形制动两种。

闸瓦制动又称踏面制动,是将空气压力通过机械传动装置传到闸瓦上,将闸瓦压紧车轮踏面,通过闸瓦与车轮踏面之间的机械摩擦产生制动力,并把列车动能转变为热能消散于大气。这种制动方式在早期的列车中比较普遍,但随着速度的提高,闸瓦制动逐渐无法满足需求。

盘形制动是在车轴上或车轮侧面安装制动盘,以压缩空气为动力将闸片压紧制动盘侧面,通过闸片与制动盘侧面的机械摩擦产生制动力。盘形制动以闸片与制动盘之间的摩擦代替闸瓦与车轮踏面之间的摩擦,从而减少了车轮踏面的热负荷,延长了车轮的使用寿命。我国快速旅客列车上采用盘形制动。

(2)动力制动:让机车或动车的车轮带动其动力传动装置,使它产生逆作用,从而消耗列车动能,产生制动作用。

例如,液力传动内燃机车的液力制动,电传动内燃机车、电力机车和电动车组的电阻制动,电力机车和电动车组的再生制动等,都属于动力制动。

我国电力机车和电动车组普遍采用动力制动,内燃机车和内燃动车组也多数采用动力制动。动力制动更多应用于辅助性调速,停车时主要还是依靠摩擦制动。无论是摩擦制动还是动力制动,都是利用轮轨之间的黏着而转变为制动力,列车制动力受到轮轨间黏着的限制。

(3)电磁制动:利用电磁或电涡流的作用所形成的制动方式,目前主要有电磁轨道制动和电磁涡流制动。

电磁轨道制动是利用装在转向架的制动电磁铁,接通电流后吸在钢轨上,由电磁铁与钢轨间的吸附所带来的摩擦产生制动力。

电磁涡流制动是将电磁铁落至距轨面 7～10 mm 处，电磁铁与钢轨间的相对运动引起电涡流作用从而形成制动力。

电磁制动最大的优点是制动力不受轮轨间黏着条件的限制。目前主要作为辅助制动装置应用在高速列车上。

第二节　机械基础

一、机械传动的基本概论

（一）定义和作用

机械传动是指利用机械方式传递动力和运动。

在铁道机车车辆中，机械传动系统起着至关重要的作用。它不仅是实现动力传递和分配的核心组成部分，而且也关系到机车车辆的安全性和可靠性。机械传动系统把来自动力装置的动力传递给车轮，使机车车辆得以运动，同时将动力分配给各个辅助装置，如制动系统、空调系统等，确保机车车辆的正常运行和安全。此外，机械传动系统还起到支撑和保护机车车辆的作用，它把机车车辆的各个部件连接在一起，形成一个完整的机械结构，支撑着机车车辆的重量和各种载荷。它还能够保护机车车辆免受外部环境的损害，如防止车轮脱落、减少噪声等。

（二）效率和质量指标

效率是指机械传动过程中能量的损失程度，通常用传动效率和机械效率来表示。

1. 传动效率：传动装置输出功率与输入功率之比。它反映了传动的能量损失程度，是评价传动经济性能的重要指标。在设计和使用过程中，应尽量提高传动效率，以减少能量损失和节约能源。

2. 机械效率：机械传动装置中各部件的机械功与总功之比。它反映了机械传动的摩擦损失和能量转换效率，是评价传动性能的重要指标。在设计过程中，应尽量提高机械效率，以减少摩擦损失和能量转换损失。

此外，还有其他一些质量指标，如传动的平稳性、噪声水平、使用寿命等，也是评价机械传动性能的重要指标。这些质量指标直接关系到传动的可靠性和舒适性，是设计和使用过程中必须考虑的因素。

二、机械传动的分类和特点

（一）分类方式

1. 按照传动原理，可分为摩擦传动、链条传动、齿轮传动、皮带传动、蜗轮蜗杆传动、棘轮传动、曲轴连杆传动、气动传动、液压传动、万向节传动、钢丝索传动、联轴器传动、花键传动等。

2. 按照传动比，可分为定传动比传动和变传动比传动。定传动比传动包括直接触及的摩擦轮传动和靠中间件的带传动等，变传动比传动则包括有级变速传动和无级变速传动。

3. 按照结构形式，可分为定轴齿轮传动、行星齿轮传动、摆线针轮传动、谐波齿轮传动等。

4. 按照传动介质，可分为流体机械传动和电动机械传动。流体机械传动包括液压传动和气压传动，电动机械传动包括电动机、内燃机等。

5. 按照能量转换方式，可分为动力机械传动、液压机械传动、气压机械传动等。

(二)常见类型

1. 齿轮传动

齿轮传动是通过齿轮的啮合来传递动力和运动的一种机械传动方式，具有传动效率高、承载能力强、可靠性高等优点，是机车车辆中常用的传动方式之一，常见的齿轮传动如图 1-6 所示。

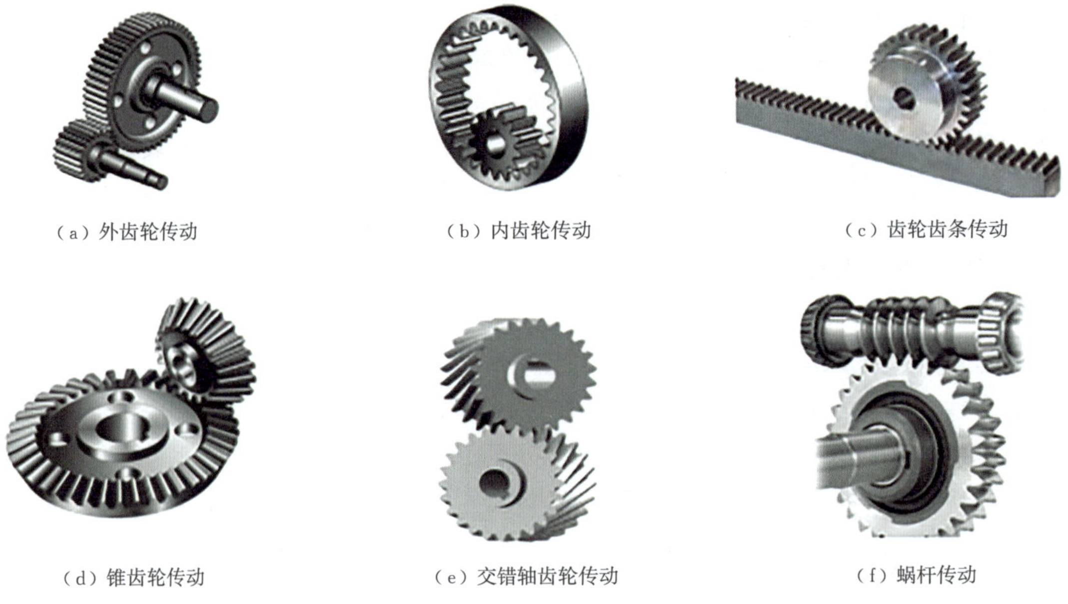

图 1-6　常见的齿轮传动

2. 链 传 动

通过链条将具有特殊齿形的主动链轮的运动和动力传递到从动链轮上。根据链条结构和传动方式的不同，可分为滚子链条传动和齿形链条传动等，常见链传动如图 1-7 所示。

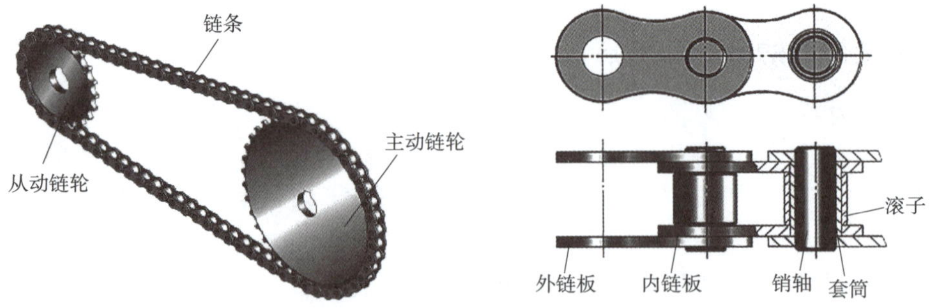

图 1-7　常见链传动

3. 皮带传动

皮带传动亦称“带传动”，由一根或几根皮带紧套在两个轮子（称为“皮带轮”）上组成，两轮分别装在主动轴和从动轴上，利用皮带与两轮间的摩擦，以传递运动和动力，常见带传动如图 1-8 所示。

（a）平带传动　　（b）V带传动　　（c）同步带传动

图 1-8　常见带传动

4. 液压传动

利用液体压力能进行能量转换的传动方式称为液压传动。在液压传动中，液体作为工作介质，通过各种液压元件实现能量的传递、控制，分配传动和变量液压传动等。

5. 谐波传动

谐波传动是一种新型的机械传动方式，它利用谐波齿轮传动来传递运动和动力，具有较高性能和适应性，在航空航天、机器人、自动化等领域得到了广泛的应用。

三、机械传动的维护和保养

（一）基本要求

机械传动应该满足以下四个基本要求：

1. 必须达到预定的使用功能，工作可靠，机构精简；
2. 经济合理，安全可靠，效率高能耗小，原材料辅助材料节省，管理和维修费用低；
3. 操作方便，操作方式符合人的习惯和心理，降低噪声，防止有毒、有害介质渗漏，机身美化等；
4. 对不同用途和不同使用环境的适应性要强。

（二）具体规定

定期维护保养可以延长机械传动系统的使用寿命并提高其可靠性，同时也可以及早发现并解决潜在的问题以避免造成更大的损失或事故。因此在进行维护保养工作时，必须严格按照相关规定和操作规程进行，以确保安全有效。具体包括以下内容：

1. 定期检查：定期检查各部件的连接和紧固情况，确保各部件紧固可靠；检查轴承的润滑情况以及齿轮和链条的磨损情况；检查是否有杂物进入传动系统等。这些检查可以及早发现潜在的问题并采取措施解决。

2. 更换磨损件：定期更换磨损严重的零部件是维护保养的重要内容之一。如齿轮、轴承、链条等部件在长时间使用后可能会磨损严重，此时需要及时更换以确保传动的正常运转。

3. 清洗和润滑：定期清洗油污和灰尘等杂物可以有效防止零部件的腐蚀和磨损；补充润滑剂则可以减少摩擦阻力并提高机械效率。在使用润滑剂时需要注意选择合适的类型和用量以保证最佳效果。

4. 调整和校准：定期对机械传动系统进行调整和校准可以保证其精度和稳定性。如调整轴承的间隙以确保其正常运转；校准齿轮的啮合位置以确保其正常啮合等。

5. 记录和维护记录：对维护保养过程进行记录和维护记录可以帮助管理人员了解机械传动系统的使用情况和历史维护情况等信息，同时也可以为预防性维护提供依据和支持。

随着科技的不断进步和创新以及环保意识的日益增强，未来机械传动技术将朝着高效节能、智能化、模块化和组合化、轻量化方向发展。新型材料以及新型结构的出现也将为机械传动技术的发展提供新的机遇，同时也将推动机械传动技术在铁道机车车辆等领域发挥更大的作用和贡献。

第三节　识图基础

一、机械制图一般知识

本节主要讲述机械制图中剖面符号、图样表达、尺寸标注、三视图画法、简单机械图样画法等的基本要求和规定。

通过掌握机械制图中国家标准的有关规定，掌握识图中的各种注意事项，能够读懂基本的零件图、装配图，并绘制简单的零件图。

二、剖面符号

1. 剖视和剖面图中，应采用规定的剖面符号。

剖面符号仅表示材料的类别，材料的名称和代号必须另行注明。

2. 剖面符号画法：

(1)在同一金属零件的图中，剖视图、断面图中的剖面线，应画成间隔相等、方向相同且一般与剖面区域的主要轮廓或对称线呈 45°的平行线，如图 1-9 所示。必要时，剖面线也可画成与主要轮廓线呈适当角度，如图 1-10 所示。

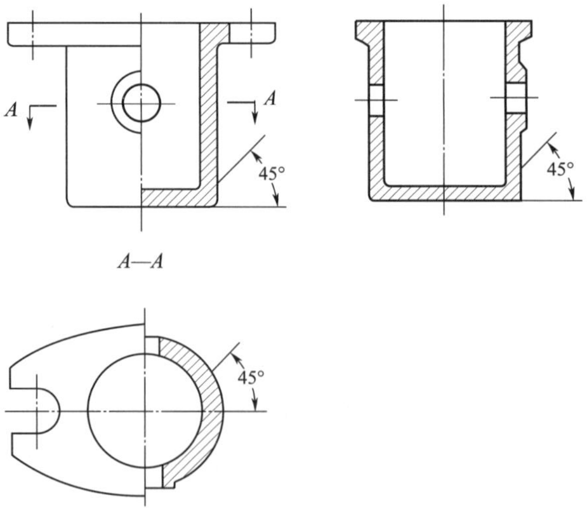

图 1-9　与主要轮廓线呈 45°剖面线的应用示例

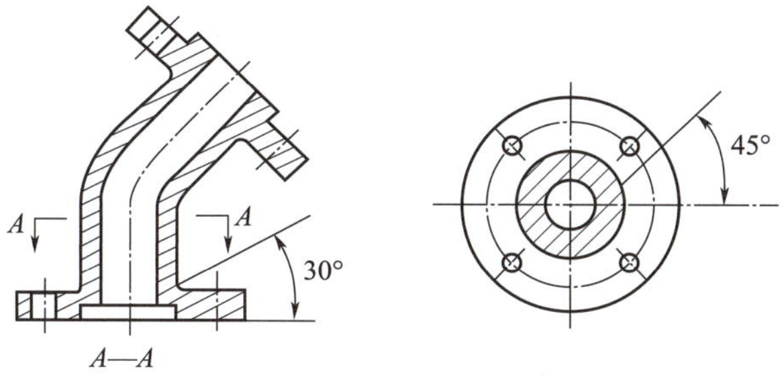

图 1-10　与主要轮廓线呈适当角度剖面线的应用示例

(2)当剖面区域较大时,可以只沿轮廓的周边画出剖面符号,如图 1-11 所示。

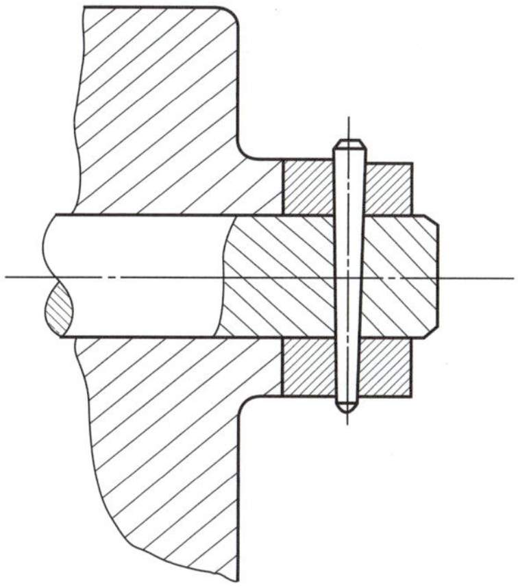

图 1-11　剖面区域较大时可以只沿轮廓的周边画出剖面符号

(3)如仅需画出被剖切后的一部分图形,其边界又不画断裂边界线时,则应将剖面线绘制整齐如图 1-12 所示。

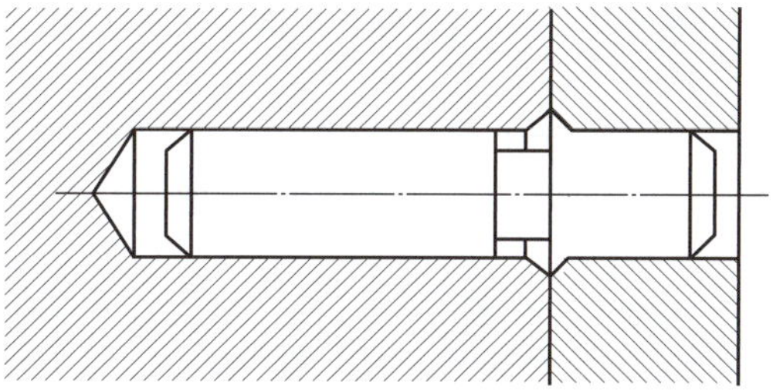

图 1-12　被剖区域无断裂边界线时的剖面线画法

三、图样表达

(一)总　　则

1. 绘制机械图样时,首先考虑看图方便。根据机件的结构特点,选用适当的表达方法。在完整清晰地表达机件各部分形状的前提下,力求制图简便。

2. 机件的图形按正投影法绘制,即投影线垂直于投影面。

(二)视　　图

向投影面投影所得的图形。一般只画机件的可见部分。

1. 基本视图——向基本投影面投影所得的视图。基本投影面规定为正六面体的六个面,各投影面的展开方法如图1-13所示。

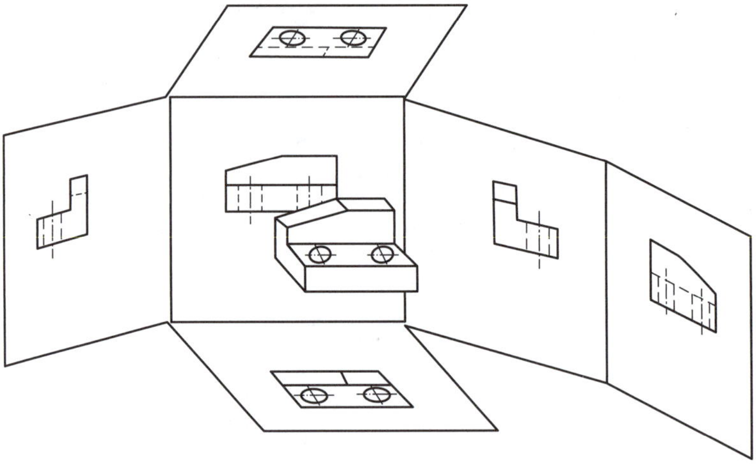

图1-13　正六面体投影

(1)基本视图名称及其投射方向的规定:主视图——由前向后投影所得的视图;俯视图——由上向下投影所得的视图;左视图——由左向右投影所得的视图;右视图——由右向左投影所得的视图;仰视图——由下向上投影所得的视图;后视图——由后向前投影所得的视图。

(2)基本视图的配置关系如图1-14所示。

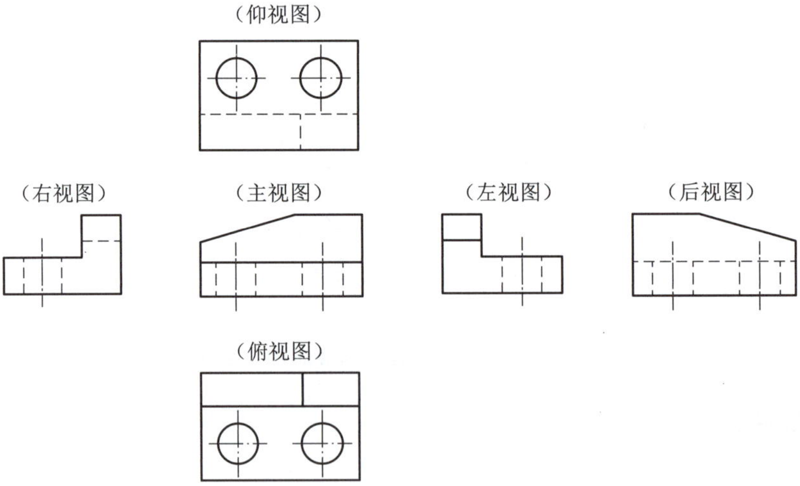

图1-14　基本视图配置关系

注意:在同一张图纸内按基本视图配置视图时,一律不标注视图的名称。如不能按基本视图配置视图时,应在视图的上方标出视图的名称"×向",在相应的视图附近用箭头指明投射方向,并注上同样的字母。"×向"中的"×"为大写拉丁字母的代号,如图1-15所示。

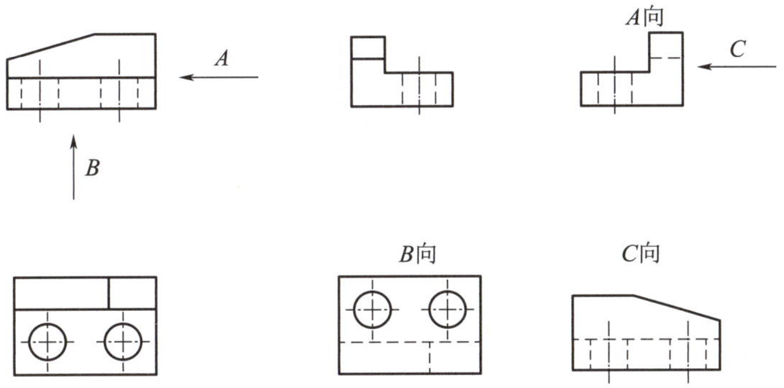

图 1-15 基本视图配置

2. 斜视图——机件向不平行于任何基本投影面的平面投影所得的视图。画斜视图时，必须在视图的上方标出视图的名称“×向”，在相应的视图附近用箭头指明投射方向，并注上同样的字母，如图 1-16 所示。

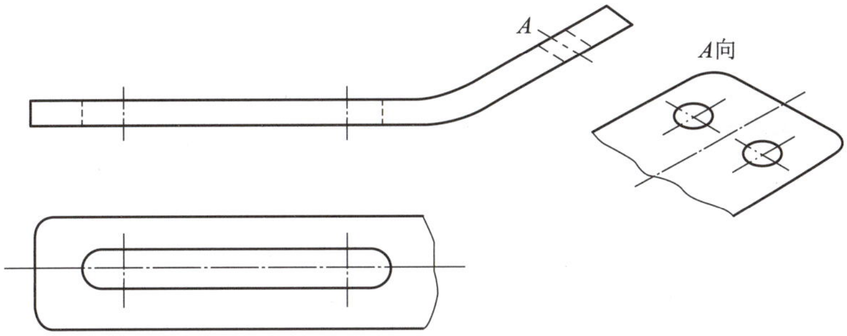

图 1-16 斜视图

3. 局部视图——机件的某一部分向基本投影面投影所得的视图。画局部视图时，一般在局部视图上方标出视图的名称“×向”，在相应的视图附近用箭头指明投射方向，并注上同样的字母。当局部视图按投影关系配置，中间又没有其他图形隔开时，可省略标注。

4. 旋转视图——假想将机件的倾斜部分旋转到与某一选定的基本投影面平行后再向该投影面投影所得的视图。

5. 剖视图——假想用剖切面剖开机件，将处在观察者和剖切面之间的部分移去，而将其余部分向投影面投影所得的图形。

(1)全剖视图——用剖切平面完全地剖开机件所得的剖视图。

(2)半剖视图——当机件具有对称平面时，在垂直于对称平面的投影面上投影所得的图形，可以对称中心线为界，一半画成剖视，另一半画成视图。机件的形状接近于对称，且不对称部分已另有图形表达清楚时，也可以画成半剖视。

(3)局部剖视图——用剖切平面局部地剖开机件所得的剖视图。局部剖视图用波浪线分界，波浪线不应和图样其他图线重合，当被剖结构为回转体时，允许将该结构的中心线作为局部剖视与视图的分界线，如图 1-17 所示。

注意：剖切位置与剖视图的标注一般应在剖视图的上方用字母标出剖视图的名称“×—×”。在相应的视图上用剖切符号表示剖切位置，用箭头表示投射方向，并注上同样的

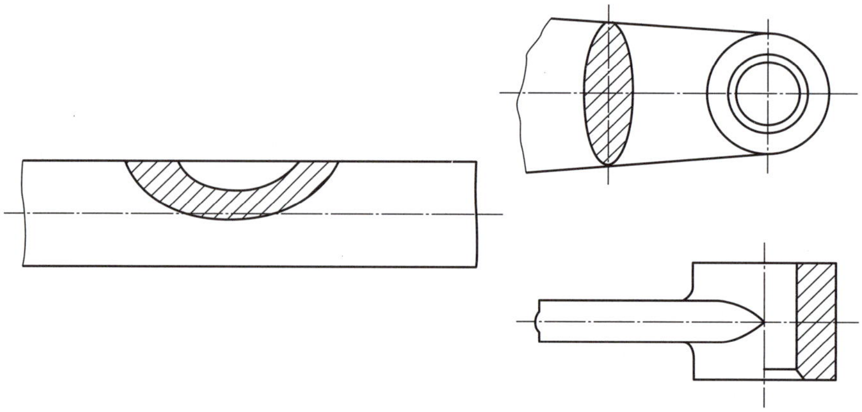

图 1-17　局部剖视

字母。当剖视图按投影关系配置，中间又没有其他图形隔开时，可省略箭头。

(4)剖面图——假想用剖切平面将机件的某处切断，仅画出断面的图形，如图 1-18 所示。

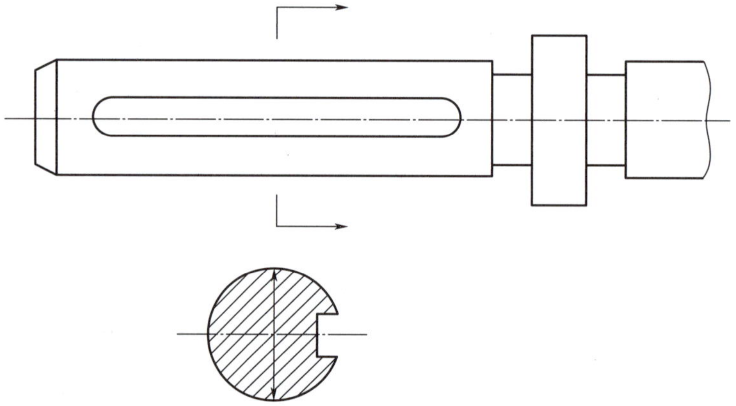

图 1-18　剖切平面断面图形

6. 局部放大图——机件的部分结构用大于原图形所采用的比例画出的图形。局部放大图可画成视图、剖视、剖面，它与被放大部分的表达方式无关。

四、尺寸标注

图样中，图形只能表示物体的形状，不能确定它的大小，因此，图样中必须标注尺寸来确定其大小。

1. 基本规则

(1)机件的真实大小应以图样上所注的尺寸数值为依据，与图形的大小及绘图的准确度无关。

(2)图样中(包括技术要求和其他说明)的尺寸，以毫米为单位时，不需标注单位符号(或名称)，如采用其他单位，则必须注明相应的单位符号。

(3)图样中所标注的尺寸，为该图样所示机件的最后完工尺寸，否则应另加说明。

(4)机件的每一尺寸，一般只标注一次，并应标注在反映该结构最清晰的图形上。

2. 尺寸界线、尺寸线、尺寸数字

(1)尺寸界线

①尺寸界线用细实线绘制，并应由图形的轮廓线、轴线或对称中心线处引出。也可利用轮廓线、轴线或对称中心线作尺寸界线。

②当表示曲线轮廓上各点的坐标时，可将尺寸线或其延长线作为尺寸界线。

③尺寸界线一般应与尺寸线垂直，必要时才允许倾斜。

④在光滑过渡处标注尺寸时，应用细实线将轮廓线延长，从它们的交点处引出尺寸界线。

⑤标注角度的尺寸界线应沿径向引出；标注弦长的尺寸界线应平行于该弦的垂直平分线；标注弧长的尺寸界线应平行于该弧所对圆心角的角平分线，但当弧度较大时，可沿径向引出。

(2)尺寸线

①尺寸线用细实线绘制，其终端可以有下列两种形式：

a. 箭头：箭头的形式适用于各种类型的图样；

b. 斜线：斜线用细实线绘制。当尺寸线的终端采用斜线形式时，尺寸线与尺寸界线应相互垂直。

机械图样中一般采用箭头作为尺寸线的终端。

当尺寸线与尺寸界线相互垂直时，同一张图样中只能采用一种尺寸线终端的形式。

②标注线性尺寸时，尺寸线应与所标注的线段平行。

尺寸线不能用其他图线代替，一般也不得与其他图线重合或画在其延长线上。

③圆的直径和圆弧半径的尺寸线的终端应画成箭头。

④标注角度时，尺寸线应画成圆弧，其圆心是该角的顶点。

⑤当对称机件的图形只画出一半或略大于一半时，尺寸线应略超过对称中心线或断裂处的边界，此时仅在尺寸线的一端画出箭头。

⑥在没有足够的位置画箭头或注写数字时，允许用圆点或斜线代替箭头。

(3)尺寸数字

①线性尺寸的数字一般应注写在尺寸线的上方，也允许注写在尺寸线的中断处。

②角度的数字一律写成水平方面，一般注写在尺寸线的中断处。

③尺寸数字不可被任何图线所通过，否则应将该图线断开。

3. 标注尺寸符号

(1)标注直径时，应在尺寸数字前加注符号“ϕ”；标注半径时，应在尺寸数字前加注符号“R”；标注球面的直径或半径时，应在符号“ϕ”或“R”前再加注符号“S”。

对于轴、螺杆、铆钉以及手柄的端部等，在不致引起误解的情况下可省略符号“S”。

(2)标注弧长时，应在尺寸数字上方加注符号“⌒”。

(3)标注参考尺寸时，应将尺寸数字加上圆括弧。

(4)标注剖面为正方形结构的尺寸时，可在正方形边长尺寸数字前加注符号“□”或用“$B\times B$”注出。

五、三视图画法

1. 正投影(投影线垂直于投影面的投影)可以表达出零件的真实性,因此,一般在机械设计中都采用正投影绘制图纸。正投影的基本特性:

(1)真实性:当空间直线或平面平行于投影面时,其在所平行的投影面上的投影反映直线的实长或平面的实形。

(2)积聚性:当直线或平面垂直于投影面时,它在所垂直的投影面上的投影为一个点或一条直线。

(3)类似性:当空间直线或平面倾斜于投影面时,它在该投影面上的正投影仍为直线或与之类似的平面图形。

2. 利用正投影法将物体放在 3 个互相垂直的平面所组成的三面投影体系中,物体的 3 个表面分别与 3 个投影面平行。然后分别向 3 个投影面投射,得到该物体在 3 个投影面上的 3 个投影,分别是正面投影、水平投影和侧面投影,成为物体的三视图,如图 1-19 所示。

(1)使 V 面不动,H 面绕 OX 轴向下旋转 90°与 V 面重合,W 面绕 OZ 轴向右旋转 90°与 V 面重合,则得到如图 1-20 所示的三视图间的位置关系。

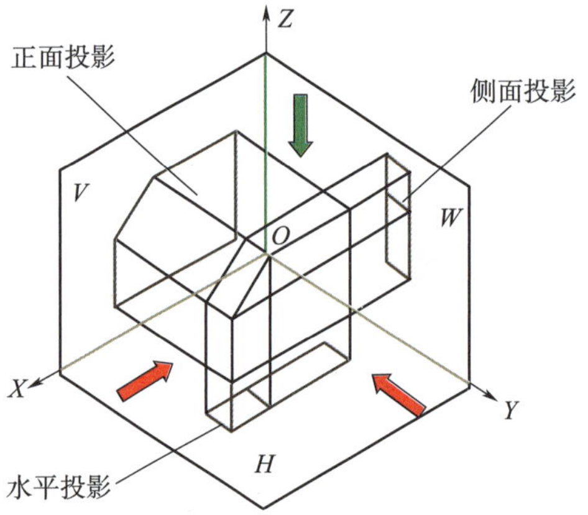

图 1-19　正投影法三视图

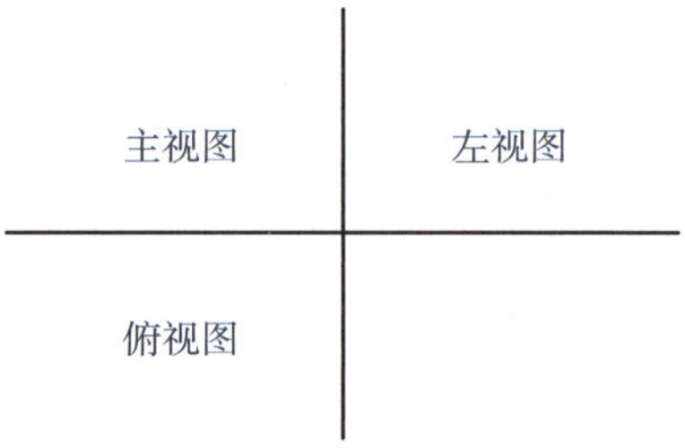

图 1-20　三视图位置关系

(2)主、俯视图反映了物体的同样长度;主、左视图反映了物体的同样高度;俯、左视图反映了物体的同样宽度,即三视图之间的投影规律:

①主、俯视图——长对正。

②左、俯视图——宽相等。

③主、左视图——高平齐。

六、简单机械图样画法

1. 机械图样分类

机械图样包括零件图和装配图。零件图是表达零件的结构大小以及技术要求的图样;装配图是表达产品及其组成部分的连接、装配关系的图样。

2. 螺纹画法

(1)螺纹的牙顶圆的投影用粗实线表示,牙底图的投影用细实线表示,螺杆的倒角或倒圆部分也应画出。在垂直于螺纹轴线的投影面的视图中，表示牙底圆的细实线只画约 3/4 圈，此时螺杆或螺孔上的倒角投影不应画出，如图 1-21～图 1-24 所示。在垂直于螺纹轴线的投影面的视图中，需要表示部分螺纹时，表示牙底圆的细实线也应适当地空出一段，如图 1-24 所示。

(2)有效螺纹的终止界线(简称螺纹终止线)用粗实线表示，外螺纹终止线的画法如图 1-21(a)、图 1-22(a)所示，内螺纹终止线的画法如图 1-23、图 1-25(a)所示。

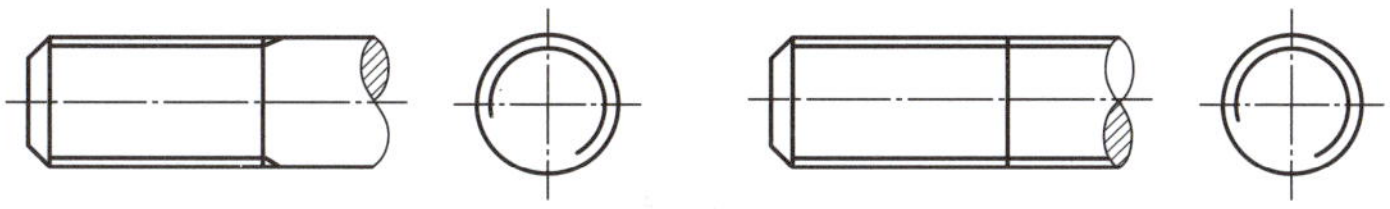

(a)　(b)

图 1-21　外螺纹

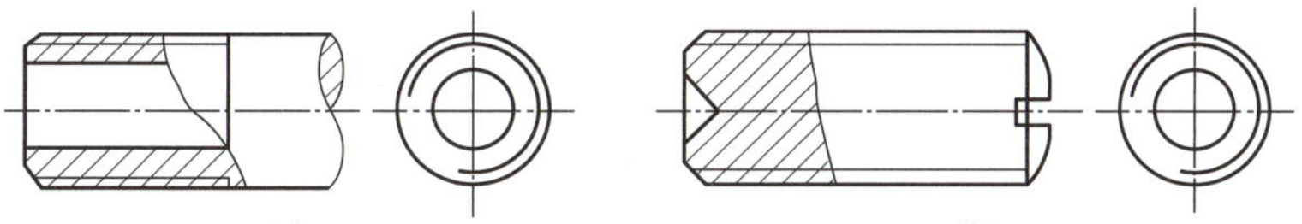

(a)　(b)

图 1-22　螺纹剖视

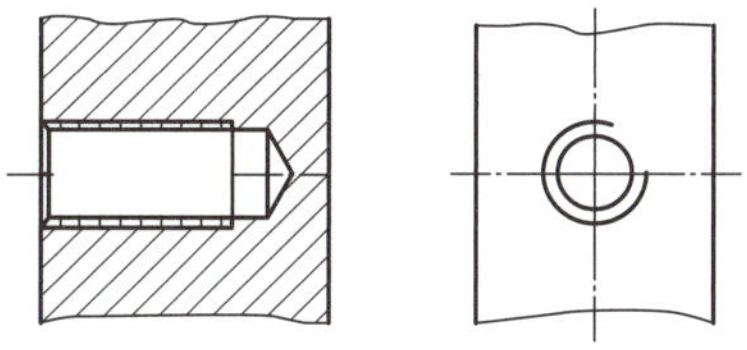

图 1-23　内螺纹

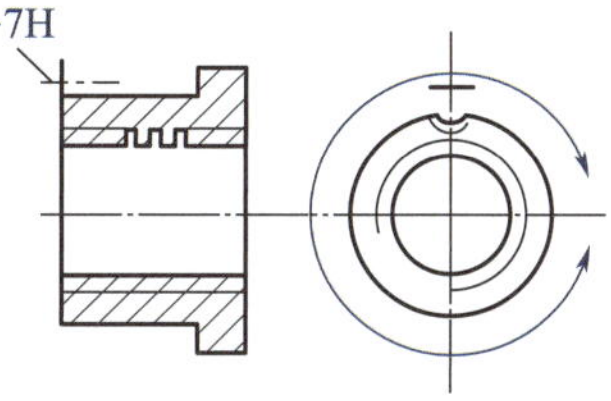

图 1-24　内螺纹牙底

(3)螺尾部一般不必画出，当需要表示螺尾时，该部分用与轴线成 30°的细实线画出，如图 1-21(a)、图 1-25(a)所示。

(4)不可见螺纹的所有图线按虚线绘制。

(5)无论是外螺纹或内螺纹，在剖视或剖面图中剖面线都应画到粗实线，如图 1-22～图 1-25 所示。

(6)绘制不穿通的螺孔时，一般应将钻孔深度与螺纹部分的深度分别画出，如图 1-23、图 1-25(a)所示。

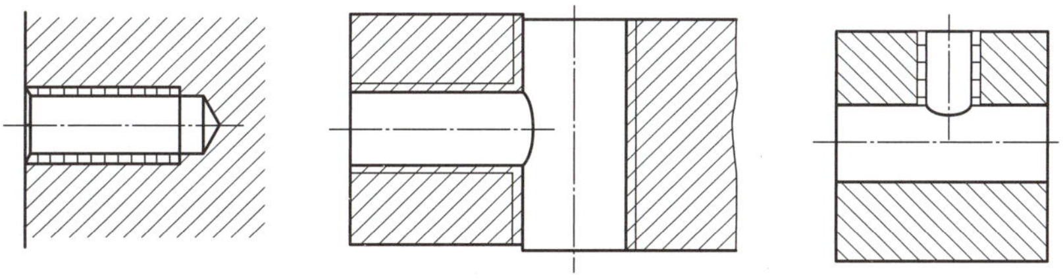

(a)　(b)　(c)

图 1-25　螺纹剖面线

(7)以剖视图表示内外螺纹的连接时,其旋合部分应按外螺纹的画法绘制,其余部分仍按各自的画法表示,如图 1-26 所示。

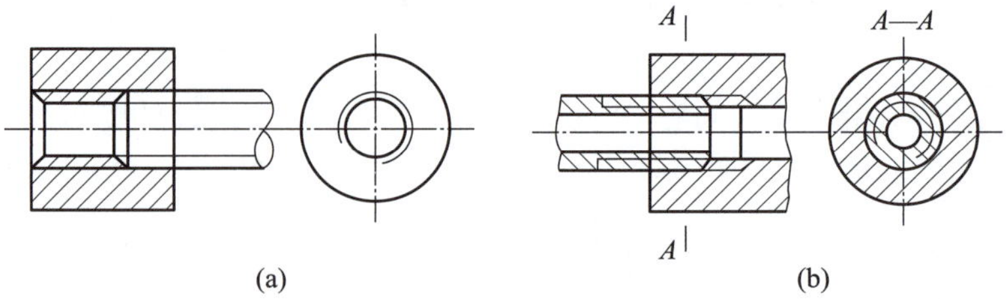

图 1-26　内外螺纹连接

3. 螺纹标注方法

公称直径以 mm 为单位的螺纹,其标记应直接注在大径的尺寸线上[图 1-27(a)]或其引出线上[图 1-27(b)～图 1-27(d)]。

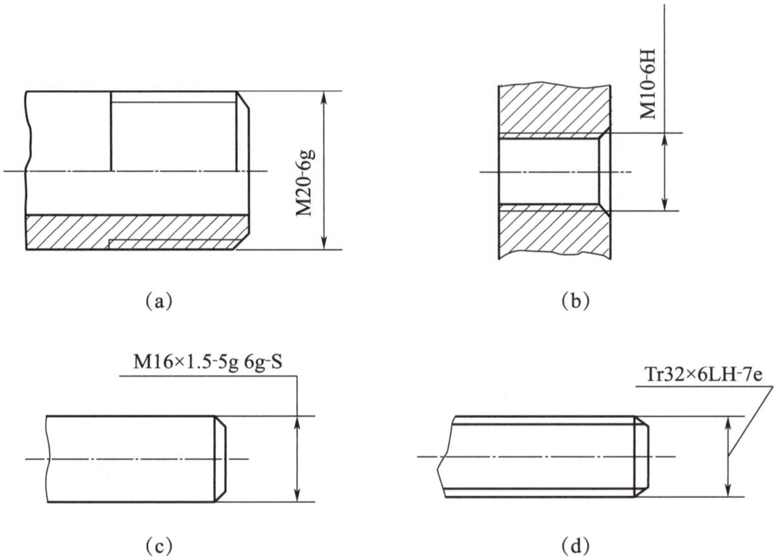

图 1-27　螺纹标注

第二章　电工、电子基础

第一节　电路基本知识

一、电　　路

电路就是电流经过的途径，通常由电源，负载和它们之间的连接导线组成，如图 2-1 所示。电力系统的供电线路、日常生活用的手电筒、自动控制线路和无线电线路都属于电路之列。

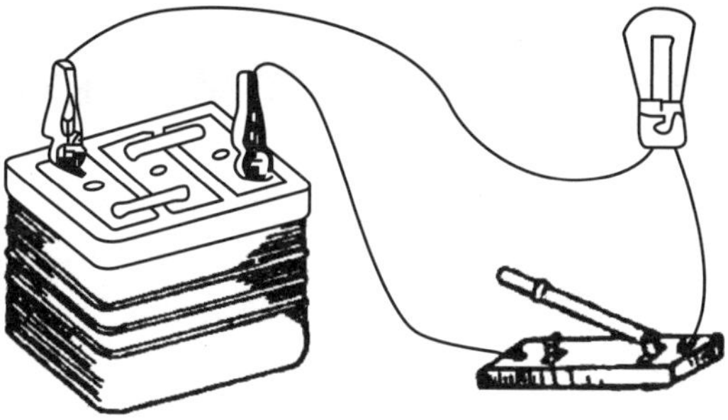

图 2-1　简单电路

电源起维持电流的作用，是把其他形式的能量转变为电能的一种设备；如发电机、蓄电池。负载就是各种用电设备，它接受电源供给的电能，并把电能转变成其他形式的能；如电灯、电动机。连接导线是连接电源与负载以构成电流通路的导体。电路中还有其他辅助设备，如开关是用来接通和断开电路的，测量仪表、指示灯等是用来检测电路工作状态的，继电器、熔断器是用来控制和保护电气设备的。

电路可分为两段：从电源的一端起，经过和它连接的全部负载和导线再回到电源的另一端的电流通路叫外电路；电源内部的电路叫内电路。在外电路中，正电荷从正极流向负极，由高电位移向低电位。在内电路中，正好与此相反，是由低电位移向高电位。

构成电路的目的是转换、传输和分配电能，或者传递电信号。

如图 2-2 所示，电路通常有三种情况：

1. 通路（闭路）——开关 K 闭合，构成闭合电路，电路有电流。

2. 断路（开路）——开关 K 断开或者电路的某一处断开，电路中无电流通过。

3. 短路（捷路）——a、b 两点用导线直接连通就叫作灯泡 1 被短路、若 a、c 两点直接连通就叫作电源被短路。

二、电 路 图

在电工技术设备中，电源和负载的形式很多。由于用途的不同，组成的电路千差万别，但就其本质来说都是相同的。

为了便于分析计算，突出本质，常用一些规定的电工符号代替具体的电路，这种图叫作电路图。将图 2-1 用电工符号表示的电路如图 2-3 所示。

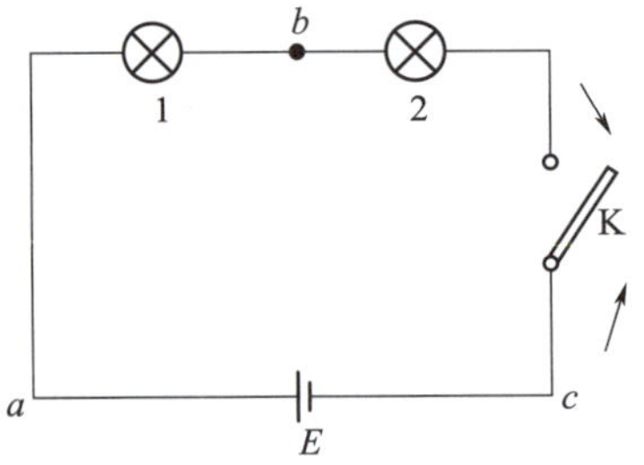

图 2-2　电路 1

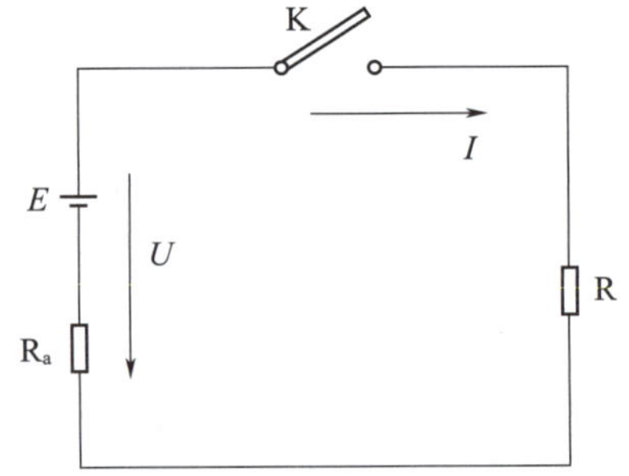

图 2-3　电路 2

第二节　电子电路基本元件

电子电路中常用的基本元件主要有二极管、三极管和晶闸管。

一、二 极 管

二极管的实物、结构及符号如图 2-4 所示。

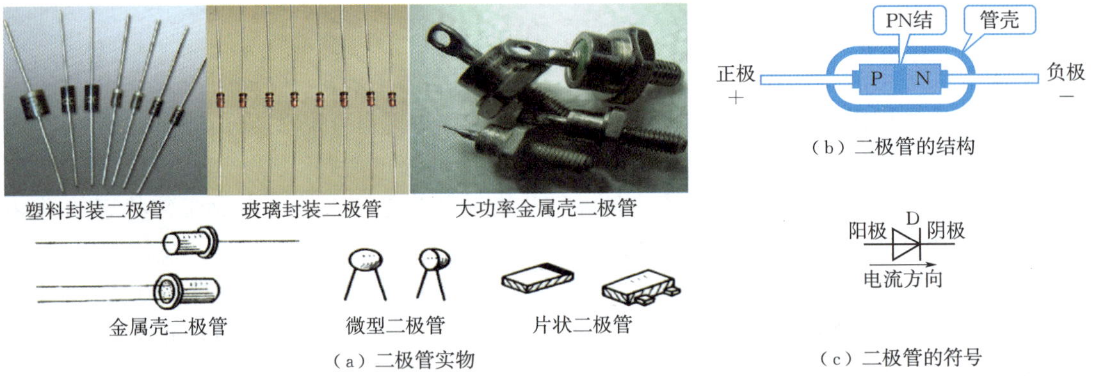

图 2-4　二极管实物、结构、符号

二极管的核心就是一个 PN 结，具有单向导电性，其伏安特性曲线揭示其有正向特性。

当二极管外加正向电压较小时，正向电流几乎为零，称为正向特性的死区。当二极管正向电压大于死区电压时，电流随电压增加，二极管处于导通状态。

由于二极管具有的单向导电特性，主要运用于整流、钳位、限幅、元件保护等，另外还有一些特殊用途二极管，如稳压二极管、发光二极管、光电二极管等，特殊用途二极管符号及应用见表 2-1。

表 2-1　特殊用途二极管符号及应用

名　　称	符　　号	工作区域	应　　用
稳压二极管	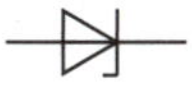	反向击穿区	构成稳压电路
发光二极管	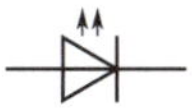	正向导通区	将电能转换为光能
光电二极管	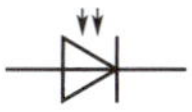	反向截止区	将光信号转换为电信号

二、三 极 管

部分三极管外形如图 2-5 所示。

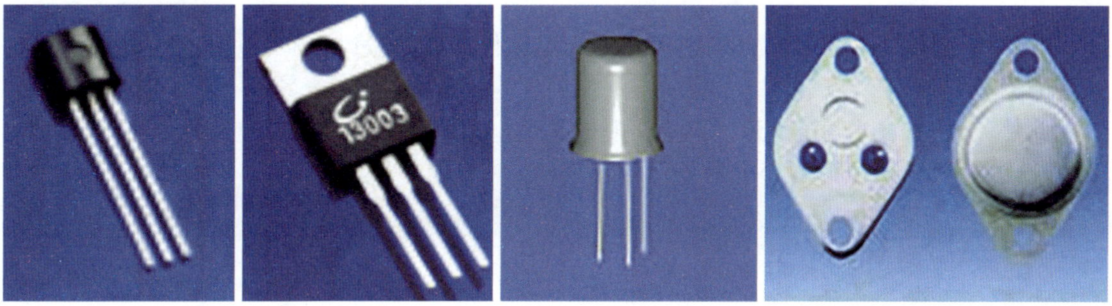

（a）塑料封装小功率管　（b）塑料封装中功率管　（c）金属封装小功率管　（d）金属封装大功率管

图 2-5　部分三极管外形

三极管是由两个 PN 结构成的半导体，三极管的结构、电气符号如图 2-6 所示。

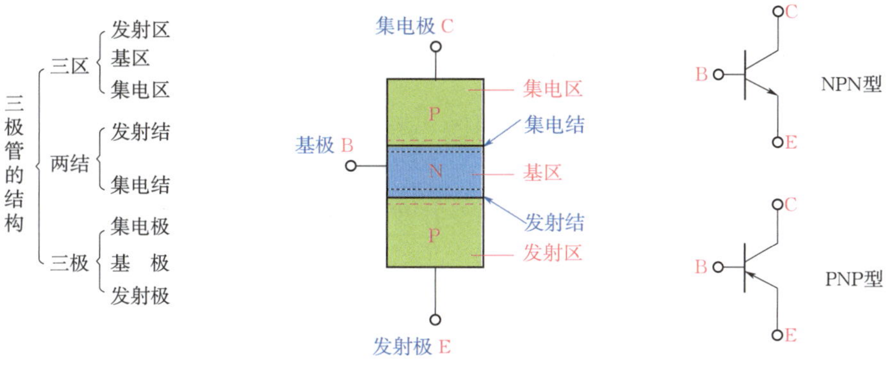

图 2-6　三极管的结构、电气符号

1. 三极管具有电流放大的特性，其实质：

(1)基极电流控制集电极电流。

(2)基极电流的小变化可以控制集电极电流的大变化。

2. 三极管工作在放大区的条件：发射结正偏，集电结反偏。

电位关系 $\begin{cases} \text{NPN}: V_C > V_B > V_E \\ \text{PNP}: V_C < V_B < V_E \end{cases}$

3. 三极管作为一种重要的半导体材料，应用广泛，其用途：

(1)作为开关使用。在控制器输出端口电流有限的情况下，三极管可用来放大电流，从而驱动大功率负载从而驱动大功率的负载，如 LED 灯、电机或蜂鸣器。

(2)驱动继电器。三极管也常用于驱动继电器，以控制更大的电流和功率。继电器再通过电磁效应来控制更大电流的设备，形成二级驱动。

(3)用于信号放大。三极管可以将微弱的信号放大，这在音频放大器、射频放大器等应用中非常重要。

(4)电压反向控制。三极管还可以用于电压反向，例如，当需要使用正电压来控制负电压器件时，可以通过三极管实现反向控制。

(5)稳压电路电压。三极管可用于电源稳压器中，实现对电压的稳定控制。

(6)构建振荡电路。三极管可以用于构建振荡电路，这在发生器、定时器等应用中很有用。

(7)用于温度传感器。三极管还可以作为温度传感器，通过检测其电阻值变化来实现对温度的测量。

此外，三极管在电容容量扩大电路、模拟其他电子元件等方面也有应用，如可用作大功率可控硅的一部分、模拟可变电阻或稳压管等。

三、晶 闸 管

1. 结　　构

晶闸管是四层半导体($P_1N_1P_2N_2$)结构，形成了三个 PN 结 $J_1(P_1N_1)$、$J_2(N_1P_2)$和 $J_3(P_2N_2)$，如图 2-7 所示。晶闸管的内部可以看成是由三个二极管连接而成的。由最外部的 P_1 层和 N_2 层引出的两个电极，分别为阳极 A 和阴极 K；由中间层引出的电极是门极 G，也称控制极。

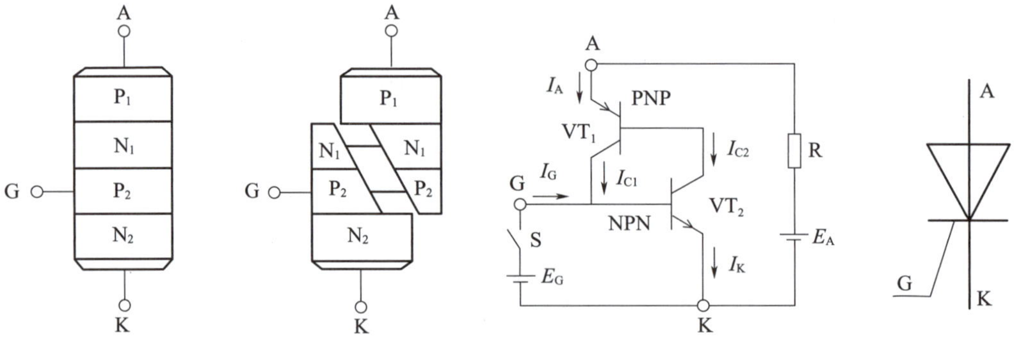

图 2-7　结构及图形符号

2. 工作原理

以普通晶闸管的工作情况为例。一个晶闸管器件可以看作是由一对互补晶体管构成，如图 2-8 所示。一个是 PNP 管，另一个是 NPN 管，每一个晶体管的基极与另一个晶体管的集电极相连。阳极 A 相当于 VT_1 管的发射极，阴极 K 相当于 VT_2 管的发射极。当门极未加触发电压，只在阳极和阴极加正向电压时，有一个 PN 结处于反向偏置，流过管子的电流仅是反向微弱的漏电流，A、K 之间不导通，晶闸管处于正向阻断状态。

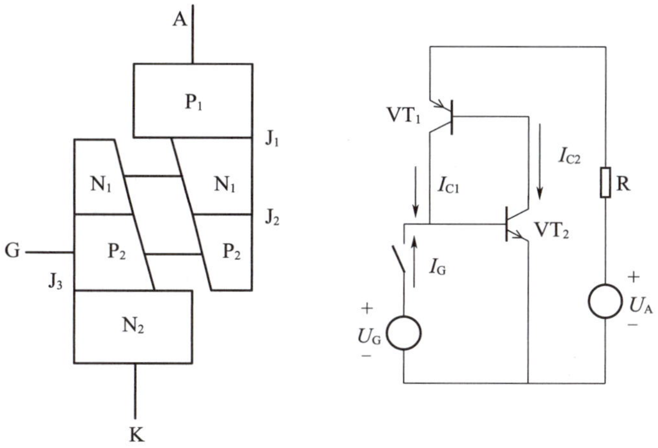

图 2-8 晶闸管的等效电路

如果在阳极和阴极之间加上正向电压的同时，在门极和阴极之间也加上正向触发电压，则从门极有电流 I_G 流入 VT_2 管的基极。设 VT_2 管的电流放大系数为 β_2，则 VT_2 的集电极电流 $I_{C2}=\beta_2 I_G$。I_{C2} 又是 VT_1 管的基极电流，若 VT_1 的电流放大系数是 β_1，则 VT_1 的集电极电流 $I_{C1}=\beta_1 I_{C2}=\beta_1\beta_2 I_G$。因 VT_1 管集电极与 VT_2 管的基极相连，I_{C1} 流入 VT_2 基极进行第二次放大，使集电极电流进一步加大，由此形成强烈的正反馈过程，使两个晶体管很快进入饱和状态。饱和导通后管压降很低，约为 1 V 左右，电源电压 E_A。几乎全部加到负载电阻 R 上，流过晶闸管的电流大小取决于 E_A 和 R 的数值，这就是晶闸管的导通原理。

3. 伏安特性

阳极电流 I_A 和电压 U_{AK} 的关系曲线被称为晶闸管的伏安特性，如图 2-9 所示。

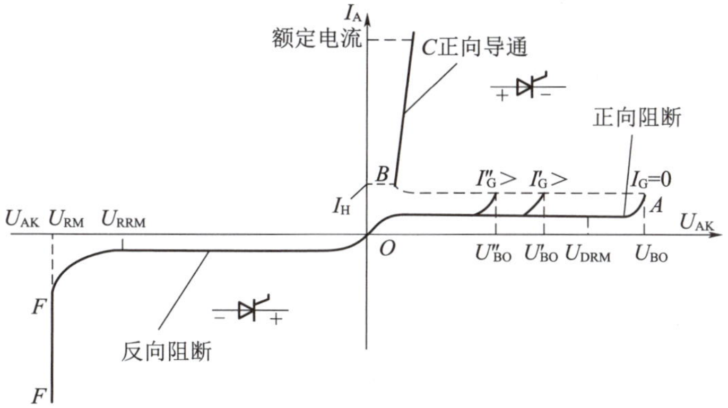

图 2-9 晶闸管的伏安特性

晶闸管正常导通应该是在阳极和阴极之间外加正向电压，而门极加触发电压（触发电流 I_G）的条件下发生的。如果在门极加触发电压，使门极有正向触发电流 I_G，则晶闸管正向转折电压就变小。正向触发电流 I_G 越大，正向转折电压 U_{BO} 就越小，当 I_G 足够大时，只要在阳极和阴极间加上很小的正向电压就能导通。

在晶闸管导通后，若逐渐减小 U_{AK} 阳极电流 I_A 沿 BC 段逐渐减小，当 I_A 低于维持电流

I_H 时，晶闸管就从导通状态转化为关断状态。电流 I_H 是维持晶闸管处于导通状态的最小正向阳极电流，故称为维持电流。

如果门极断开，即门极电流 $I_G=0$，在晶闸管的阳极和阴极之间加正向电压 U_{AK}，改变 U_{AK} 使其从零逐渐增加，阳极电流 I_G 沿曲线的 OA 段变化，但增加很慢，即使 U_{AK} 已较大，I_G 仍然很小，只有几个毫安(称为正向漏电流)。这时晶闸管阳极和阴极之间处于正向阻断状态。待 U_{AK} 升到某一数值时，阳极电流 I_A 突然增大，晶闸管由阻断状态转化为导通状态，伏安特性由 OA 跳变到曲线的 BC 段工作。晶闸管导通后 U_{AK} 很小，约为 1 V。U_{BO} 称为正向转折电压。这种不加控制电压($I_G=0$)，而是在很大的阳极电压作用下，使晶闸管从关断转化为导通的状态不是正常工作状态，因为此时晶闸管已失去控制作用。

当阳极和阴极间加反向电压时，特性曲线和硅二极管一样，随着反向电压的升高，反向漏电流有所增加，但仍然处于反向阻断状态。当反向电压超过击穿电压 U_{RM} 时，晶闸管被反向击穿，电流急剧增大，晶闸管器件极易损坏。这种由反向阻断转化为反向击穿的情况是不允许发生的，必须设法避免。

第三节　直流电路控制

电路的控制即对电流的控制，由于电流存在直流电和交流电，因此对电路的控制存在四种类型的变流控制，变流控制类型见表 2-2。

表 2-2　变流控制类型

输　出	输　入	
	交流(AC)	直流(DC)
直流(DC)	整流	直流斩波
交流(AC)	交流电力控制变频、变相	逆变

一、整流电路

整流就是利用二极管的单向导电特性将交流电变成单方向脉动的直流电的过程。一般有单相半波整流、单相桥式整流两种方式。

(1)单相半波整流电路如图 2-10 所示。

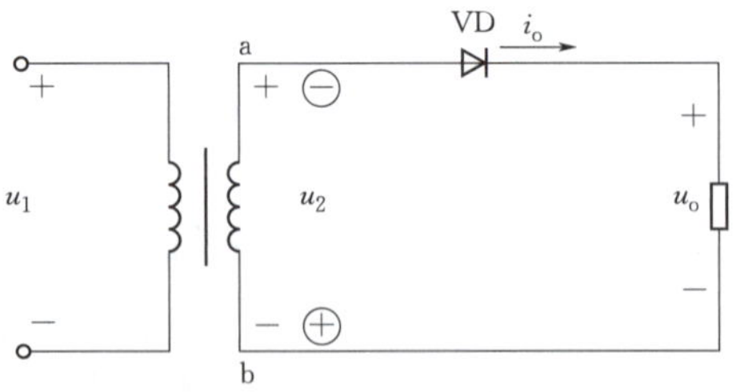

图 2-10　单相半波整流电路

(2)单相桥式整流电路如图 2-11 所示。

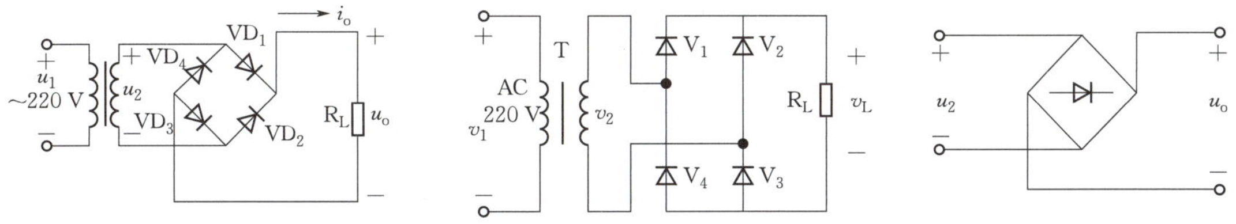

图 2-11　单相桥式整流电路

二、滤波电路

滤波就是将脉动直流电中的交流成分滤除掉的过程。

滤波电路通常由电容器 C 和电感器 L 等元件组成。滤波电路又简称为滤波器，常用的有电容滤波器、电感滤波器和复式滤波器。

(一)电容滤波电路

电容滤波器是在负载的两端并联一个电容构成的，单相桥式整流电容滤波电路如图 2-12 所示。

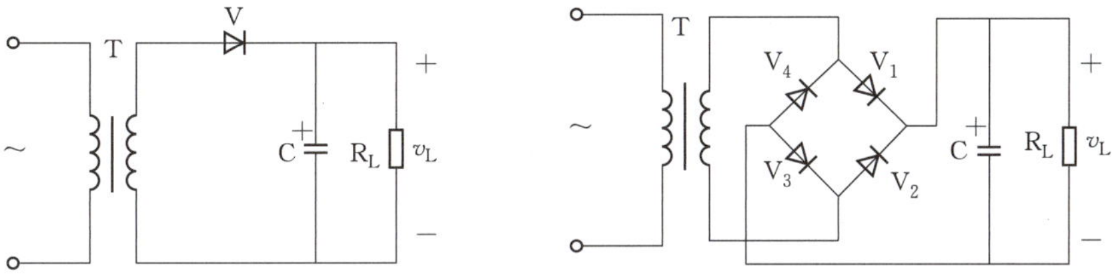

图 2-12　单相桥式整流电容滤波电路

滤波电容若采用电解电容，正负极性是不允许接反的，否则电容的漏电流会加大，引起温度上升使电容爆裂。

(二)电感滤波电路

电感滤波电路中电感 L 与负载 R_L 串联，电感滤波电路及滤波输出电压波形如图 2-13 所示，它是利用通过电感的电流不能突变的特性来实现滤波(从 L 的交直流阻抗来看)。其输出波形如下：

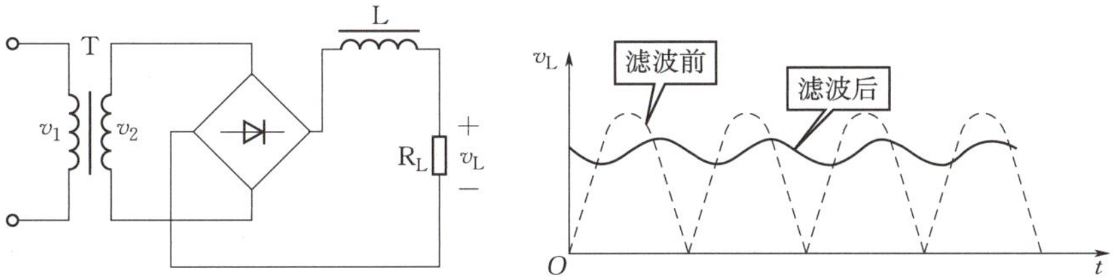

图 2-13　电感滤波电路及滤波输出电压波形

一般情况下，电感 L 值愈大，滤波效果愈好。但电感的体积会变大、成本会上升，且输出电压会下降，所以滤波电感常取几亨到几十亨。

(三)复式滤波器

复式滤波器是由电感、电容或电阻、电容组合起来的多节滤波器，常见的有 LC-π 型、RC-π 型和 LC 型滤波三类复式滤波器，复式滤波电路如图 2-14 所示。

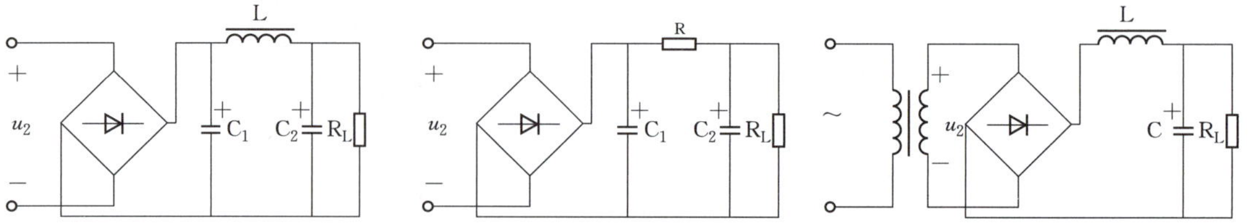

图 2-14　复式滤波电路

三、稳压电路

(一)硅稳压管稳压电路

稳压管工作在反向击穿区时,流过稳压管的电流在相当大的范围内变化,其两端的电压基本不变。利用稳压管的这一特性可实现电源的稳压功能。

硅稳压管稳压电路如图 2-15 所示,电路中的稳压管 V 并联在负载 R_L 两端,所以这是一个并联型稳压电路。稳压电路的输入电压 V_I 来自整流、滤波电路的输出电压,串联电阻 R 起限流和分压作用。

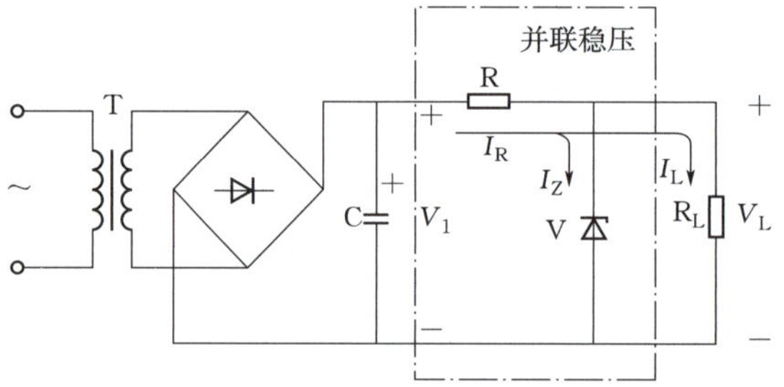

图 2-15　硅稳压管稳压电路

(二)带有放大环节的串联型晶体管稳压电路

带有放大环节的串联型晶体管稳压电路由采样电路、基准电路、比较放大电路、调整电路四部分组成,晶体管串联型稳压电路如图 2-16 所示。

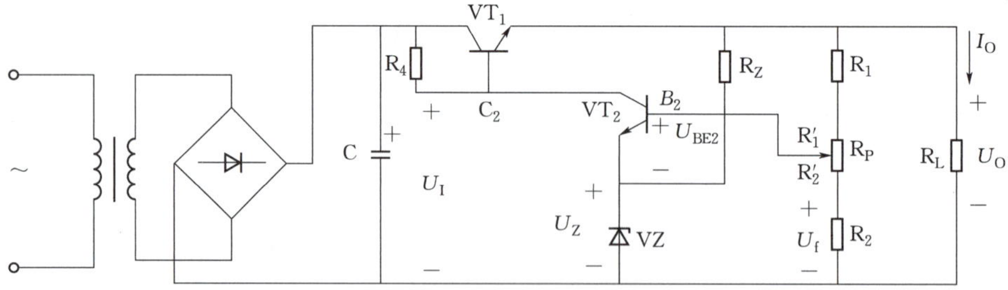

图 2-16　晶体管串联型稳压电路

四、晶闸管可控整流电路

晶闸管可控整流电路可分为电阻性负载和电感性负载整流电路。

(一)电阻性负载整流电路

用晶闸管代替单相桥式整流电路中的二极管就成了单相可控整流电路,典型的单相桥式半控整流电路如图 2-17 所示。

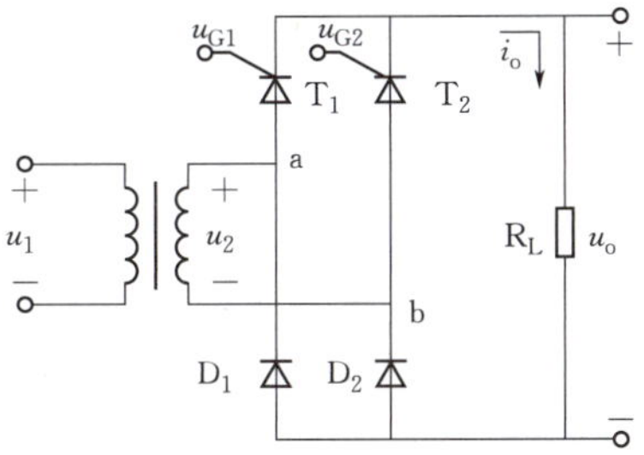

图 2-17　单相桥式半控整流电路

(二)电感性负载单相桥式可控整流电路

电感性负载单相桥式可控整流电路接电感性负载时,感性负载单相桥式半控整流电路如图 2-18 所示。

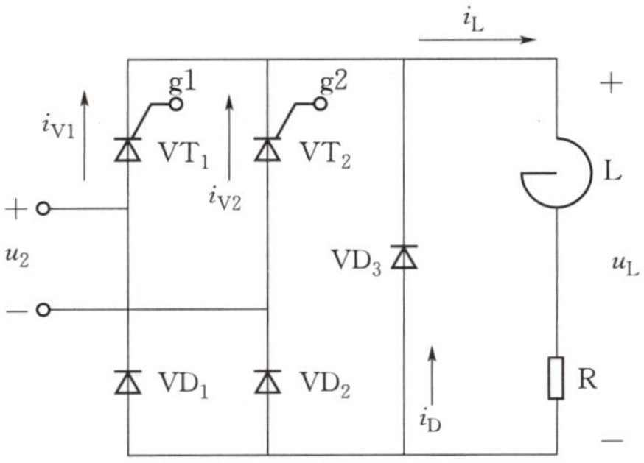

图 2-18　感性负载单相桥式半控整流电路

负载采用了续流二极管,当电源电压过零时,负载经续流二极管续流,晶闸管电流降为零而关断。当电感值较大时,负载电流波形为一直线,负载电流平均值与有效值相等。

第四节　交流电路控制

一、交流电力控制电路分类

交流电力控制电路有交流调压电路、交流调功电路和交流电力电子开关三种。

交流调压电路是在每半个周波内通过对晶闸管开通相位的控制,调节输出电压有效值的电路;交流调功电路是以交流电周期为单位控制晶闸管的通断,改变通态周期数和断态周期数的比值,调节输出功率平均值的电路;交流电力电子开关是串入电路中根据需要接通或断开电路的晶闸管。

交流调压电路主要应用于灯光控制(如调光台灯和舞台灯光控制)、异步电动机软启动、异步电动机调速、供用电系统对无功功率的连续调节、在高压小电流或低压大电流直流电源中调节变压器一次电压。

交流—交流变换电路可以分为直接方式(即无中间直流环节)和间接方式(有中间直流环节)两种。直接方式分交流电力控制电路(只改变电压、电流或对电路的通断进行控制,而不改变频率的电路)和变频电路(改变频率的电路)两种。

(一)交流调压电路

1. 单相交流调压电路

单相交流调压电路就是把两个晶闸管反向并联后串联在交流电路中,通过对晶闸管的控制就可以控制交流输出。

电阻负载单相交流调压电路如图 2-19 所示,在交流电源 u_1 的正半周和负半周,分别对 VT_1 和 VT_2 的开通角 α 进行控制就可以调节输出电压。

阻感负载单相交流调压电路如图 2-20 所示,若晶闸管短接,稳态时负载电流为正弦波,相位滞后于 u_1 的角度为 φ,当用晶闸管控制时,只能进行滞后控制,使负载电流更为滞后。

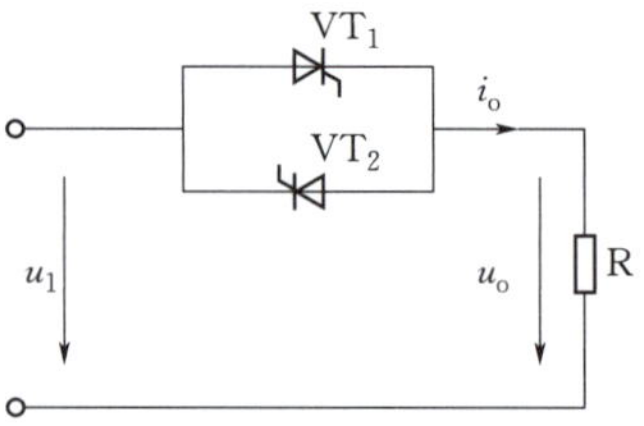

图 2-19 电阻负载单相交流调压电路

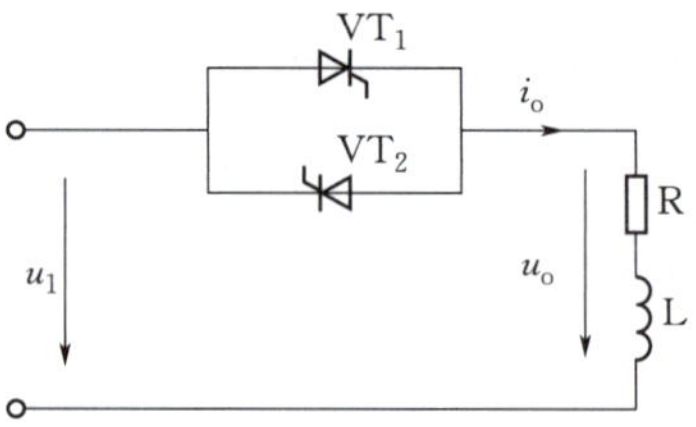

图 2-20 阻感负载单相交流调压电路

斩控式交流调压电路如图 2-21 所示,设斩波器件(V_1,V_2)导通时间为 ton,开关周期为 T,则导通比 $\alpha=ton/T$,通过改变 α 来调节输出电压。

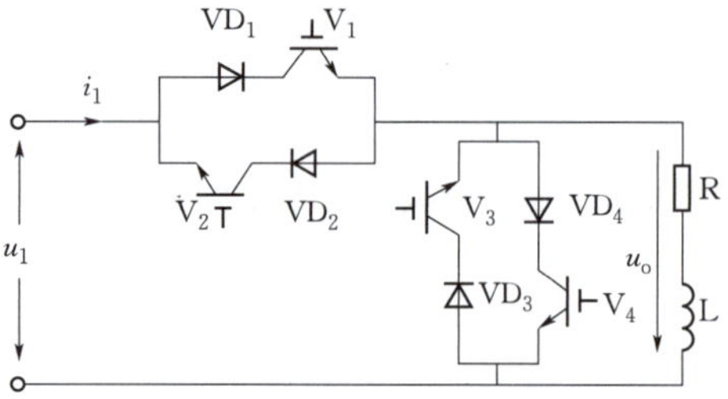

图 2-21 斩控式交流调压电路

2. 三相交流调压电路

根据三相连接形式的不同,三相交流调压电路具有多种形式,三相交流调压电路如图 2-22 所示。

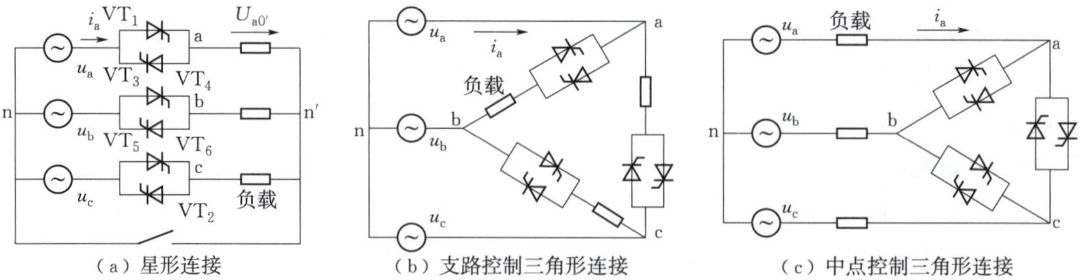

图 2-22 三相交流调压电路

(二)交流调功电路

交流调功电路和交流调压电路的电路形式完全相同,只是控制方式不同,是通过改变接通周波数与断开周波数的比值来调节负载所消耗的平均功率。交流调功电路典型波形如图 2-23 所示。

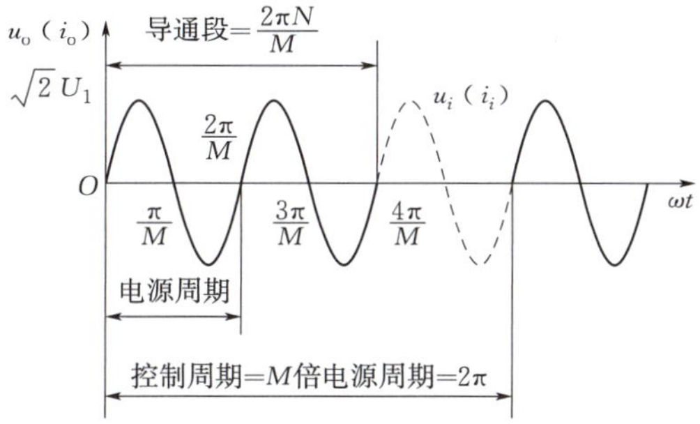

图 2-23　交流调功电路典型波形

二、逆变电路

逆变是将直流电变为交流电的过程。交流侧接电网的,称为有源逆变;交流侧接负载的,称为无源逆变。按照直流侧电源性质划分,逆变电路可为电压逆变电路和电流逆变电路。

当直流电源(蓄电池、干电池、太阳能电池等)向交流负载供电时,需要应用到逆变电路。交流电机调速用变频器、不间断电源、感应加热电源等电力电子装置的核心部分都是逆变电路的应用。

此节仅介绍逆变器的基本原理及几种基本的电压(电流)逆变电路结构。

(一)单相桥式逆变电路

单相桥式逆变电路组成和波形如图 2-24 所示。

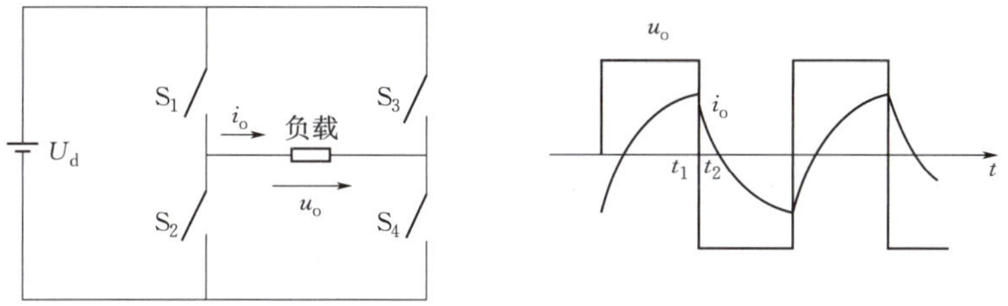

图 2-24　单相桥式逆变电路组成和波形

S_1～S_4 是桥式电路的 4 个臂,由具有开特性的电力电子器件及辅助电路组成。

当开关 S_1、S_4 闭合,S_2、S_3 断开时,负载电压 u_o 为正;当开关 S_1、S_4 断开,S_2、S_3 闭合时,u_o 为负,这样就把直流电变成了交流电。

改变两组开关的切换频率,即可改变输出交流电的频率。在电阻负载时,负载电流 i_o 和 u_o 的波形相同,相位也相同。在阻感负载时,i_o 相位滞后于 u_o,波形也不同。

典型逆变电路如图 2-25 所示。

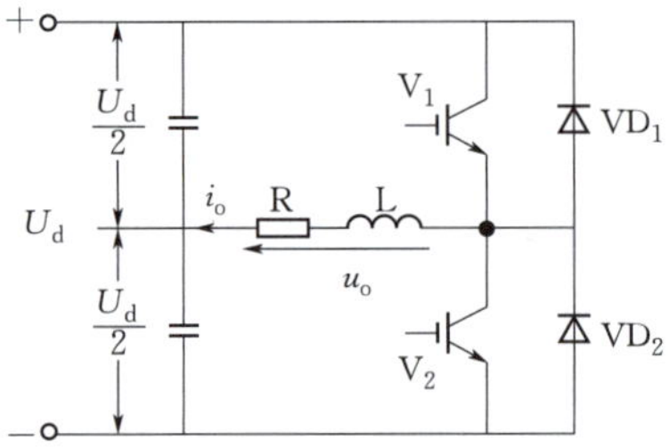

（a）单相半桥电压型逆变电路

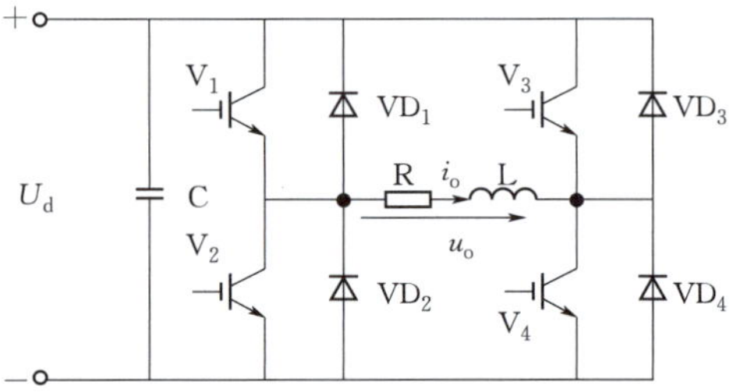

（b）单相全桥电压型逆变电路

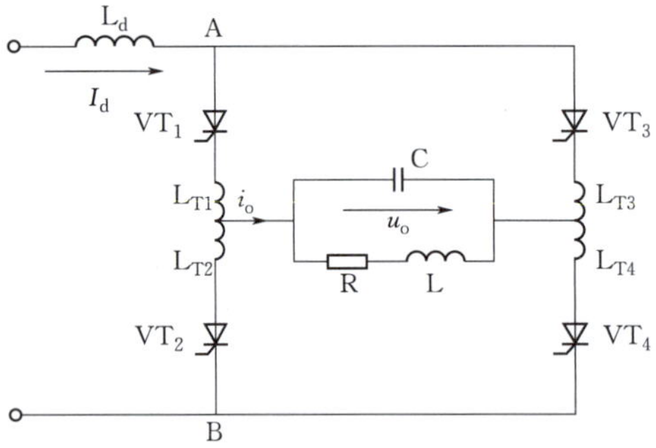

（c）单相电流型逆变电路

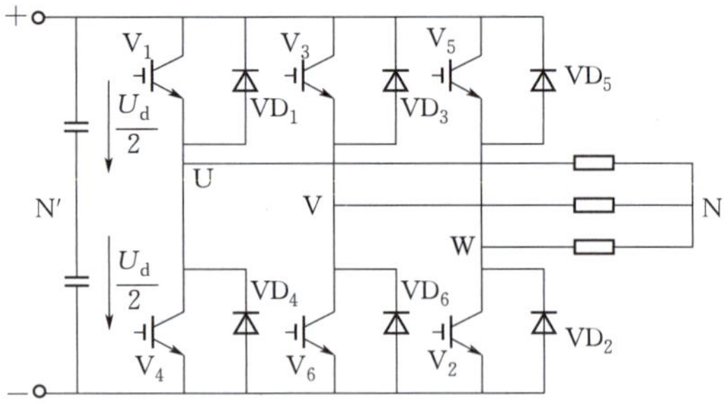

（d）三相桥式电压型逆变电路

图 2-25　典型逆变电路

(二)PWM 逆变电路

PWM 逆变电路也可分为电压型和电流型两种，目前使用的 PWM 逆变电路几乎都是电压型电路。常见的有单相桥式 PWM 逆变电路、三相桥式 PWM 逆变电路。

单相桥式 PWM 逆变电路（调制法）PWM 控制方式有单极性和双极性两种，单相桥式 PWM 逆变电路如图 2-26 所示。

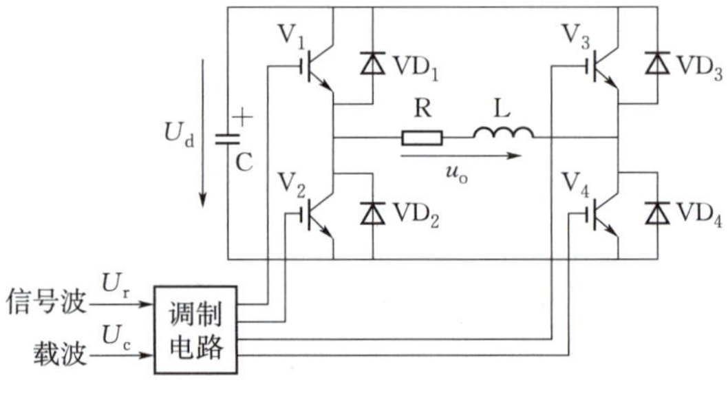

图 2-26　单相桥式 PWM 逆变电路

三相桥式 PWM 逆变电路如图 2-27 所示。

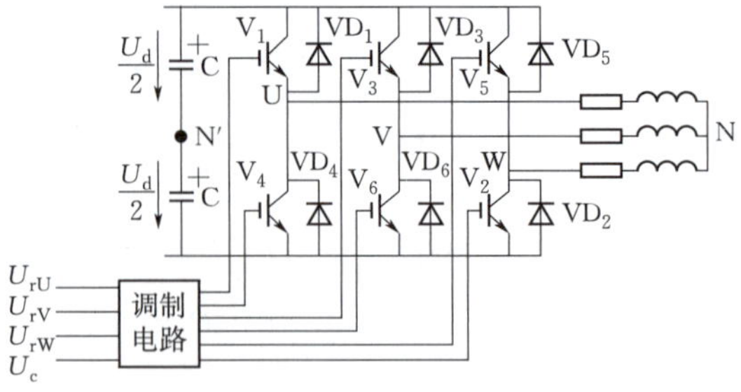

图 2-27　三相桥式 PWM 逆变电路

第三章　计算机基础

第一节　计算机硬件和软件

计算机系统由裸机、系统软件和应用软件共同组成。计算机系统又分为硬件系统和软件系统。其中硬件系统是设备支撑主机和外部设备，软件系统包含多种类型运用程序及文档。

一、计算机硬件

计算机的硬件由运算器、控制器、存储器、输入设备、输出设备等共同组成，主机通过CPU、内存设备(ROM/RAM/Cache)、网络总线、I/O 接口，与外部设备进行通信联系，实施数据输入、运算和输出。

(一)主　　板

主板是计算机最基本的也是最重要的部件之一，是计算机中最大的一块集成电路板，安装在机箱内。主板采用开放式结构来连接各种计算机部件，包括 CPU、内存、显卡、声卡、网卡、硬盘和光驱等。

(二)中央处理器

中央处理器(Central Processing Unit，CPU)是一块超大规模的集成电路，是一台计算机的运算核心和控制核心，主要功能是解释计算机指令以及处理计算机软件中的数据。

CPU 由运算器和控制器组成。

1. 运算器：算术逻辑单元(Arithmetic Logic Unit，ALU)，它对二进制数码进行算术运算和逻辑运算，是对信息加工和处理的部件。

2. 控制器：计算机的“神经中枢”，它指挥计算机各部件按照指令功能的要求自动协调地进行所需的各种操作。

(三)存 储 器

存储器是计算机用来存放程序和原始数据及运算的中间结果和最后结果的记忆部件。微型机的存储器分为两大类，一类是内存储器(简称内存或主存储器)，另一类是外存储器。

内存储器主要是临时存放当前运行的程序和使用的数据，绝大多数内存储器是半导体材料构成的，按功能分为随机访问存储器(Random Access Memory，RAM)和只读存储器(Read Only Memory，ROM)。

随机访问存储器的存储特点是断电后信息丢失，一般存放用户程序或数据；只读存储器的存储特点是断电后信息不丢失，开机信息恢复，一般用于计算机厂家存放程序。

常见的外存储器有磁盘、光盘等。用户要长期保存数据一般使用外存储器。外存储器中的数据应先调入内存，再由CPU进行处理。

大部分内存是不能长期保存信息的RAM（断电后信息丢失），而存放在外存中的信息可以长期保存。主机需要长期保存的信息功能就由硬盘存储器担任。

（四）输入设备

输入设备接收用户输入的数据和程序，并将其转换为计算机能够识别的机器语言，然后存放到内存中。常见的输入设备有键盘、鼠标、扫描仪、麦克风、手写板、触摸屏等。

（五）输出设备

输出设备是将计算机处理后的结果转换成人们能够识别的形式。常见的输出设备有显示器、音箱、打印机、绘图仪、投影仪等。

输入设备和输出设备统称为I/O设备。

二、计算机软件系统

软件是计算机系统中各类程序、有关文档以及所需要的数据的总称。计算机的软件系统一般分为两大类，包括系统软件和应用软件。

（一）系统软件

系统软件包括操作系统、数据库管理系统、程序设计语言、工具软件等。

1. 操作系统（Operating System，OS）是管理和控制计算机的软件和硬件资源，方便用户操作计算机的软件系统，是用户与计算机打交道的桥梁，是计算机最基本、最重要的系统软件。它有五大管理功能：进程与处理机调度、作业管理、存储管理、设备管理、文件管理。

目前计算机普遍装用的是Windows操作系统。

2. 数据库管理系统是安装在操作系统之上的一种对数据进行统一管理的系统软件，主要用于建立、使用和维护数据库。

3. 程序设计语言是用于书写计算机程序的语言。语言的基础是一组记号和一组规则。根据规则由记号构成的记号串的总体就是语言。程序设计语言分为机器语言、汇编语言和高级语言。

4. 工具软件指服务、诊断等程序，是协助用户进行软件开发或硬件维护的软件。

（二）应用软件

应用软件包括范围广泛，但主要有防火墙和杀毒软件、信息管理软件、实时控制软件、其他工具软件等。

1. 防火墙指的是一个由软件和硬件设备组合而成、在内部网和外部网之间、专用网与公共网之间的界面上构造的保护屏障。

2. 杀毒软件也称反病毒软件或防毒软件，是用于消除计算机病毒、特洛伊木马和恶意软件的一类软件。

3. 信息管理软件用于对信息进行输入、存储、修改、检索等。

4. 实时控制软件用于随时获取生产装置、飞行器等的运行状态信息，并以此为依据按预定的方案对其实施自动或半自动控制。

5. 其他常用的工具软件有压缩/解压缩工具、下载工具、数据备份与恢复工具、网络聊天工具等。

(三)计算机主要性能指标

1. 字　　长

字长是指计算机中参与运算的二进制位数,它决定计算机内寄存器、运算器和总线的位数,对计算机的运算速度、计算精度有重要影响。

2. 运算速度及时钟频率(主频)

计算机的运算速度(平均运算速度)是指单位时间(秒)内平均执行的指令条数。一般用百万次/秒(MIPS)来描述。时钟频率是指 CPU 在单位时间(秒)内发出的脉冲数。

3. 存储容量及存储周期

计算机存储容量包括内存容量和外存容量,主要指内存容量的大小。存储器完成一次读/写操作所需要的时间称为存储器的存取时间或访问时间。连续完成两次读/写操作所需要的最短时间称为存储周期。

4. 可靠性、可维护性及扩展能力

计算机的可靠性以平均故障间隔时间(MTBF)表示,MTBF 越大系统性能越好;计算机的可维护性以平均修复时间(MTTR)表示,MTTR 越小系统性能越好;扩展能力主要指计算机系统配置各种外设的可能性和适应性。

5. 软件配置情况及性价比

软件是计算机系统不可缺少的重要组成部分。一台计算机的软件是否配置齐全,是关系计算机性能的重要标志。另外,计算机的性价比也是人们考虑的一个重要因素。

第二节　计算机安全

在接入互联网络后,必须确保计算机安全,抵御和防范各类病毒攻击,例如使用 Windows 安全和防火墙、安装独立杀毒检测软件等。

一、Windows 安全和防火墙

(一)Windows 安全设置

Windows Defender 是 Windows 系统提供的杀毒模块。单击“Windows 设置”→“更新和安全”→“Windows Defender”,打开 Windows Defender 设置窗口。单击“打开 Windows Defender”,即可启动 Windows Defender,其中会显示文件扫描选项、更新、扫描历史等并可进行设置。

在 Windows Defender 窗口中单击右上角“设置”按钮,打开 Windows Defender 设置窗口:

1. 实时保护:可以实时查找并停止恶意软件在设备上的安装或运行。若关闭此选项,短时间内会自动开启。

2. 基于云的保护:启用云保护之后,Windows Defender 会向微软发送一些潜在的安全问题,以便能获得更好、更快的保护体验,建议启用该功能。

3. 自动提交示例:微软的自动保护服务,主要功能是向微软发送检测到的恶意软件信息以便进行分析,建议开启此选项。

4. 排除项:排除设置中分为文件和文件夹、文件类型、进程三种排除选项。

5. Windows Defender 脱机版扫描：某些顽固病毒无法在系统正常运行的情况下清除，使用此扫描模式后计算机会重启进入 Windows RE 环境进行病毒扫描。

6. 增强型通知：将包含重要安全信息的通知发送给用户，可在该设置中修改通知内容。当 Windows 10 操作系统检测到病毒或恶意软件时，桌面右上角会弹出提示窗口，并伴有声音提示。

(二)Windows 防火墙

Windows 防火墙可以保护不同网络环境下的网络通信安全，再配合 Windows 自带的其他安全功能，完全能够保护操作系统的安全。在控制面板的"系统和安全"选项中可以启动 Windows 防火墙，启动后的 Windows 防火墙窗口如图 3-1 所示。

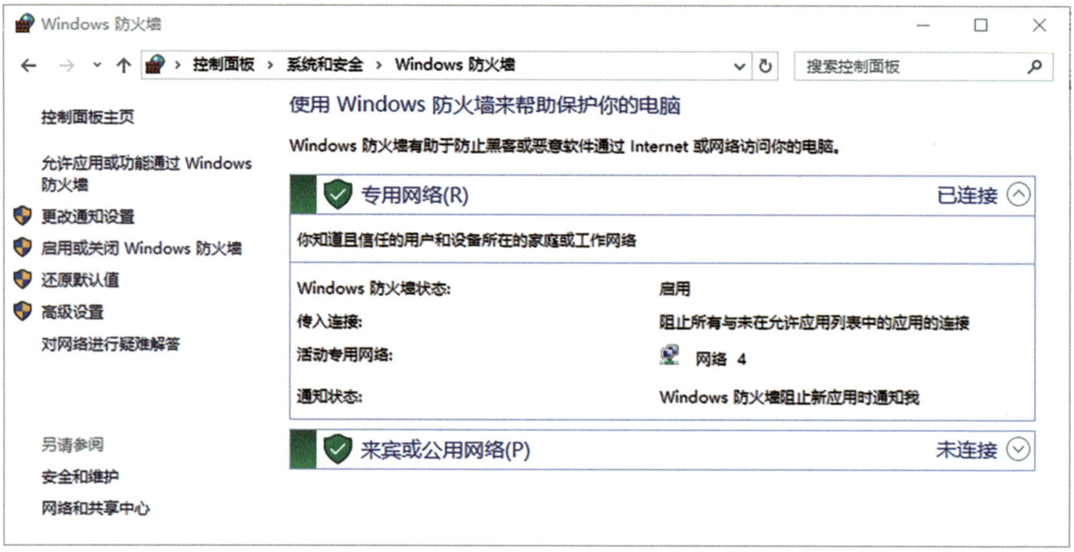

图 3-1　Windows 防火墙窗口

1. 开启/关闭 Windows 防火墙

Windows 防火墙默认处于开启状态，属于轻量级的防火墙。对操作系统安全性要求高的专业用户，建议使用专业级别防火墙软件。安装第三方防火墙之后，会自动关闭 Windows 防火墙。

2. Windows 防火墙网络位置类型和设置

(1)公用网络：使用公用网络位置时，操作系统会阻止某些应用程序和服务的运行，并弹出 Windows 安全提示框，如果是可信任的应用程序，用户单击"允许访问"就可以使用该应用程序，并且该程序可以进行网络通信。

(2)专用网络：适合于家庭计算机或工作网络环境。用户可以对特定应用程序或服务设置为专用网络位置类型，专用网络防火墙规则通常要比公用网络防火墙规则允许更多的网络活动。

(3)域：此网络位置类型用于域网络(如在企业工作区的网络)。此类型下的防火墙规则最严格，这种类型的网络位置由网络管理员控制，因此无法选择或更改。

二、网络安全

计算机或其他信息终端及相关设备组成的，按照一定规则和程序对信息进行收集、存储、传输、交换、处理的系统统称网络。要依法保障网络安全，维护网络空间主权和国家安全、社会公共利益，保护公民、法人和其他组织的合法权益，促进经济社会信息化健康发展。

（一）自觉遵守《中华人民共和国网络安全法》

使用计算机网络，要自觉遵守《中华人民共和国网络安全法》，自觉遵从诚实守信、健康文明的网络行为规范，提高网络安全意识和水平，自觉参与建设网络安全良好环境。要做到：

1. 使用网络应当遵守宪法和法律，遵守公共秩序，尊重社会公德，不得危害网络安全，不得利用网络从事危害国家安全、宣扬恐怖主义和极端主义、宣扬民族仇恨和民族歧视、传播淫秽色情信息、侮辱诽谤他人、扰乱社会秩序、损害公共利益、侵害他人知识产权和其他合法权益等活动。

2. 不得从事入侵他人网络、干扰他人网络正常功能、窃取网络数据等危害网络安全的活动，不得提供从事入侵网络、干扰网络正常功能、窃取网络数据等危害网络安全活动的工具和制作方法，不得为他人实施危害网络安全的活动提供技术支持、广告推广、支付结算等帮助。

（二）自觉规范网络终端设备操作行为

在铁路企业中使用计算机及其内部网络应遵守企业网络安全规定，做到网络终端设备操作行为规范，保障终端使用安全。

终端设备操作使用规范如下：

1. 必须按照批准用途使用终端，设备用途变更、维修或报废时，应确保原存储或承载的信息经过妥善处理或移除。

2. 应遵守 IP/MAC 地址绑定要求，不得擅自修改终端的 IP 地址、子网掩码、网关、DNS 等重要参数。

3. 合理启用安全防护软件的防护策略，每周不少于一次升级病毒库、全盘查杀病毒。在做好安全测试的前提下，每季度至少开展一次漏洞修复。

4. 不得擅自在终端上启用远程访问功能、开放共享目录，严防病毒传播和信息泄露。

5. 应设置开机和锁屏密码，严禁弱口令、无口令或长期不修改口令。临时离开应将终端锁屏，长时间离开或下班时应关机并切断电源。

6. 不得安装和使用来路不明的、与工作无关的软件和存储介质，不得在终端中存储与工作无关的文档、应用和音视频资料。

7. 禁止非涉密终端存储、处理、传输涉密信息。不得在互联网终端存储、处理铁路内部数据。

特别要规范移动介质安全管理，做好标签标识和病毒防范工作，严格控制移动介质接入行为，明确接入方式和访问控制措施，确保专盘专用，严禁混插混用。

第四章　机务运用与管理一般常识

第一节　机车运用组织

一、组织机构

为有效管理及合理运用机车，做好日常机车运用组织，兑现列车运行图和机车周转图确定的相关技术标准，我国国家铁路机车运用实行中国国家铁路集团有限公司（以下简称国铁集团）、铁路局集团公司、机务段三级管理模式。

按照统一指挥、分级管理的原则，由国铁集团、铁路局集团公司、机务段，分别设置相应组织机构。

二、职责范围

1．国铁集团

国铁集团的职责范围有：

（1）负责国家铁路机车运用管理，制定机车运用安全管理、机车乘务员管理等有关规章制度和技术标准。

（2）负责规划、调整国铁集团机车配属，实行集中配置，统一机型，衔接干、支线。追求资产配置效率和效益最大化，淘汰落后产能，加快升级换代，满足国铁集团运输计划需要，适应生产力布局调整。

（3）按照“机车长交路、乘务区段化”原则，规划和审核跨铁路局集团公司机车和乘务交路及有关技术标准。参加列车运行图编制，负责组织机车周转图编制。

（4）制定机车运用、安全管理等人员培训规划，并组织实施。组织开展职业技能竞赛。

（5）负责跨铁路局集团公司机车调度指挥，确保机车供应，提高机车运用效率；综合评价和考核铁路局集团公司机车运用工作。

（6）参与或组织有关事故调查分析及措施制定。

（7）规划国家铁路救援列车布局，指导救援列车专业管理工作。

（8）组织安全生产管理督导检查，开展安全生产规范化、标准化创建工作。

2．铁路局集团公司

铁路局集团公司的职责范围有：

（1）全面负责本局机车运用、安全管理等工作。贯彻执行国铁集团有关机车运用、安全管理等方面的规章制度，制定相关办法、作业标准及实施细则，并组织实施。

（2）负责根据承担的跨铁路局集团公司机车长交路和管内运输任务变化，结合机车检备率提出机车购置和调整建议，确定管内机务段的机车配置及调拨。综合分析机车运用情况，考核管内机车运用工作，提高机车运用效率。

（3）负责确定管内机车交路、乘务交路、乘务制度，组织查定牵引定数、运行时分、自外段技术作业时分、折返时分等技术标准；参加编制列车运行图、机车周转图并组织实施；指导编制列车操纵示意图。负责对铁路局集团公司机车调度进行专业指导。

（4）负责机车乘务员管理。根据图定担当任务及运输发展需求，在满足机车乘务员培训率和预备率，严格执行国家工作时间和休假有关规定的基础上，制定机车乘务员配备计划；组织机车乘务员培训、考核和鉴定。开展职业技能竞赛。

（5）参与或组织有关事故、设备故障分析及措施制定。

（6）负责全局救援列车管理。

（7）定期组织开展安全生产监督检查及评比活动，开展安全生产规范化、标准化创建工作。

3. 机 务 段

机务段的职责范围有：

（1）贯彻执行国铁集团、铁路局集团公司有关机车运用、安全管理等方面的规章制度、管理办法、作业标准及实施细则，制定实施措施并组织落实，提供满足需求的机车和机车乘务员，安全、优质、高效地完成运输生产任务。

（2）按照逐级负责、岗位负责、分工负责、专业负责的要求，实行机务段、运用车间、运用车队、乘务指导组（班组）四级管理模式。

（3）坚持机车运用集中配置、统一管理，推行地乘分离，减少机车乘务员辅助作业时间，实行专业整备管理模式，完善机车整备设备设施，提高机车运用效率、机车乘务员劳动生产率及机车保养质量。定期分析机车运用工作，提出改进建议。

（4）负责机车乘务员管理和日常培训，加大科技投入，完善教育设施，应用机车驾驶模拟装置、实物教学、网络教学等培训手段，努力提高机车乘务员技术业务水平和操纵技能。组织编制作业指导书及列车操纵示意图、操纵提示卡。

（5）负责事故、设备故障分析及制定防范措施；负责本段救援列车日常管理及现场救援指挥。

（6）改善职工生产、生活条件，开展职工健身活动，提高机车乘务员身体素质。定期组织机车乘务员进行体检。

（7）积极推行管理和技术创新，开展企业文化建设，并在实践中不断总结，巩固和提高机车运用、安全管理基础。

机务段按照逐级负责、岗位负责、分工负责、专业负责的要求，实行机务段（运用科）、运用车间、运用车队、乘务指导组（班组）四级管理。

（1）机务段运用科

运用科的主要职责有：

①对机务段机车运用工作进行专业管理，按照列车运行图、机车周转图制定全段机车运用方案并组织实施。

②参加查定牵引定数、运行时分、机车折返和整备作业时分等技术标准。

③组织编制作业指导书、列车操纵示意图、操纵提示卡。

④依据运输任务变化及时提出机车和乘务员调整、补充方案。

⑤负责机车调度室、机务派班室专业管理，负责调度命令、运行揭示和列车运行监控装置(以下简称 LKJ)临时数据文件等相关管理工作。

⑥对机车运用效率指标、运输生产任务和机车乘务员超劳情况开展定期和专题分析，提出整改建议及措施。

(2)运用车间

机务段根据担当客运、货运、调小等任务性质和牵引区段情况，因地制宜合理设置运用车间(人数原则上不超过 800 人)，其主要职责是：

①贯彻执行运用、安全管理规章、制度、标准、细则，落实安全生产责任制度和安全措施。

②负责机车乘务员管理，加强机车乘务员队伍的技术业务、思想动态分析，组织机车乘务员业务学习和典型事故案例教育，开展岗位练兵和劳动竞赛，监督检查考核机车乘务员作业标准化日常执行情况，配合完成机车乘务员作业标准化年度鉴定。

③按照调度日班计划，提供素质达标、满足需求的机车乘务员。

④加强运用车队和指导司机管理，组织开展标准化班组建设，落实岗位责任制、工作标准和工作质量考核制度。

⑤负责运用车队、机务派班室和驻外公寓指导室的管理。

(3)运用车队

运用车间下设运用车队(原则上不超过 200 人)，其主要职责是：

①在运用车间领导下，贯彻执行运用、安全管理规章、制度、标准、细则，落实安全生产责任制度和安全措施。负责运用车队安全生产、人员管理、职工教育、机车保养及运用工作等方面的组织和实施工作。

②负责指导司机日常管理。对指导司机岗位安全责任制、工作标准、工作质量和量化指标完成等进行监督、检查、落实、考核，参与指导司机技术业务年度鉴定。

③负责乘务指导组的管理，积极开展标准化班组创建活动。

④负责机车乘务员管理，监督、检查机车乘务员日常作业标准化执行情况，参与机车乘务员作业标准化年度鉴定。督促机车乘务员认真执行一次乘务作业标准，检查分析安全薄弱环节，督促指导司机对安全关键点、关键人落实盯控和帮教措施。

⑤负责机车乘务员的日常教育培训。根据机车乘务员队伍的技术业务、思想动态分析情况，有针对性地加强机车乘务员规章制度、技术业务、事故案例和思想意识教育，组织开展岗位练兵，总结推广安全正点、平稳操纵、节能降耗等先进经验，不断提高机车乘务员的技术业务水平。

⑥参与作业指导书的编制工作，突出安全关键卡控，确保现场作业、人身安全有序可控。

⑦负责机车的清洁保养，抽查乘务员日常作业情况及包乘制机车乘务员参加机车小辅修作业情况，指导机车乘务员按作业程序和标准检查、保养机车，确保运用机车质量良好。

(4)乘务指导组

运用车队下设乘务指导组，人员控制在 25 人以内，设一名指导司机担任班组长，其主要职责是：

①在运用车队领导下，贯彻执行运用、安全管理规章、制度、标准、细则，落实安全生产责任制度和安全措施。负责乘务指导组安全生产、人员管理、职工教育、机车保养及运用工作等方面的组织和实施工作。

②督促机车乘务员认真执行一次乘务作业标准，检查分析安全薄弱环节，对安全关键点、关键人落实盯控和帮教措施。

③负责对指导组人员的技术业务指导及帮教工作，不断提高乘务员的技术业务水平和整体素质，并进行两标作业鉴定。严格落实机车检查保养规定，优化乘务员操纵技能水平，增强应急处置能力，确保运输秩序良好。

④负责本指导组乘务员的日常管理，广泛开展谈心活动，做好深入细致的思想政治工作。合理确定人员搭配，充分发挥二人互控、互补作用，督促乘务员在运输生产中严格履行安全职责和作业标准。

⑤积极开展班组建设活动，充分调动组内人员的主人翁意识，营造认真、主动、负责、协作的工作氛围，提升班组凝聚力、向心力。

三、机车运用工作管理

（一）机车交路

机车交路是指机车固定担当运输任务的周转区段。

1. 机车交路的分类

(1)机车交路按用途分为客运机车交路和货运机车交路。

(2)机车交路按机车运转方式分为循环运转制、半循环运转制、肩回运转制和环形运转制机车交路等。

(3)机车交路按区段距离分为一般机车交路和长交路。客运机车交路区段距离 800 km 以上、货运机车交路区段距离 500 km 以上的为长交路。

(4)机车交路按交路跨度分为跨局机车交路和局管内机车交路，跨局机车交路由国铁集团确定，局管内机车交路由各铁路局集团公司确定。

2. 机车交路设置的基本原则

机车交路的设置直接关系到机务设备投资、机务生产组织模式、机务生产安全、机车质量保证、运输组织结构、列检布局、线路通过能力等，是十分重要的铁路生产技术组织环节，确定机车交路应遵循下列基本原则：

(1)充分利用各类机车性能，核定一次整备走行距离，机车交路距离或机车牵引列车运行间隔不得超过机车整备续行标准。

(2)依据路网结构，合理确定机车交路支点。机车交路支点要尽可能设置在大的客运枢纽站及货运编组站附近，满足机车集中配置、整备、检修需求。

(3)机车交路的设置与机车配属需紧密结合。通过调整机型及机车交路，尽可能统一干线和跨线牵引定数，减少列车解编次数，提高运输效率。

(4)条件允许时，机车交路要向同方向或多方向延伸覆盖，优化机车接续，提高机车运用效率。同一区域的机车交路机型要尽可能统一，简化乘务员操作。

（二）机车乘务制度

1. 机车乘务制度的分类

按照机车乘务员使用机车的方式，机车乘务制度分为包乘制和轮乘制。

(1)包乘制是机车乘务员固定使用机车的制度。包乘制有利于机车的保养，方便乘务员熟悉机车性能，但由于机车与乘务员固定使用，机车和乘务员使用效率均相对较低。目前，包乘制仅在调、小机车或固定热备机车中使用。

(2)轮乘制是机车乘务员轮流使用机车的制度，打破了人、车固定使用的相互约束，调度调整灵活，运用效率高。目前，干、支线客、货运列车主要采用这种乘务制度。

2. 乘务组班制

机车乘务员操纵列车配班组合称为班制。乘务组班制分为标准班、单班单司机、双司机轮流值乘、双司机共同值乘等。

(1)标准班

标准班是指一个乘务组配置一名司机和一名副司机的乘务班制。司机负责操纵列车，副司机全程辅助司机工作。

(2)单班单司机

单班单司机是指一个乘务组只配置一名司机，司机单独从事操纵列车的工作。

(3)双司机轮流值乘

双司机轮流值乘是指一个乘务组配置两名司机，轮换操纵列车。一名司机操纵列车时，另一名调休。

(4)双司机共同值乘

双司机共同值乘是指一个乘务组配置两名司机，轮流操纵列车。一名司机负责操纵列车时，另一名司机担任副司机职责。

(三)机车交路图

机车交路图是用图示表示机车交路的一种方式，即机车由机务段所在站牵引列车至折返段(机务段)所在站之间往返运行区段的示意图，主要包含机车交路区段、交路距离、线路基本条件、折返方式、机车类型、牵引定数、列车对数、机车运用台数等信息。

1. 机车交路图的构成

机车交路图一般由四个部分组成，分别为机车交路支点、机车交路图示、线路图示和标注。

(1)机车交路支点

机车交路支点包括机务段、折返段和车站等。

①机务段：机车配属单位，具有机车运用与乘务组织、整备、检修及行政管理能力。机务段在机车交路图上的表示方法如图 4-1 所示。

图 4-1　机务段

②折返段：具备对机车牵引续行整备的能力。折返段在机车交路图上的表示方法如图 4-2 所示。

图 4-2　折返段

③车站：列车经由该站折角、开入岔线或折返。车站在机车交路图上的表示方法如图 4-3 所示。

图 4-3　车站

(2)机车交路图示

机车交路图示由机车牵引始发支点、折返支点和牵引运行线组成,如图 4-4 所示。

机车牵引始发支点:一般为机务段或配属机车折返段。

机车牵引折返支点:为折返段(点)、车站或机务段。

机车交路牵引运行线:单线表示单机牵引,双线表示双机牵引,依此类推。

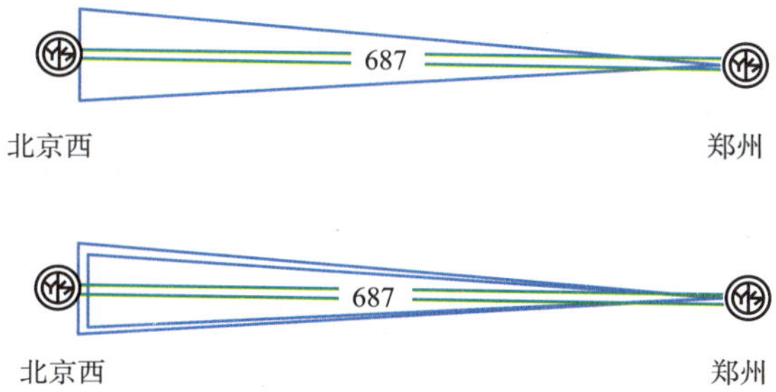

图 4-4　北京西至郑州机车交路图示

(3)线路图示

机车交路的线路分为单线、双线,单线为单线条、双线为双线条;电力牵引线采用绿色表示,内燃牵引线采用红色表示;线路坡度指限制坡度,按上、下行线路分别标注于机车交路线上。机车交路的线路图示如图 4-5 所示。

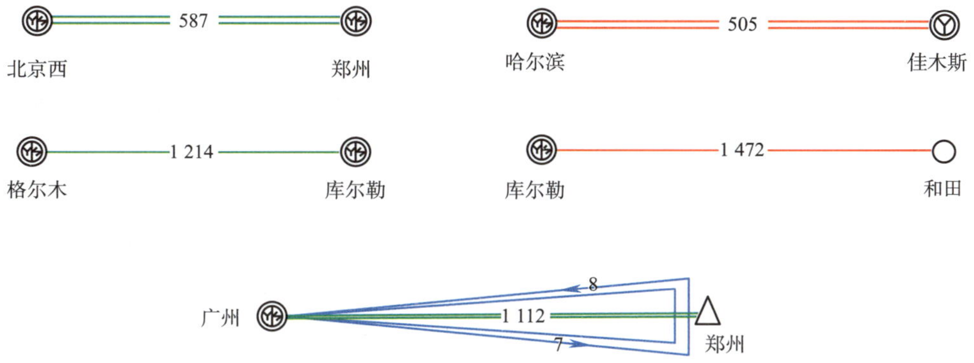

图 4-5　机车交路线路图示

(4)标注

机车交路图的标注主要包括:交路区段、列车对数(上下行对数不同的标注方法,上行/下行)、机型、机车台数、牵引定数等(上下行不同的标注方法,上行/下行,旅客列车可以按牵引辆数),如图 4-6 所示。

2. 机车交路按运转方式分类的图示方法

机车运转方式(也称为机车运转制)是机车担当运输任务,往返机务段和机务段(折返段)间的作业方式。按机车运转方式分为肩回运转制、循环运转制、半循环运转制和环形运

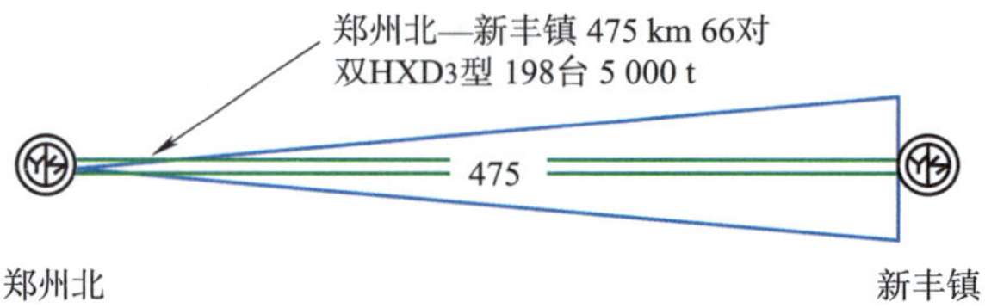

图 4-6　郑州北至新丰镇机车交路标准图示标注

转制机车交路等。

(1)肩回式机车交路

肩回式机车交路是指机车出段在所在站牵引列车运行至终到站或入所在站后折返返回牵引列车的机车交路,如图 4-7 所示。

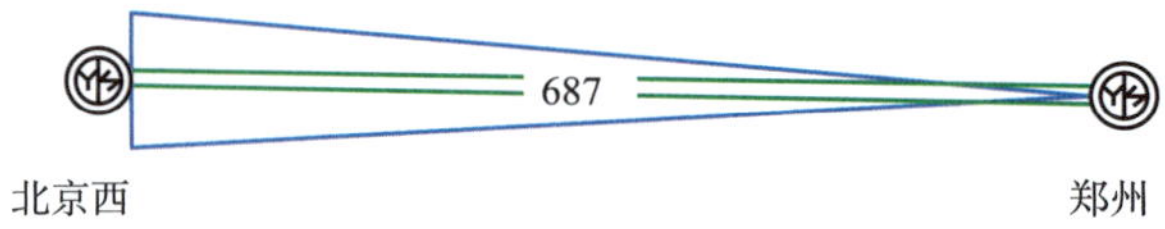

图 4-7　肩回式机车交路

(2)循环式机车交路

循环式机车交路是指机车出段在所在站牵引列车在两个及以上车站循环运行一次或数次后,再返回机务段的机车交路,如图 4-8 所示。

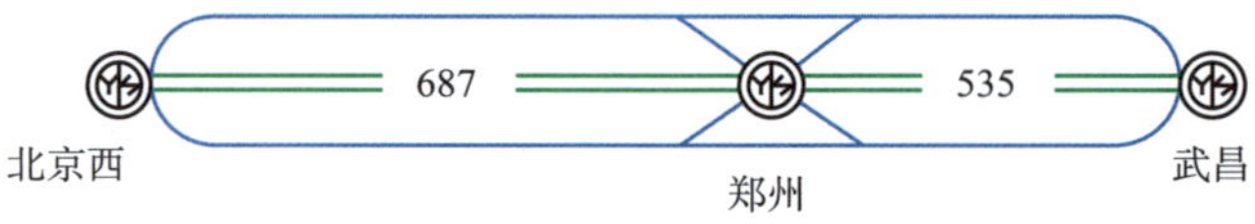

图 4-8　循环式机车交路

(3)半循环式机车交路

半循环式机车交路是指机车出段后在所在站牵引列车向一个车站运行折返至另一车站折返返回机务段的机车交路,如图 4-9 所示。

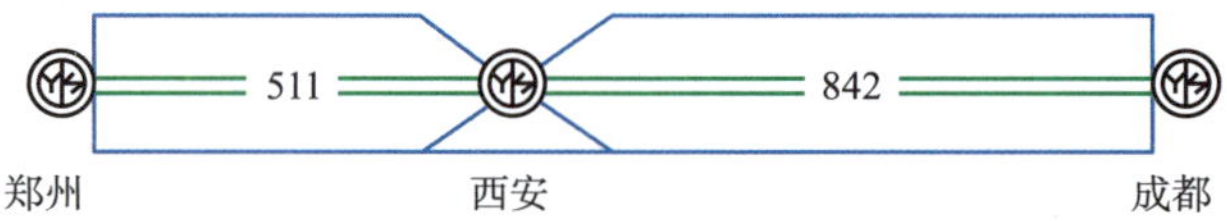

图 4-9　半循环式机车交路

(4)环形运转机车交路

环形运转机车交路是指机车在一个牵引区段或在枢纽内担当两次及两次以上往返的列车牵引任务之后,入段进行整备作业,如图 4-10 所示。环形运转方式一般在距离短而运量较大的交路区段上的市郊列车和小运转列车采用。

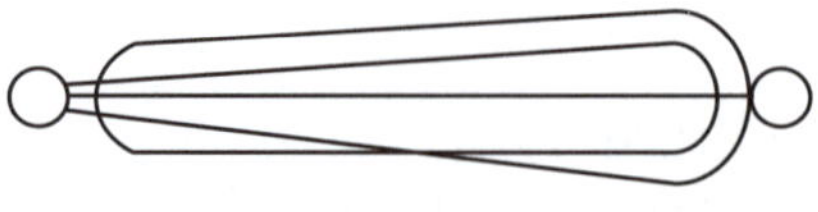

图 4-10　环形运转机车交路

在机车交路图上补机区段需单独表示。补机机车交路指加补机车区段(区间)的机车交路,如图 4-11 所示。

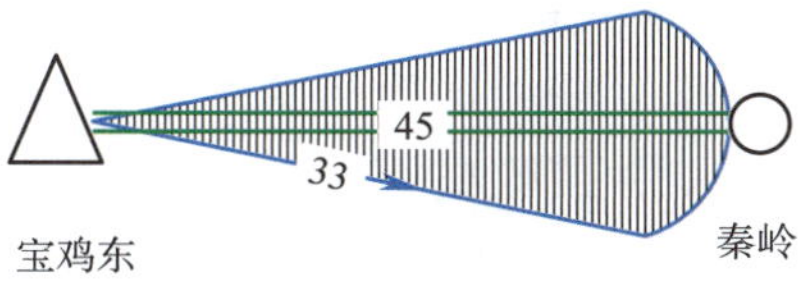

图 4-11　补机机车交路

第二节　机车管理

一、机车配属

国铁机车实行配属管理。国铁集团需根据路网结构、客货运量、编组站及区段站布局、线路状况、列车衔接等因素将机车配属至各铁路局集团公司,各铁路局集团公司结合以上因素及机务段检修、整备能力将机车配属至各机务段运用和维护。

机车配属应遵循以下原则:

(1)近期与远期相结合,满足运输需要,符合机车牵引动力发展和检修布局的规划,提高机车使用效率和资产回报及效益。

(2)力求机型统一、点线结合集中配属。

(3)合理使用机车,平衡相邻区段的牵引定数。

(4)适应列车编组计划和运输设备的基本要求。

(5)配置机车根据机车周转图查定,并依据担当任务性质等情况,确定机车检修、备用率。原则上,小运转、调车任务按 12%,客、货任务管内的按 12%、跨局机车交路的按 15%,春暑运期间临客任务占图定任务 10%以上的机务段按 20%,直供电机车按 25%。

二、机车调拨

机车调拨是机车管理部门根据机车装备的更新换代,为实现资产配置效率效益最大化,结合运输市场及路网能力的变化,综合考虑运输需求、线路特点、机车检修布局等情况,变更机车配属管理单位,实现机车优化配置。

机车调拨是运输设备、运输需求发生变化时实现资源重新配置的有效途径和手段,铁路局集团公司间机车调拨以国铁集团文件、电报为准;铁路局集团公司管内由铁路局集团公司决定,以铁路局集团公司机务部文件、电报为准,并报国铁集团备案。机车调拨要力求符合机车集中配置、机型统一的原则。调拨机车原则上在调出机务段进行交接,机车和车载电务设备状态应符合运用条件。相关机务段必须在调拨电报确定的时间内完成交接。调出机务段做好准备工作并填写移交记录,交接完毕时刻拍发电报,告知有关铁路局集团公司、机务段。

调拨机车时车载设备、技术档案、随车工具备品、技术改造项目(需提供技术改造方案及使用情况)一并调拨,实现“一车一档”全寿命过程记录不丢失。

三、机车出助、入助、出租

机车出助、入助是为满足某一区域春、暑运及其他特殊情况下造成的客、货运量激增时机车使用需求，不同配属局、段机车互相帮助担当牵引任务。机车出助、入助不改变配属关系，出助为派出机车的支援方，入助为接收机车的被支援方。出助、入助为国铁集团企业内部适应运输生产的调剂行为，产生的费用按照国铁集团财务有关文件办理。跨铁路局集团公司出助、入助按国铁集团调度命令办理，铁路局集团公司管内机务段间出助、入助按铁路局集团公司调度命令办理。

机车出租是铁路局集团公司利用国铁富余和闲置的机车（出租给路外企业和单位）投入市场产生非国铁直接运输收益，实现富余和闲置机车价值再利用的企业行为。为确保不影响国铁运输生产，防止过度市场化，出租机车超过 1 年时应列入年度计划，并报国铁集团备案；出租交流传动机车时，须报国铁集团批准。

机车出租费用标准按国铁集团有关规定办理。出租机车须在合同范围内使用。铁路局集团公司所属单位运营外使用机车，按出租机车办理的，收费办法按有关规定执行。机车出租期间的走行公里比照调车机车统计。出租机车乘务员受租用单位的领导和指挥。工作中发生事故，由租用单位负责。

四、机车有偿转让

经国铁集团确认不影响运输生产的闲置机车，可有偿转让给路外企业或单位。机车有偿转让为市场行为，转让价值需履行资产评估手续。为确保国铁机车保有量满足运输变化需要，有偿转让机车需征得国铁集团批准。为确保国铁机车全寿命运营安全可控，购车企业或单位不得将有偿转让机车出租、转卖；铁路局集团公司机务部对管内企业从国铁集团购买的有偿转让机车使用情况要全面掌握，对将机车违规处置或使用单位、作业范围与批准文件不一致的，不得再为该单位办理有偿转让审核；对有偿转让机车的报废情况进行备案。

五、机车备用

机车备用分为短期备用、长期备用、应急备用，备用机车必须符合《铁路技术管理规程》规定的出段牵引列车的条件，工具备品齐全，严禁拆除零部件。

短期备用机车是指备用时间大于 24 h 且不超过 30 天的机车。短期备用机车的加入及解除由铁路局集团公司机车调度批准。跨局长交路机车不得在外局短备。解除短备，自接到调度命令时起，在 2 h 内需达到运用状态（具备出库牵引列车的条件）。

长期备用机车是指备用时间 30 天以上的机车。长期备用机车的加入及解除由国铁集团机车调度批准，长期备用机车有严格的验收、保管制度，确保质量良好。解除长期备用，自接到调度命令时起，在 48 h 内达到运用状态（平均气温低于零下 10 ℃的寒冷地区为 72 h）。

应急备用机车包括设置在高铁、客专综合维修工区、机务段、车站等地点，用于动车组救援的热备内燃机车；冬季设置在电气化线路相关车站、机务段等地点，用于旅客列车救援的应急内燃机车。应急备用机车纳入基本机车周转图和年度机车运用计划，按路用机车统计，应按规定保证随时出动。

备用时间在 90 天以上及由于内电转化、运输调整等原因闲置的机车，可转入封存。封存机车的加入、解除由国铁集团机车调度批准。封存机车的管理比照长备机车办理。

六、机车回送

铁路机车因新配属、调拨、出助、出租、检修、生产调整等需要进行回送。按回送组织方式分为单机回送、专列回送、附挂回送和托运回送；按机车动力使用状态分为有动力回送、无动力回送。

铁路机车回送时，内燃机车回送时原则上采用有动力回送；电力机车跨交路区段回送时，原则上采用无动力回送。机车在交路区段外单机运行时，应派带道人员。未安装行车安全装备或行车安全装备故障的机车回送时，须安排机车取送，不得采用单机自走行方式进行调车作业。日常运输组织中发生的运用机车回送时，原则上应按单机或附挂方式，无动力附挂时不得跨牵引区段。

附挂回送机车应挂于本务机车次位，每列不得超过 2 台；专列回送每列不超过 5 台(不包括本务机车，双节机车按一台计)，在受桥梁限制的区段按规定进行隔离，在线路坡度超过 20‰及以上区段，禁止办理机车专列回送；走行部及制动机等严重破损机车禁止随列车跨铁路局集团公司回送。

铁路局集团公司调度所应按照有关回送电报要求及时安排回送机车计划，不得扣压，随时掌握回送机车动态。回送机车在一地滞留时间超过 24 h(故障除外)，所在局调度所要向国铁集团汇报滞留原因及解决措施。回送机车乘务员有权使用车站运转室(调度室)、机务派班室电话，向途经铁路局集团公司、国铁集团机车调度员汇报机车回送情况。

七、机车报废

为贯彻国家节能减排政策，适应铁路运输发展需要，促进铁路机车装备技术进步，保证机车安全运用，发挥固定资产使用效能，机车符合下列条件之一时，可办理鉴定报废：

(1)直流传动机车配属使用时间超过 20 年，交流传动机车配属使用超过 25 年，状态不良的。

(2)构造和技术特殊，配属台数少，状态不良，无配件来源及技术服务支持的。

(3)检修和运用经济差，一次修理或修复费用超过其购置原值或该型机车新车现价的 60%。

(4)发生事故或遭遇意外灾害，主要部件破损严重且不能恢复其基本性能的。

(5)专为特殊需要设计的机车，当特殊需要消失且不适用于其他用途的。

(6)其他原因需要报废的。

报废机车应在机车报废批准文件发布之日起一个月内从机车配属台账内取消，简称取消配属。

已批准报废的机车处置方式包含 3 种：

(1)拆解：报废处置方式为拆解的机车，应在拆解意见公布之日起 6 个月内按照铁路物资处置管理相关规定组织拆解完毕。

(2)留存开发：留存开发的报废机车一般为具有纪念意义、特殊涵义、经营开发价值的机车，主要用于文物收藏、文化建设、教学培训、专题教育等静态展示类开发创效用途。为确保安全，留存开发的报废机车在整体处置时，铁路局集团公司应要求接收单位承诺仅用于静态展示类用途，严禁用于牵引运输等动轮运转类和机车零部件修复开发类用途。

(3)储存备用管理：储存备用的报废机车为报废时无主体结构损毁，无主要部件缺失，可经修复后临时用于紧急或特殊任务的内燃机车。在特殊情况下，按照特事特办、一事一决定的原则，国铁集团可按照指令或根据特定情况启用储存报废机车，铁路局集团公司按照国铁集团通知做好储存备用报废机车的性能恢复、回送、上线运用等工作。

八、登乘机车和动车组司机室

1. 登乘机车的有关规定

机车上应严格控制非值乘人员登乘，因工作需要必须登乘机车时应按以下规定办理：

(1)机务段直接行车有关人员、机车试运转有关人员，凭工作证可登乘本段机车。铁路局集团公司制定相应管理办法。

(2)国铁集团、铁路局集团公司行车安全监察人员，凭监察证登乘机车。

(3)因救援抢险等需要相关人员凭调度命令可登乘机车。

(4)检查工作的人员，凭添乘机车证添乘机车。

(5)运输、牵引供电、电务、工务、车辆、通信、公安等有关人员，凭登乘机车证和工作证，可登乘机车。登乘机车证由所属单位提出书面申请，由铁路局集团公司机务部负责审核填发。

(6)登乘机车证分为临时、定期登乘机车证。使用期限超过三个月(含三个月)时可填发定期登乘机车证。

(7)机车登乘人数不得超过 2 人，因特殊情况超过 2 人的需经乘务担当局机务部同意。登乘人员不得影响机车乘务员正常工作，不得在机车非操纵端(便乘机车乘务员除外)或其他部位乘坐，不得擅自操作机车的开关、按钮及其他设备，更不得在运行中开关司机室门。

(8)不符合登乘规定人员，严禁登乘机车。机车乘务员对不符合规定的登乘人员劝阻无效时，有权不开车，报请车站(列车调度员)处理。

2. 登乘动车组司机室的有关规定

动车组司机室是司机操控动车组的重要部位。为减少对动车组司机操控的干扰，应严格控制添(登)乘司机室的人员。原则上须持有添(登)乘证件的人员方可添(登)乘动车组司机室。持有国铁集团安全监察证(以下简称安全监察证)的人员也可凭安全监察证添乘动车组司机室。

(1)添(登)乘动车组司机室时需出示本人的“动车组司机室添(登)乘证”和工作证(身份证)，经乘警(无乘警时由列车工作人员负责)验证审核后(司机室有侧门的，在侧门外验证；无侧门的在车厢内司机室门前验证)。进入司机室后再将证件交与司机确认登记。

(2)添(登)乘司机室只准在始发站和动车组司机换乘站办理，中途停车站原则上不受理添(登)乘。添(登)乘人员在始发站应提前 10 min 进入司机室，办理添(登)乘手续。

(3)动车组司机室的添(登)乘人数，原则上不得超过 2 人(特殊情况除外)，不得影响值乘司机正常工作。添(登)乘动车组司机室必须在操纵端。

(4)因临时任务急需，来不及提前申请办理添(登)乘证时，经相关领导批准，发布调度命令。

(5)动车组运行中司机室门必须锁闭，只允许随车机械师、列车长进入司机室，但必须使用无线对讲设备通知司机，得到同意后方可进入，其他人员不得进入司机室。添(登)乘人员如需临时离开司机室，返回时必须由机械师或列车长使用无线对讲设备通知司机，得到同意后方可进入。

（6）“动车组司机室添乘证”使用期限最长为3年，“动车组司机室登乘证”使用期限最长为1年。

九、路外机车管理

路外机车是指非国铁集团下属企业配属的机车。路外机车因运输任务需要进入国铁线运行（俗称过轨），应遵守下列规定：

（1）过轨机车须达到《铁路技术管理规程》规定的技术标准，必须安装适用的列车无线调度通信设备、机车信号、列车运行监控装置等行车安全装备。铁路局集团公司应指定单位对机车的技术状态进行检查确认。

（2）过轨司机必须持有有效的中华人民共和国铁路机车车辆驾驶证。铁路局集团公司应组织对随机车进入国铁线路作业的有关人员，进行行车安全、机车操作、规章制度和车机联控等技术业务培训，考试合格，方准在国铁线路作业。

（3）机车所属单位应与铁路局集团公司签订安全协议，明确各自在运输生产、行车安全以及带道工作中应承担的责任和义务。对违反国铁集团、铁路局集团公司规定和《车站行车工作细则》（以下简称《站细》）规定的，要立即停止机车作业。

（4）路外机车因检修等原因需要经国铁线路回送时，一律采用无动力托运方式回送。

第三节　机车运用指标

机车运用指标是按照《铁路机车统计规则》的统计标准，能够正确、全面地反映机车运用效率和完成的工作量，是考量机车运用组织工作的尺度。通过对机车运用指标的统计和分析，可以准确地、及时地获得机车运用情况，发现运用组织工作中的问题，不断提出改进措施，提高机车运用管理水平。

一、机车运用指标分类

按反映机车工作内容的不同，机车运用指标分为机车运用工作量指标和机车运用效率指标两类。

（一）机车运用工作量指标

机车运用工作量指标是反映现象的总规模水平或工作总量的统计指标。工作量指标都是使用统计绝对数来表示的，是计算其他一切指标的基础。

机车运用工作量指标包括机车走行公里、牵引总重吨公里、机车自重吨公里、通过总重吨公里、机车专调时间、车辆公里、载重吨公里等。

（二）机车运用效率指标

机车运用效率指标是反映现象的相对规模水平或运输工作质量的统计指标。效率指标是用相对数或平均数来表示的。效率指标是数量指标的派生指标，一般用百分数、倍数或用复合单位表示的。

机车运用效率指标包括运输密度、空车走行率、重车每辆平均动载重、列车平均总重、机车平均牵引总重、机车台日产量、机车日车公里、列车平均组成辆数、旅行速度、技术速度、平均全周转时间、机车全周转距离、单机率、机车平均能源消耗、机车信号机外停车、机车周转次数、超重列车与欠重列车、机车运用率等。

二、主要机车运用指标与计算方法

(一)机车运用工作量主要指标与计算方法

机车工作量主要是反映机车走行距离、工作时间和牵引重量三个因素所构成的指标来表示的。

1. 机车走行公里

机车走行公里为运用机车实际走行或换算走行的公里。

(1)机车总走行公里:为沿线走行公里及换算走行公里之和。

(2)本务机走行公里:为牵引列车的本务机车走行公里。

(3)沿线走行公里:为本务、单机(含有动力附挂)、重联和补机走行公里之和。

(4)辅助走行公里:为单机(含有动力附挂)、重联、补机及各种换算走行公里之和。

(5)换算走行公里:为按机车台小时换算的走行公里。调车工作每小时作业时间换算20 km;其他工作每小时换算5 km;有动力停留每小时换算4 km(内燃、电力运用机车的段内停留均按有动力停留统计)。

2. 牵引总重吨公里

牵引总重吨公里是指机车牵引列车(包括单机牵引车辆)完成的工作量。

计算方法:机车牵引总重吨公里=机车牵引总重×实际走行公里

3. 机车自重吨公里

机车自重吨公里是指机车沿线走行产生的自重吨公里。

计算方法:机车自重吨公里=机车重量×沿线走行公里

4. 通过总重吨公里

通过总重吨公里是指沿线上通过的总重吨公里。

计算方法:通过总重吨公里=机车自重吨公里+牵引总重吨公里

5. 机车专调时间

机车专调时间是指机车担当专用调车工作产生的调车时间,是根据司机报单记载的每次由实际工作开始至实际工作完了的时间。机车专调时间包括专调机车在编组站、区段站以及运输方案规定的专调站调车时间和月间计划指定利用列车的本务机车在列车始发站及终到站兼作调车工作的实际作业时间。

6. 车辆公里

车辆公里是指车辆运行的公里。

计算方法:车辆公里=机车牵引车辆辆数×实际走行公里

7. 载重吨公里

载重吨公里是指机车牵引列车完成的货物运输量(包括单机牵引车辆完成的货物运输量)。

计算方法:载重吨公里=机车牵引列车的载重×实际走行公里

(二)机车时间指标与计算方法

1. 机车台日

机车台日是根据报告期实际机车台小时计算的各种机车台日数，四舍五入，保留1位小数。

计算方法：

(1)机车台日＝实际机车台小时÷24

(2)机车功率日＝机车机型功率×机车台日

2. 结存机车数

结存机车数是指报告期上期、本期期末实际配属机车台数。

3. 平均全周转时间

平均全周转时间是指机车每周转一次平均消耗的时间。

计算方法：平均全周转时间＝机车全周转时间之和÷机车周转次数

(三)机车运用效率指标与计算方法

1. 运输密度

运输密度为每公里线路所负担的货车载重吨公里。

计算方法：运输密度＝区段载重吨公里÷区段公里

2. 空车走行率

空车走行率为空车走行公里与重车走行公里的比值。

计算方法：空车走行率＝运用空车车辆公里÷运用重车车辆公里×100％

3. 重车每辆平均动载重

重车每辆平均动载重为平均每辆运用重车在运行中所载重量。

计算方法：重车每辆平均动载重＝载重吨公里÷运用重车车辆公里

4. 列车平均总重

列车平均总重为每一列车的平均总重量。

计算方法：列车平均总重＝总重吨公里(不分劈重联、补机)÷本务机走行公里

5. 机车平均牵引总重

机车平均牵引总重为每台机车平均牵引列车的总重量。

计算方法：机车平均牵引总重＝总重吨公里(不包括单机)÷本务、重联、补机走行公里之和

6. 机车台日产量

机车台日产量为平均每台机车在一昼夜内生产的总重吨公里。

计算方法：

(1)机车台日产量＝该运种总重吨公里(不包括补机)÷该运种机车台日

(2)机车千千瓦功率日产量＝该运种总重吨公里(不包括补机)÷该运种机车千千瓦功率日

7. 支配机车台日产量

支配机车台日产量为平均每台支配机车在一昼夜内生产的总重吨公里。

计算方法：支配机车日产量＝各种运输总重吨公里÷支配机车台日

8. 机车日车公里

机车日车公里为平均每台运用机车在一昼夜内走行的公里。

计算方法:机车日车公里=机车沿线走行公里(不包括补机)÷运用机车台日(不包括补机)

9. 支配机车日车公里

支配机车日车公里为平均每台支配机车在一昼夜内走行的公里。

计算方法:支配机车日车公里=机车总走行公里÷支配机车台日

10. 列车平均组成辆数

列车平均组成辆数为每一列车的平均组成辆数。

计算方法:列车平均组成辆数=车辆公里(不包括单机)÷本务机走行公里

11. 旅行速度

旅行速度为列车机车在区段内平均每小时走行的公里。

计算方法:旅行速度=本务机车走行公里÷本务机车旅行时间

12. 技术速度

技术速度为列车机车在区间内平均每小时走行的公里。

计算方法:技术速度=本务机车走行公里÷本务机车纯运转时间

13. 机车全周转距离

机车全周转距离为机车每周转一次所走行的公里。

计算方法:机车全周转距离=沿线走行公里(不包括补机)÷机车周转次数

14. 单机率

单机率为单机走行公里占机车沿线走行公里的比重。

计算方法:单机率=单机走行公里÷机车沿线走行公里(不包补)×100%

15. 机车重联率

机车重联率为重联机车走行公里与本务机车公里的比值。

计算方法:机车重联率=重联机车走行公里÷本务机车公里×100%

16. 机车补机率

机车补机率为补机机车走行公里与本务机车公里的比值。

计算方法:机车补机率=补机机车走行公里÷本务机车公里×100%

17. 机车平均能源消耗

机车平均能源消耗为机车完成一定工作量所消耗的能源量。

计算方法:

(1)内燃机车每万吨公里消耗油量=燃油消耗量(千克)÷机车万总重吨公里

(2)电力机车每万吨公里耗电量=电消耗量(千瓦时)÷机车万总重吨公里

(3)调车机车及其他工作机车每小时消耗油量=燃油消耗量(千克)÷调车时间

18. 机车信号机外停车

机车信号机外停车为牵引货物、旅客、快运列车的本务机车在车站(包括线路所)进站信号机外的停车,按次数(次)、时分(分钟)计算。

19. 机车周转次数

机车周转次数为货物、旅客、快运机车由本段(驻在机车为驻在段)每出、入段一次各算0.5次;循环运转机车经过乘务员换班站每到达、出发各算0.5次;临时越过图定机车交路运行时每经过一个乘务区段算 0.5 次，不足一个乘务区段不计算。

20. 机车运用率

机车运用率为运用机车占支配机车的比重。

计算方法：机车运用率＝运用机车台日÷支配机车台日×100%

(四)机车检修、备用指标与计算方法

1. 机车检修率

机车检修率为检修机车占支配机车的比重。

计算方法：

(1)机车检修率＝检修机车台日÷支配机车台日×100%

(2)C6 修或大修机车检修率＝C6 修或大修机车台日÷支配机车台日×100%(其他修程类推)

(3)在段修机车检修率＝在段修机车台日÷支配机车台日×100%

2. 平均修车时间

平均修车时间为各种修程的平均修车时间。

计算方法：平均修车时间＝各该修程的总修车时间÷各该修程的修竣台数

计量单位：C6 修或大修、C5 修或轻大修、C4 修或中修为天，四舍五入，各保留 1 位小数。其他修程为小时，四舍五入，各保留 1 位小数。

3. 机车备用率

机车备用率为备用机车占支配机车的比重。

计算方法：机车备用率＝备用机车台日÷支配机车台日×100%

第四节　机车乘务员管理

一、任职资格及岗位管理

机车乘务员职名包括动力分散型电力动车组司机(副司机)、动力集中型电力动车组司机(副司机)、动力集中型内燃动车组司机(副司机)、电力机车司机(副司机)、内燃机车司机(副司机)。初任机车乘务岗位但未定职副司机之前的使用学员职名。

2020 年以前，动力分散型动车组司机培养路径仅有从内燃机车司机、电力机车司机选拔唯一途径。2019 年交通运输部公布了《铁路机车车辆驾驶人员资格许可办法》(中华人民共和国交通运输部令 2019 年第 43 号)，自 2020 年 3 月 1 日起实行，增加动力分散型动车组副司机申请动力分散型动车组驾驶资格条件，还增加了动力集中型内燃、电力动车组驾驶资格申请条件。

(一)机车乘务员培养路径

机车乘务员培养路径分为基本路径和增驾路径。基本路径为同类型机车乘务岗位学员、副司机、司机；增驾路径为不同类型机车乘务岗位司机相互增驾。

(二)机车乘务员任职资格

1. 学员任职资格条件

年龄 18 周岁及以上、45 周岁以下；身体健康，符合《铁路机车车辆驾驶人员健康检查规范》规定的健康标准，有良好的汉字读写能力并能够熟练运用普通话交流；具有国家承认的中专及以上学历（动力分散型电力动车组学员具有国家承认的机车车辆或者机电类专业大专及以上学历）。

2. 副司机任职资格条件

内燃（电力）机车副司机、动力中集中型内燃（电力）动车组副司机必须机务乘务学习半年及以上或乘务学习行程 3 万 km 及以上，经铁路局集团公司机务、职工培训、劳卫部门组织考核合格，取得"铁路岗位培训电子证书"。动力分散型电力动车组副司机必须是全日制高校毕业生或从事动车组机械师工作 2 年及以上，具有国家承认的大专及以上学历、机车车辆或者机电类专业的人员，在动力分散型电力动车组机务乘务学习半年及以上或乘务学习行程 5 万 km 及以上，经铁路局集团公司机务、职工培训、劳卫部门组织考核合格，取得"铁路岗位培训电子证书"。

大学毕业生在机务乘务岗位（机车）的实习时间可计算为乘务经历（学习）时间。

对达到一定年龄的机车及动力集中型动车组副司机，参加铁路机车车辆驾驶资格考试不合格或无故不参加考试的，原则上调整出机务乘务岗位。

动力分散型电力动车组副司机是培训性、台阶性岗位，非升即转；担当动车组副司机超过三年，不能通过国家动车组司机晋升考试或无故不参加本单位安排的国家动车组司机晋升考试者，调整出动车组副司机岗位。

3. 司机任职资格条件

取得国家铁路局颁发的准驾机型对应的铁路机车车辆驾驶证，满足下列条件后，方可单独值乘：

（1）内燃（电力）机车司机、动力集中型内燃（电力）动车组司机经机务段组织鉴定合格。

（2）由内燃（电力）机车司机或动力集中型内燃（电力）动车组司机增驾取得动力分散型电力动车组司机驾驶资格后，上线看道、实际操作训练分别不少于 3 000 km 并经机务段组织鉴定合格；担当动车段（所）内作业的动力分散型电力动车组司机还应跟班作业不少于 10 班，并经机务段组织鉴定合格。

（3）由动力分散型电力动车组副司机取得动力分散型电力动车组司机驾驶资格后，须先在铁路局集团公司调度所、车站和动车段（所）分别进行不少于 3 个月、2.5 个月、2.5 个月的学习，再在胜任人员的指导监督下操作动力分散型电力动车组不少于 3 个月，经机务段组织鉴定合格。

二、机车乘务员岗位管理

铁路局集团公司对照国铁集团机车乘务员专项规划目标，根据运输任务变化、新线投产使用、自然减员和培训培养周期等，科学预测机车乘务员需求变化（机车乘务员需求测算还需考虑预备率，原则上按 12%安排，可根据实际需要适当提高，但不超过 16%），动态调整本单位机车乘务员专项规划。铁路局集团公司在年度新增人员计划中，对机车乘务员补充人数实行计划单列。

（一）岗位职责

1. 司机的主要职责

司机的主要职责是遵章守纪、爱护机车（动车组）、平稳操纵、安全正点；认真执行一次乘务作业标准，做到“彻底瞭望、确认信号、准确呼唤、手比眼看”；努力学习技术业务知识，不断提高操纵技术和应急处置能力，质量良好地完成运输任务。

2. 副司机主要职责

副司机主要职责是在司机的领导下，认真执行一次乘务作业标准。

(二)岗位管理

机车乘务员原则上不得从事非机车乘务工作，特殊情况下从事非乘务工作及非在岗人数原则上不超过机车乘务员总数的2%。

机车乘务员离岗15天及以上，上岗前应组织重新看道；离岗超过30天及以上，机务段应按规定组织岗前适应性培训，经鉴定合格后方可重新上岗。

机车乘务员应定期进行健康检查，生理指标、驾驶适应性指标应达到《铁路机车车辆驾驶人员健康检查规范》规定的标准。机车乘务员因生理、心理及其他原因不再适合继续担当机车乘务工作的，或发生严重违章违纪、严重行车(人身)事故、年度考核不合格的，应按规定退出机务乘务岗位。

机车乘务员不适合担当动车组、旅客列车、单司机值乘等岗位的，应调整到其他乘务岗位。

自2020年开始，铁路部门启动了女性动车组司机培养试点工作。针对女性心理、生理特点，明确了劳动保护、岗位适应性等相关规定，维护其身心健康。

三、机车乘务员岗位培训管理

机车乘务员实行“先培训、后上岗”的制度。机车乘务员培训主要包括资格性培训和适应性培训，经考试合格后方可上岗工作。

(一)资格性培训

资格性培训是按照岗位规范要求取得上岗资格、转岗资格、晋升资格的培训。

机车及动力集中型动车组司机的驾驶资格性培训，由铁路局集团公司组织实施。动力分散型电力动车组司机的驾驶资格性培训，原则上由国铁集团负责组织实施。

资格性培训科目及内容以《铁路特有工种技能培训规范》为依据。

(二)适应性培训

适应性培训是对在岗职工适应本岗位生产要求和安全生产需要而进行的各种培训，包括安全知识培训、标准化作业培训、季节性安全培训以及新技术、新设备、新规章、新工艺和非正常情况下应急处置能力培训等。机车乘务员适应性培训包括脱产培训和日常培训。

1. 脱产培训

机车及动力集中型动车组司机脱产培训原则上由铁路局集团公司组织实施；动力分散型电力动车组司机脱产培训原则上由国铁集团组织实施。

机车及动力集中型动车组司机集中脱产培训时间每年每人不少于80学时；动力分散型电力动车组司机每年集中脱产培训不少于120学时，每年送专门培训基地培训不少于80学时。

2. 日常培训

由机务段制定机车乘务员日常培训计划，并组织实施。

机车乘务员日常技术业务学习每月不少于2次，每次不少于2学时。

第五章　机车制动系统

第一节　制动基本原理及专业术语

一、机车制动机概述

机车制动机历经150年历程发展，形成了与牵引动力同等重要的机车主要装备。按制动原动力和操纵控制方法的不同，机车制动机可分为人力制动机、空气制动机、真空制动机、电空制动机和蓄能制动机。

（一）人力制动机

人力制动机又称为手制动机，是铁路机车车辆以人力作为制动原动力，通过人为操纵制动（轮盘）的转动方向和手力的大小来操纵控制机车车辆的制动、缓解作用，为机车典型链式人力制动机。

人力制动机具有构造简单、费用低廉的特点。缺点是劳动强度大，列车各车辆制动的同时性差，制动冲击严重，影响列车制动效果。目前主要运用于辅助机车车辆防溜。

（二）空气制动机

空气制动是铁路机车车辆通过改变列车管内压缩空气的压强来操纵控制列车的制动、缓解作用。它的制动力大，操纵控制灵敏、便利。

空气制动机主要有直通式空气制动机和自动空气制动机两种。

1．直通式空气制动机

直通式空气制动机结构原理如图5-1所示。直通式空气制动机主要由风源系统和制动系统组成。其中，风源系统由空气压缩机、总风缸、调压阀（减压阀）等组成，制动系统由制动阀、列车管、折角塞门、制动软管、截断塞门、滤尘器、制动缸管、制动缸、闸瓦吊杆、闸瓦、车轮等组成。

（1）制动时，司机通过制动阀，让压缩空气经过贯穿全列车的列车管，分别进入安装在每节车辆的制动缸内，将制动缸内的活塞推出，再通过一系列拉杆和杠杆作用迫使闸瓦压向车轮，实现制动的目的。

（2）制动后保压时，司机通过制动阀，遮断列车管充气气路，使列车管、制动缸处于保压状态，闸瓦对车轮压力保持不变，所产生的制动力保持不变。

（3）缓解时，司机通过制动阀，使制动缸和列车管管路中的压缩空气排向大气，制动缸内的压缩空气压强减小，从而使闸瓦压车轮的压力减小，产生缓解作用；当制动缸内的压缩空气压强减小到其作用在活塞上的力产生的推力小于复原弹簧弹力时，制动缸内的复原弹簧将活塞压回到风缸内，使闸瓦离开车轮，产生完全缓解作用。

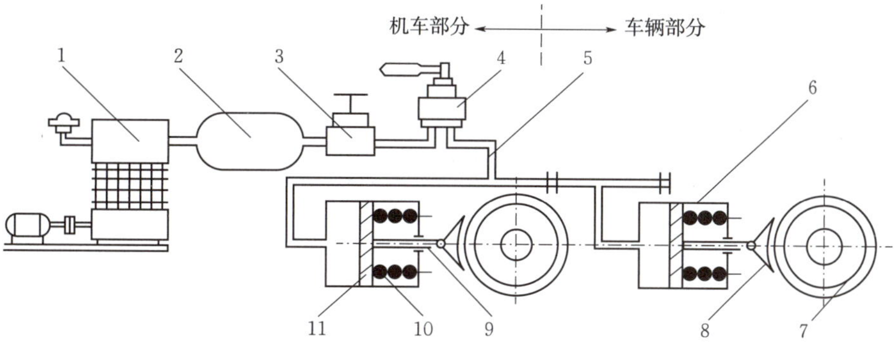

1—空气压缩机；2—总风缸；3—调压阀；4—制动阀；5—制动管；6—制动缸；7—车轮；8—闸瓦；9—制动缸活塞杆；10—制动缸弹簧；11—制动缸活塞。

图 5-1　直通式空气制动机结构原理

这套制动系统包括了一台空气压缩机，它将空气加压到压强一定的压缩空气并储存在总风缸内。进行制动时，司机打开阀门，让压缩空气流通过车辆之间的列车管，分别进入安装在每节车厢的制动缸内，而压缩空气将制动缸内的活塞推出，再通过一系列拉杆和杠杆作用迫使闸瓦压向车轮，实现制动的目的；而在缓解时，司机通过操纵阀门，使制动缸和管路中的压缩空气排向大气，从而令制动缸内的复原弹簧将活塞压回到风缸内，使闸瓦离开车轮。当时的安装实例表明空气制动机效果良好，弥补了人工刹车闸制动力的不足，大大提升了列车的制动性能。

2. 自动空气制动机

自动空气制动机结构原理如图 5-2 所示。自动空气制动机是在直通式空气制动机的基础上增加了三通阀、副风缸等部件，弥补直通空气制动机因管路漏泄带来的列车自动缓解问题，有效确保了行车安全。

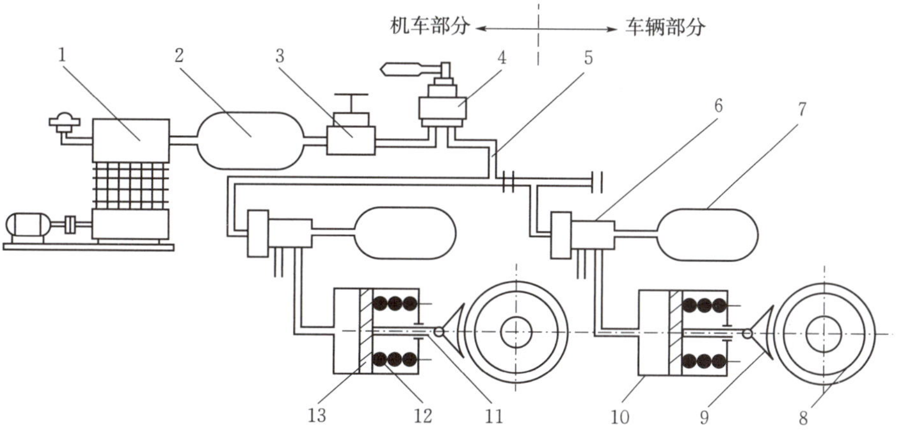

1—空气压缩机；2—总风缸；3—调压阀；4—制动阀；5—制动管；6—三通阀（分配阀）；7—副风缸；8—车轮；9—闸瓦；10—制动缸；11—制动缸活塞杆；12—制动缸弹簧；13—制动缸活塞。

图 5-2　自动空气制动机结构原理

制动时，司机通过制动阀，让列车管管路中的压缩空气排向大气，机车、车辆通过三通阀控制副风缸压缩空气进入制动缸内，将制动缸内的活塞推出，再通过一系列拉杆和杠杆作用迫使闸瓦压向车轮，实现制动的目的。

制动后保压时，司机通过制动阀，遮断列车管排气气路，使列车管保压，机车、车辆通过三通阀遮断副风缸压缩空气进入制动缸的气路，使制动缸压力保持不变，即闸瓦对车轮压力保持不变，所产生的制动力保持不变。

缓解时，司机通过制动阀，让总风缸内的压缩空气经过减压阀减到规定压力后充入列车管，机车、车辆通过三通阀控制列车管向副风缸充气，同时开通制动缸通大气的排气气路，制动缸内的压缩空气压强减小，从而使闸瓦压车轮的压力减小，产生缓解作用；当制动缸内的压缩空气压强减小到其作用在活塞上产生的推力小于复原弹簧弹力时，制动缸内的复原弹簧将活塞压回到风缸内，使闸瓦离开车轮，产生完全缓解作用。

该制动机使用三通阀和副风缸，弥补了直通空气制动机的不足，有效地提高了制动效果和可靠性，其原理如下：

(1)缓解状态：当自动制动阀手柄置于缓解位时，压力空气经制动阀向制动管充风，三通阀活塞两侧压力失去平衡而形成向右的压力差，推动活塞带动滑阀、节制阀右移，一路开通充气沟，使制动管压力空气经充气沟进入副风缸储备；另一路开通制动缸经滑阀通大气的排风通路，使制动缸排风，最终使闸瓦离开车轮实现缓解，三通阀结构(缓解状态)如图 5-3 所示。

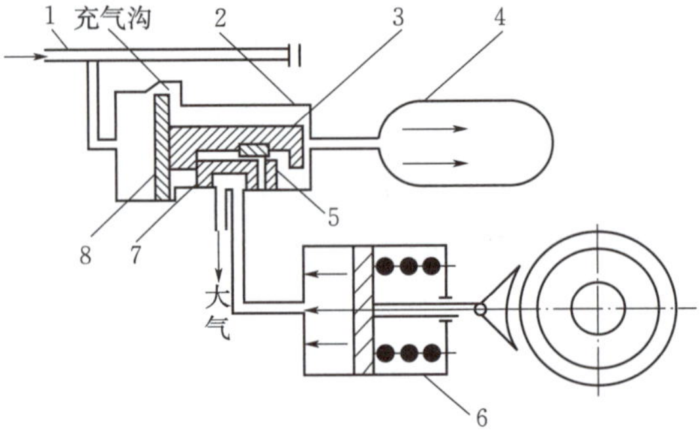

1—制动管；2—三通阀体；3—滑阀；4—副风缸；5—节制阀；6—制动缸；7—滑阀座；8—活塞。

图 5-3 三通阀结构(缓解状态)

(2)制动状态：当自动制动阀手柄置于制动位，制动管内压力空气经制动阀排风，三通阀活塞两侧压力失去平衡而形成向左的压力差，推动活塞左移，三通阀结构的制动状态如图 5-4(a)所示。

充气沟的关闭使副风缸内的压力空气不能向制动管逆流；同时，活塞带动滑阀、节制阀左移，使滑阀遮盖住排气口关断制动缸的排风通路，并使节制阀开通副风缸向制动缸充风的气路，随着压力空气充入制动缸，将推动制动缸活塞右移，最终使闸瓦压紧车轮产生制动作用。

(3)保压状态：当自动制动阀手柄置于中立位，切断制动管充、排风通路，即制动管压力停止变化。随着制动状态时副风缸向制动缸充风的进行，副风缸压力降低，当降到稍低于制动管压力时，三通阀活塞带动节制阀微微右移，使滑阀遮盖住排气口关断制动缸的排风通路，同时还关断副风缸向制动缸充风的气路，使制动缸既不充风也不排风，制动机呈保压状态，三通阀结构的保压状态如图 5-4(b)所示。

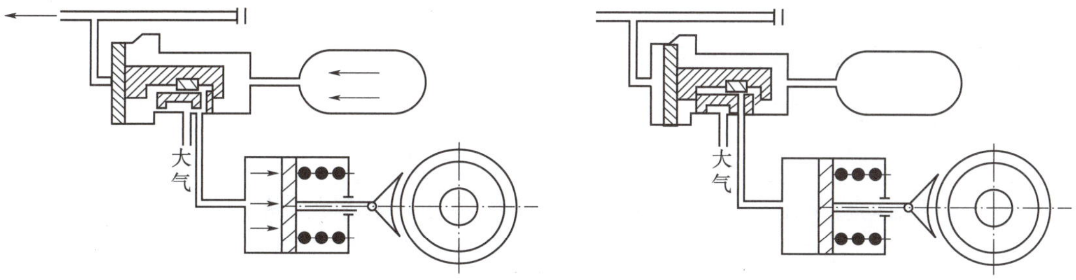

（a）制动状态　　（b）保压状态

图 5-4　三通阀结构的制动和保压状态

可见，自动空气制动机具有“制动管充风——缓解，制动管排风——制动”的工作机理，因此它克服了直通式空气制动机“列车分离时制动系统失去制动作用”的致命缺点，安全系数提高，从而得到广泛的应用，现代制动机大多是在此基础上发展而来的，JZ-7 型制动机就属于典型的自动空气制动机。

（三）真空制动机

真空制动机是以大气（与真空的压差）为原动力，通过改变真空度来操纵控制列车的制动、缓解。这种制动机的制动压强最高只能达到一个大气压，所以制动力受到限制，制动缸要做得很大，所占空间较大，重量也较大，且气密性要求较高，性能没有空气制动机好。

（四）电空制动机

电空制动机为电控空气制动机的简称。它是在空气制动机的基础上加装电磁阀等电气控制部件而形成的制动机系统，电空制动机系统如图 5-5 所示，图中单线为电路，双线为管路，双虚线为空气位控制管路。

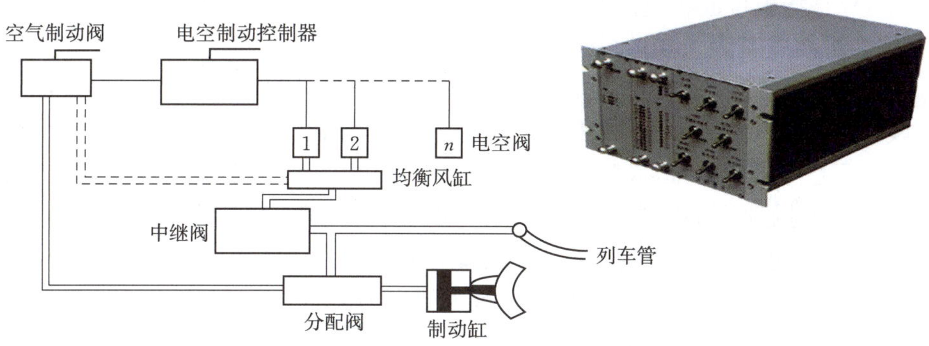

图 5-5　电空制动机系统

电空制动机的特点在于用电进行操纵控制，但制动作用的原动力还是压力空气。在制动机的电控因故失灵时，仍可以实行空气压强控制（气控），临时变成空气制动机。DK-1 型制动机就是典型的电空制动机。

（五）蓄能制动机

利用压缩弹簧复位使闸瓦压紧车轮踏面或压紧制动盘而达到制动目的的制动机称为蓄能制动机。目前这种制动机已开始在机车上取代人力制动机，该制动机正常时使压力空气压缩弹簧，机车缓解；当压力空气排除后，闸瓦或闸片就会在弹簧的张力下贴靠踏面或闸盘，从而产生制动力。

二、制动相关术语及基础理论

(一)制动常用名词术语

1. 列车制动管

机车、车辆制动机是由一条密闭的列车制动风管连接起来的,称为列车制动管,简称制动管,在实际工作中又习惯性称为列车管。制动管由制动主管、制动支管和制动软管组成。

2. 制动和制动力

(1)制动:人为地使运动中的物体(如机车、车辆)降低速度或停止运动,以及使静止的物体保持静止所采取的技术措施。为了使运动中的列车能迅速地减速或停车,必须对它实施制动;为了防止列车在下坡道时由于列车的重力作用导致列车速度增加,也需要对它实施制动;即使列车已经停车,为避免停放的列车因重力作用或风力吹动而溜车,还需要对它实施制动(此种制动称为停放制动)。

(2)制动力:为了施行制动而在机车、车辆上装设的由一整套零部件组成的装置称为制动机,由制动机产生的,受司机控制并可根据需要进行调节的外力。

3. 缓　　解

对已经施行制动的物体,解除或减弱其制动作用,称为缓解。缓解与制动是一对相对的概念。

(1)一次缓解:制动缸压力随制动管压力的增高,一次全部缓解至 0 的缓解。

(2)阶段缓解:制动缸压力随制动管压力的增高,按比例(1∶2.5)减少的缓解。

4. 压　　力

理论上,压力与压强是两个不同的物理量。压力是指物体间的相互作用力,其单位为 N(牛);而压强则是指单位面积上所受力的大小,其单位为 Pa(帕)、kPa、bar、MPa。

在空气管路系统中,人们习惯将“压强”称为“压力”或“风压”,但其含义不变,只是名称的更换。例如:制动管“风压”为 500 kPa,实际上指制动管“压强”为 500 kPa;制动缸“压力”300 kPa,实际上指制动缸作用于活塞上的“压强”为 300 kPa。

(1)大气压力:大气层对地表的压力。人们定义 760 mm 高水银柱压力为一个标准大气压,一般以 1atm 计量,换算成国际单位制为 101 325 Pa。工程上为计算方便,一般取 100 kPa。

(2)绝对压力:包含大气压力的压力或以真空为零作为起点计算的压力。

(3)表示压力:压力表指示的压力,为超过大气压力的压力。

$$绝对压力=表示压力+大气压力$$

(4)过充压力:自阀手柄在过充位,总风缸压力空气(总风)向制动管充风,高出制动管调定的压缩空气压力。

(5)制动压力:闸瓦作用在轮箍踏面上的压力,亦称闸瓦压力。

5. 过量供给及自然制动

当误操作或制动机某些部件发生故障时造成的列车制动管实际压力超过规定压力的现象称为过量供给。

发生过量供给后(制动机故障除外),若盲目地将制动机操作手柄移回运转位,列车管和副风缸得不到总风缸高压空气的继续补充,列车管因自然漏泄,压力将会逐渐下降。当列车管压力低于副风缸压力一定值后,三通阀主活塞将移动到制动位,使车辆制动机产生制动作用，这种制动叫作自然制动。自然制动极易引起列车途(坡)停事故。

6. 有效减压量

在实行制动时，由于回风现象的存在，制动管的实际减压量总比一开始减压时表上所显示的数值小些。通常称列车管停止排风后表上所显示的减压量为有效减压量。

7. 最小减压量

机车分配阀均衡活塞在移动时有一定的摩擦阻力，车辆制动缸活塞在移动时，既要克服摩擦阻力，还要克服活塞无压力侧缓解弹簧的反拨力，同时副风缸压力空气还要弥补活塞移动造成的瞬间真空。为克服上述阻力使机车、车辆产生可靠制动作用时制动管所施行的最小减压量，就叫作制动机的最小减压量。

(1)机车——由分配阀动作可知，只要主阀部能形成制动位，工作风缸就能向容积室充风使机车产生制动，根据实验，减压 40 kPa 就能使机车产生制动作用，所以机车的最小减压量为 40 kPa。

(2)车辆——实践表明，只有制动缸压力达到 35 kPa 以上时，才足以克服制动缸弹簧对活塞的背压以及各种摩擦等阻力，产生有效的制动作用。

通过计算，要使车辆制动缸压力达到 35 kPa 以上，减压量应大于 41.5 kPa，故车辆最小减压量一般取 50 kPa。

当列车管最小减压量在该数值以下时，将可能使机车、车辆制动缸不产生制动作用。

为了克服机车分配阀稳定弹簧的反力以及滑阀与滑阀座之间的摩擦阻力所需的减压量，称为机车的最小减压量，机车常用制动时的最小减压量约为 40 kPa。

车辆制动机的最小减压量，不仅要考虑三通阀主活塞胀圈及滑阀的摩擦阻力，还必须考虑在制动时制动缸活塞外移而在制动缸内形成的局部真空，初制动时要补充至 100 kPa 的压力空气，才能和制动缸活塞背面的大气压相平衡，同时还要考虑制动缸缓解弹簧的反拨力所造成的影响。

8. 最大有效减压量

机车、车辆制动缸压力是随着列车管减压量的增加而增加的，最大有效减压量是指分配阀或三通阀在常用制动时，制动缸的压力在压力平衡过程中获得最大值时对应的列车管减压量。

由于列车管定压不同，其最大有效减压量也不相同。列车管压力为 500 kPa 及 600 kPa 时，对应的最大有效减压量分别为 140 kPa 及 170 kPa。

9. 制动距离

从司机开始移动制动机操纵手柄于制动位时起，至列车停止运行止，中间走行的距离叫制动距离。

10. 空气波、空气波速、制动波速与缓解波速

(1)空气波：空气压力波动沿制动管长度方向由前向后传播所形成的波。它的传播如同投石于湖中引起的水面波纹不断向外扩散一样，也是一种机械波。

(2)空气波速：空气波的传播速度，通常以物理量空气波速来衡量空气波传播的快慢。

(3)制动波速：司机施行制动后，列车中的制动机的制动作用不是同时发生的，而是一个沿列车长度方向由前及后依次传播的过程，习惯上称之为制动波，其传播的速度叫作制动波速。

制动作用传播时间即自司机移动制动阀手柄到制动位起，至列车最后一辆车制动缸开

始升压时止，所用的时间。制动波速与列车长度及制动机的作用性能有关，不同的制动机有不同的制动波速。由于制动方式的不同，制动波速分为常用制动波速和紧急制动波速。目前国内制动机的常用制动波速在 60～180 m/s 范围内，而紧急制动波速在 150～250 m/s。

（4）缓解波速：当司机移动制动阀至运转位充气时，充气缓解作用也是一个由前及后的传播过程，通常称为缓解波，缓解波传播的速度为缓解波速。

（二）机车制动类型分类与特点

1. 制动方式

制动方式是指制动过程中列车动能的转换方式或制动力的形成方式。理论上，常以制动方式区别不同方式的制动。

（1）按照列车动能转移方式的不同，制动方式可分为热逸散和将动能转换成有用能两种基本方式，动能转移方式制动分类如图 5-6 所示。

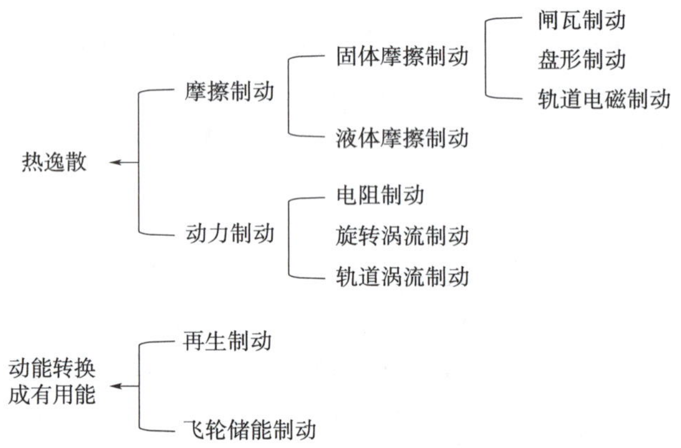

图 5-6　动能转移方式制动分类

（2）按制动力形成方式不同，制动力形成方式的制动分类见表 5-1。

表 5-1　制动力形成方式的制动分类

制动类型	分　类		备　注
黏着制动	摩擦制动	踏面制动	广泛应用
		盘形制动	
	动力制动	电阻制动	在直流、内燃机车上普遍采用
		再生制动	在交流机车、动车组上普遍采用
		加馈电阻制动	在电力机车上普遍采用
	惯性制动	飞轮储能制动	机车较少采用
非黏着制动	磁轨摩擦制动		在高速机车、动车组上应用，目前尚未普及
	磁轨涡流制动		
	风阻制动及喷气制动		

2. 常用机车制动类型及原理

（1）踏面闸瓦制动：铁路机车车辆最普遍采用的制动方式就是踏面闸瓦制动，在制动时抱紧车轮踏面，通过轮、瓦间发生摩擦，列车的动能大部分通过轮、瓦间的摩擦变成热能，经车轮与闸瓦最终逸散到大气中去，即通过摩擦使车轮停止转动。

(2)盘形制动：在车轴上或在车轮辐板侧面安装制动盘，用制动夹钳使以合成材料或者粉末冶金制成的两个闸片紧压制动盘侧面，通过摩擦产生制动力使列车停止前进的制动类型。

盘形制动方式避免了车轮踏面参与制动，在制动时，制动缸通过制动夹钳使闸片夹紧制动盘，闸片与制动盘产生摩擦，把列车的动能转变为热能，热能通过制动盘与闸片散于大气。由于作用力不在车轮踏面上，盘形制动可以大大减轻车轮踏面的热负荷和机械磨耗。另外盘形制动平稳，噪声小，且摩擦面积大，还可根据需要安装若干套。同时盘形制动可双向选择摩擦副的材料甚至形状(使其有利于散热)，因此可实现较大的制动功率，制动效果明显高于踏面制动，尤其适用于时速 120 公里以上的列车，这正是各国普遍采用盘形制动的原因。

但不足的是车轮踏面没有闸瓦的磨刮，将使轮轨黏着恶化；制动盘使簧下重量及冲击振动增大，运行中消耗牵引功率。

踏面制动和盘形制动都要通过轮轨之间的黏着来实现，因此都属于黏着制动。

(3)电阻制动：主要用于电力机车、电动车组和电传动内燃机车。在制动时将原来驱动轮对的牵引电动机改变为发电机发电，并将电流通往专门设置的电阻器，采用强迫通风，使电阻器发生的热量消于大气，从而产生制动作用。

(4)再生制动：将牵引电动机变为发电机，从而产生制动作用，并将电能反馈回电网，供其他电力机车或电动车组使用。

(三)机车制动系统组成

为了实现制动、缓解和保压作用而在机车、车辆上装设的由一整套零部件组成的装置称为制动机。

按照作用对象分为车辆制动机和机车制动机，机车制动机可控制所牵引连挂好的车辆制动机，实现制动、缓解和保压作用；按照控制方式和动力来源，机车制动机又分为空气制动机、电空制动机和真空制动机。

无论机车制动机采用何种制动机，都要可靠地完成以下任务：对列车制动系统进行灵活、准确的操纵和控制；向整个列车制动系统提供质量良好的动力(如压力空气)；保证列车运行安全。

我国目前广泛采用自动空气制动机，因此机车制动系统一般均由风源系统、制动控制(管路或电路)系统、基础制动装置组成，每一个组成部分之间由相应介质(管路与电信号)关联，根据不同的车型其具体构成有所不同。

1. 风源系统

风源系统是机车空气管路系统的基础，负责生产并为制动系统和机车其他系统气动器械以及机车、车辆制动机提供所需的高质量的压缩空气。

2. 制动控制系统

制动控制系统分成控制、中继与执行三部分。

(1)控制部分：司机操纵部分，一是用来设置制动机的制动初始状态；二是发出控制指令，即把司机的意图通过控制部分转换压力波或者电信号，经中继部分的再次转换，控制执行部分实现制动、缓解与保压的作用。

不同型号的制动机，控制部分的组成略有不同，但功能是相同的，主要由既能控制全列车又能控制机车(包含机车和连挂在一起的车辆)制动机的自动制动阀(电空制动控制器)和仅能控制机车(不含车辆)制动机的单独制动阀(空气制动阀)组成。纯空气制动机(如 JZ-7 型制动机)的自动制动阀和单独制动阀以压力波作为控制指令;电空制动机的电空制动控制器(如 DK-1 型制动机)以电信号传递控制指令,电空制动机的电子制动阀(如 CCBⅡ、Faiveley 型制动机)、空气制动阀(如 DK-1 型制动机)则采用电信号和压力波传递控制指令。不过电信号在控制末端仍要转换成压力波指令,这个压力波指令传到一个叫作均衡风缸的容器中。这个部分又可称作均衡风缸控制环节。

(2)中继部分:从功能上讲,其实就是控制部分的"功率"放大环节,把流量较小的压力波指令放大成压力(压强)值不变但流量增大的压力空气,再去驱动执行部分的气动部件,以实现自动空气制动机的整体功能。这个部分主要包括均衡风缸和气动部件中继阀,输入指令是均衡风缸的压力变化,输出则是制动管(列车管)的压力变化。这个部分又可称作制动管(列车管)控制环节。

(3)执行部分:最终实现主控系统整体功能的部分,也就是要把来中继部分的制动管(列车管)压力变化和来自单独制动阀(如 JZ-7 型制动机)或空气制动阀(如 DK-1 型制动机)或电子制动阀单独制动手柄(如 CCBⅡ、Faiveley 型制动机)的控制指令转换成进入或流出机车制动缸(基础制动装置)的压力空气。执行部分主要包括机车分配阀和作用阀,所以又被叫作制动缸控制环节。

控制环节主要由安装于司机室的制动控制手柄和 LCDM 作为人机交互接口,根据司机意图和系统安全防护需要产生与发出控制指令。中继环节主要安装在制动屏柜上,是接收控制指令,并按要求实现机车制动缸压力控制和列车制动管压力控制,进而实现全列车的控制。执行环节主要是机车制动缸压力和列车制动管压力,机车制动缸压力完成对机车的制动、缓解和保压的控制,列车制动管压力变化实现对全列车制动、缓解和保压的控制。

我国目前应用最多的机车制动控制系统是 JZ-7 型制动机、DK-1 型制动机和 CCBⅡ制动机系统。

JZ-7 型制动机系统如图 5-7 所示。

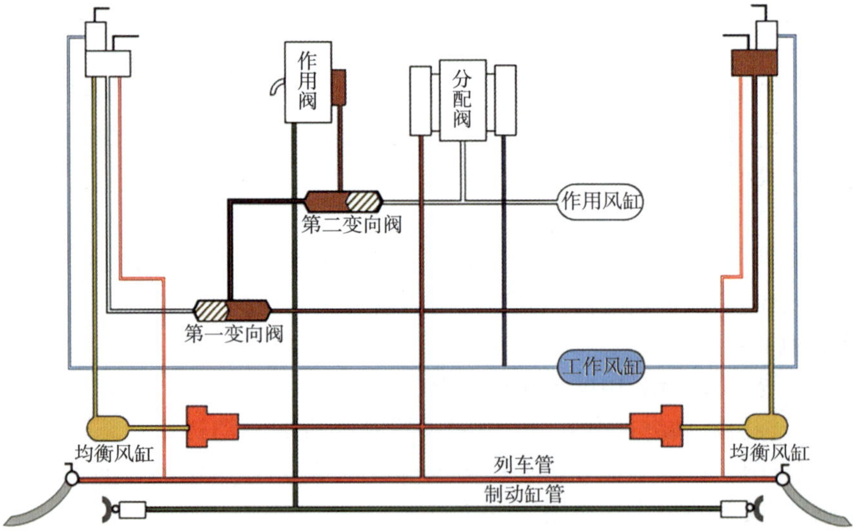

图 5-7　JZ-7 型制动机系统

DK-1 型制动机系统如图 5-8 所示。

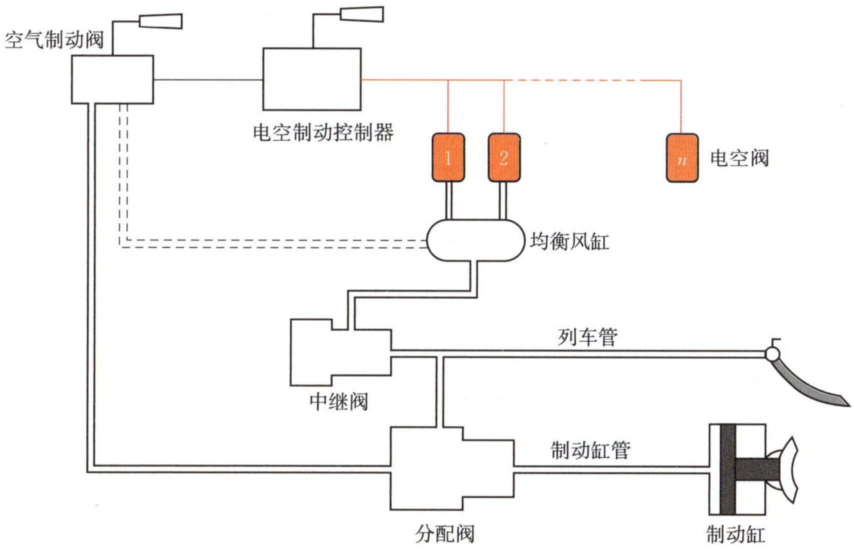

图 5-8　DK-1 型制动机系统

CCBⅡ制动机系统如图 5-9 所示。

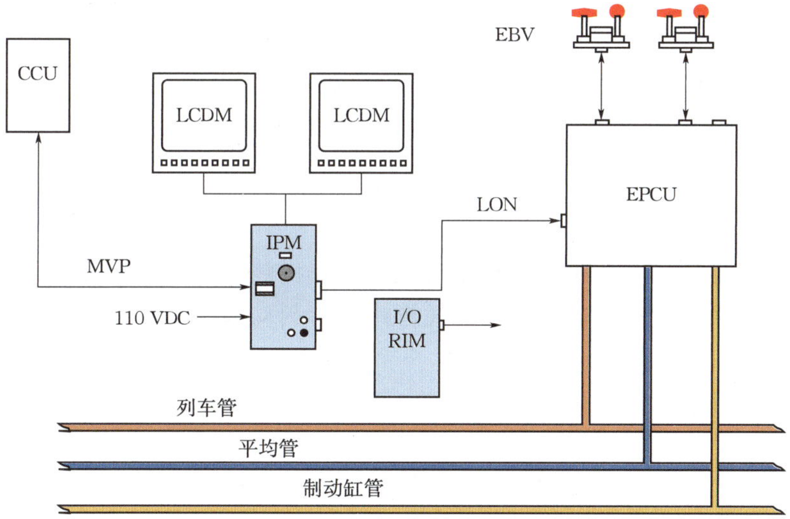

图 5-9　CCBⅡ制动机系统

3. 基础制动装置

基础制动装置用来把制动缸的制动原力扩大若干倍后使其作用在闸瓦或闸盘上，压紧车轮或轮盘上产生制动作用。

目前的机车制动机基础制动装置有两种，一种是单缸制动器，另一种是由制动盘和制动夹钳组成的闸盘式制动器。

（1）单缸制动器结构较为简单，主要由制动缸、杠杆机构、闸瓦及闸瓦托组成。当制动缸内压力增大时，克服制动缸内弹簧作用压力，制动活塞行程右移，推动杠杆上端右移，经过杠杆力的传递，进而推动闸瓦左移压紧车轮，形成制动作用。

(2)闸盘式制动器主要应用在时速160公里及以上的机车上，主要由单元制动缸、制动夹钳、制动盘组成。根据单元制动缸是否带停放制动单元，区分该基础制动装置是否具备停放制动功能。

和谐型电力机车一般根据需要配置一定数量的停放制动缸，以满足机车停放制动要求。当制动缸充风，制动缸活塞行程推出，通过制动杠杆机构的作用，压紧制动夹钳，形成制动作用，停放制动一般为机械制动方式，即通过弹簧的作用实现制动作用，当需要缓解停放制动时，需要开通向停放制动缸的充气通路，压缩弹簧实现停放制动缓解；反之如果排出停放制动缸的压力控制，停放制动施加。每一套停放制动装置上设置手动缓解装置，便于对停放制动实施人工缓解。

第二节　机车风源系统

一、概　述

(一)基本构成

风源系统是机车空气管路系统的基础，负责生产并提供全车气动器械以及机车、车辆制动机所需的高质量的压缩空气。

风源系统一般主要由空气压缩机组、压力控制器、高压安全阀、止回阀、总风缸、空气干燥器、启动电空阀、塞门及连接钢管等组成，负责向全列车辅助管路、控制管路和制动管路提供干燥、纯净、稳定的压缩空气，以确保列车安全平稳运行。

风源系统是机车空气制动管路的动力源，其作用好坏直接关系到运行安全，必须高度重视。

(二)作　用

风源系统通过空压机、干燥器为整个空气系统提供清洁、干燥，压力介于750～900 kPa的压缩空气，并储存于总风缸中。通过空气管路供给制动系统、辅助用风系统、控制用风系统使用。

1. 制动系统：制动机通过控制列车管的充、排风，来实现对列车的缓解、制动及保压等动作。

2. 辅助用风系统：为机车提供鸣笛、撒砂和刮除瞭望窗上雨水的功能。

3. 控制用风系统：主要向机车控制部分提供风源，由调压阀将总风减压后给机车电气系统和车体侧开闭百叶窗及后视镜等提供控制用风。

(三)典型机车风源空气管路构成

1. DF_{8B}型内燃机车

DF_{8B}型内燃机车风源空气管路系统如图5-10所示。

2. SS_{4G}型直流电力机车

SS_{4G}型直流电力机车风源空气管路系统如图5-11所示，单节车采用单台压缩机独立风源空气管路系统，通过总风联管将两台单节机车风源联合在一起，供给制动机和辅助用风管路使用。

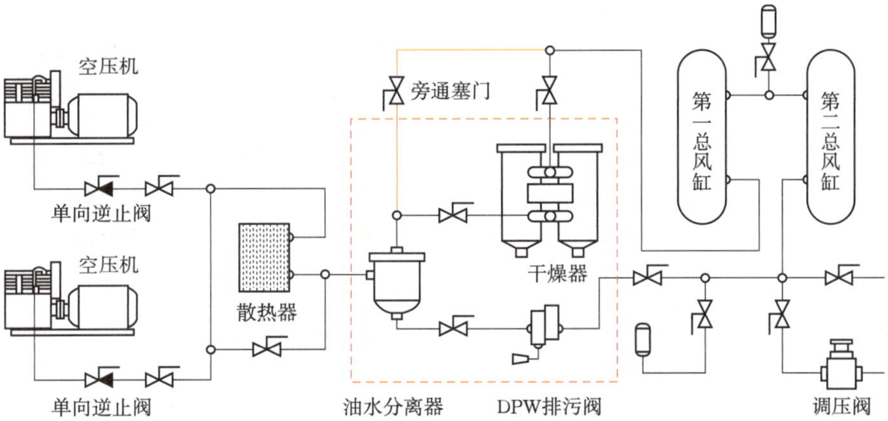

图 5-10　DF8B 型内燃机车风源空气管路系统

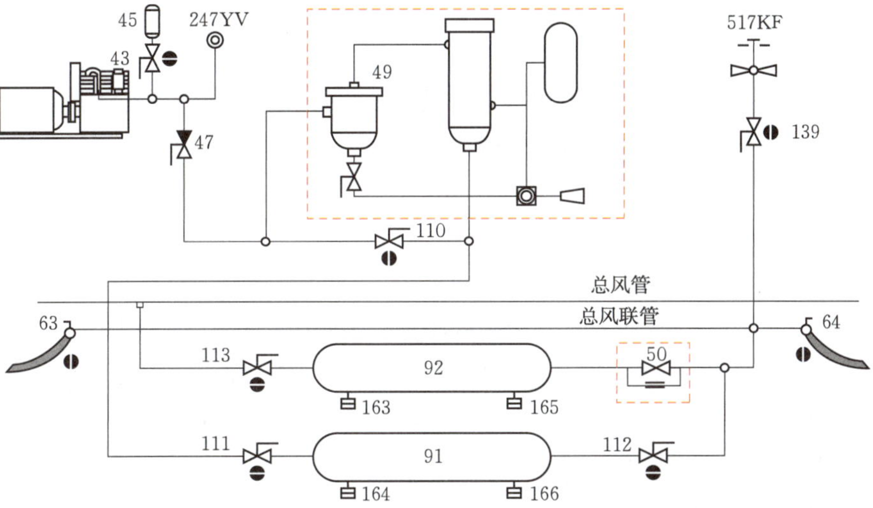

图 5-11　SS4G 型直流电力机车风源空气管路系统

SS4G 型直流电力机车一般为重联运行，因此在控制中 A 节车和 B 节车的运行方式是基本相同的，在启动压缩机时，B 节车的压缩机也同时启动，运行中，如果某台压缩机组故障，可将其切除，用另一台压缩机组维持运行。

3. HXD3C 型交流电力机车

HXD3C 型交流电力机车风源及干燥系统主要负责为机车制动机、各用风辅助部件、车辆制动机提供高质量的洁净、干燥和稳定的压缩空气，可分为压缩空气的产生、压力控制、干燥净化处理、储存，HXD3C 型交流电力机车风源空气管路系统如图 5-12 所示。

HXD3C 型交流电力机车采用两台螺杆式空气压缩机组作为系统风源，排风量每台不小于 2 400 L/min。配套使用两个双塔干燥器和两个微油过滤器作为风源滤水、滤油的处理装置。其双塔干燥器的空气处理量为每台不小于 2.4 m^3/min。

机车采用 2 个容积均为 800 L 的风缸串联作为压缩空气的储存容器，风缸采用车内立式安装。

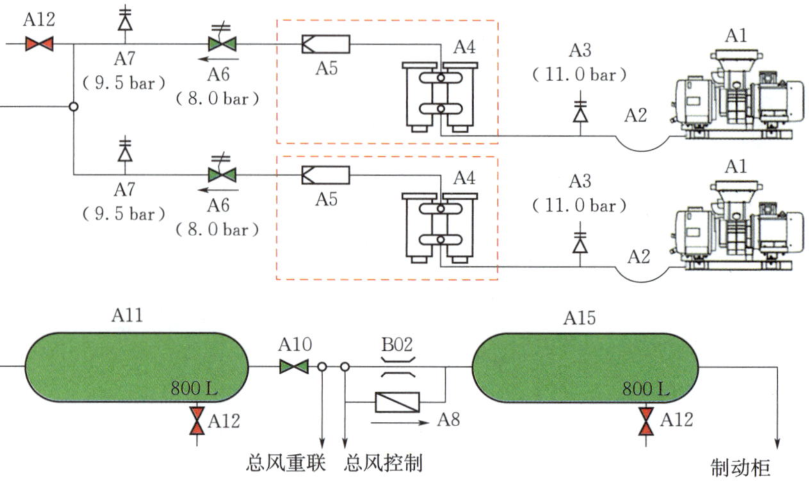

图 5-12　HXD3C 型交流电力机车风源空气管路系统

二、主要部件

风源系统主要由空气压缩机、干燥器、总风缸、压力控制器、高压安全阀、止回阀、塞门等组成，根据不同类型机车其选用组成设备各有不同。

(一)空气压缩机

空气压缩机是压缩空气的产生设备，通过动力设备带动压缩机工作，将机械能转变为空气的压力能。

机车上使用的空气压缩机主要分为两种类型，一种为活塞式，一种为螺杆式。活塞式压缩机主要应用于直流电力机车，但是随着压缩机技术的发展，经过厂修过后的直流机车也基本将活塞式压缩机更换为螺杆式压缩机。螺杆式压缩机因为其噪声小、压缩效率高，广泛应用于各型电力机车和动车组列车。

1. 活塞式压缩机

NPT-5 型空气压缩机是目前直流机车上运用较广的活塞式压缩机，主要由上盖、风阀、高压活塞、低压活塞、油压表、连杆、油泵、曲轴、散热器、风扇、低压安全阀、联轴器等组成，NPT-5 型空气压缩机结构如图 5-13 所示。

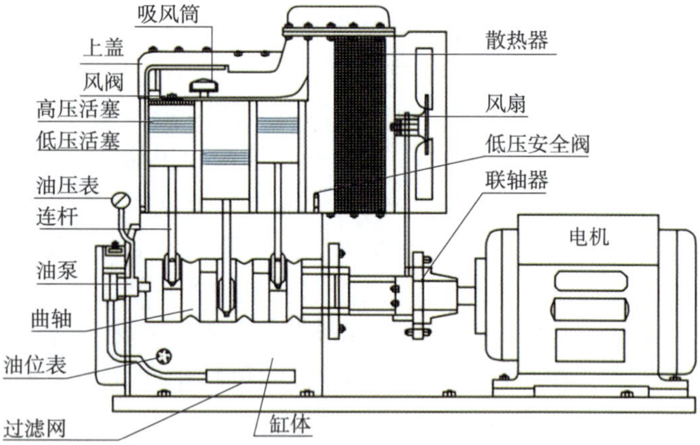

图 5-13　NPT-5 型空气压缩机结构

NPT-5 型空气压缩机可分为运动机构、机体、气阀和辅助机件等四部分，由直流电动机通过弹性联轴节使曲轴按一定的转速转动，曲轴再带动两组低压连杆和一组高压连杆，使三个活塞在气缸中往复运动，由于进、排气阀的控制，气缸中便产生进气和压缩、排气过程。

2. 螺杆式压缩机

机车装用的螺杆式压缩机型号较多，常用型号有 SL22-66、TSA-230AVⅠ-Ⅱ、BT-2.6/10AD3，其工作原理相同。以 HXD_{3C} 型电力机车为例，所装 SL20-5-102 型螺杆压缩机组成如图 5-14 所示，其驱动电机为三相交流异步电动机。此空气压缩机组具有温度、压力控制装置，可以实现无负荷启动。冷却器排风口向下，以满足机械间的独立通风要求。空气压缩机组的开停状态由总风压力开关进行自动控制，也可以通过手动按钮强行控制开停。

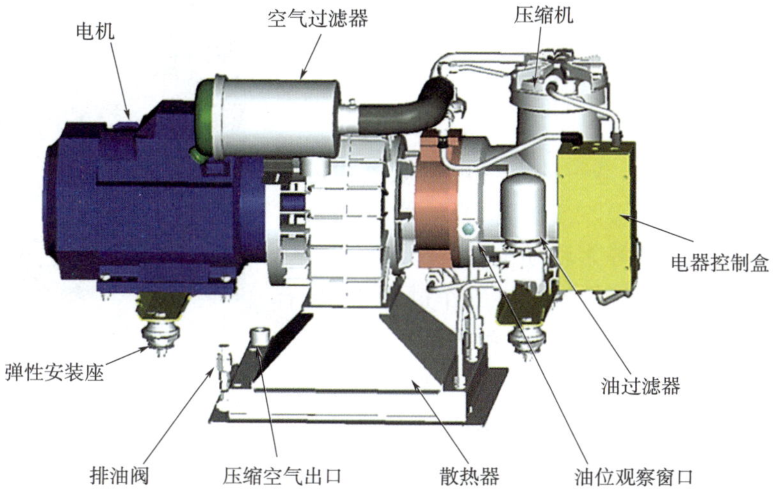

图 5-14　SL20-5-102 型螺杆压缩机组成

螺杆压缩机由阴阳两个螺杆形的转子旋转进行空气的压缩和输送，900 kPa 的压缩空气一级压缩产生。

压缩机壳里空气/油混合物的温度由输送口的温度开关监测。如果温度高于设定值(110±5) ℃，温度开关动作，压缩机停止工作。若环境温度较低(−20 ℃以下)，压缩机(SL24-13)可以通过一个油加热器对润滑油进行预热约 20 min(根据环境温度预热时间有所调整)后再启动空气压缩机。

(二)空气干燥器

空气经空气压缩机压缩过程中会产生热量，由于管路系统中配备有空气冷却器以及压缩空气在进入机车总风缸的过程会受到冷却，饱和的压缩空气冷却过程不可避免地有冷凝水析出，形成含有冷凝液态水及饱和的压缩空气混合物。

该混合物中液态的水，可以较方便地使用油—水分离器等传统设备予以去除，或者在进入总风缸后冷凝成水通过排水阀或者更为有效的复合过滤器除水。然而，以上的过程凝结并不能改变压缩空气仍然处在饱和状态的现实。在这种情况下，压缩空气在总风缸里滞留或进入管路系统和气动设备时，任何饱和压缩空气温度的进一步降低，都会随之引起更多的液态水的凝结。而空气中通常含有的二氧化碳、硫的氧化物等气体，与冷凝水结合就会生成水溶性酸、碱性物质，会对使用压缩空气的机车车辆制动及其他诸如风动车门和空气弹簧等设备产生腐蚀。另外，冬季寒冷的北方气温常常长时间的低于 0 ℃，受冷的情况下冷凝水会结冻而使设备失灵，这就对行车安全造成严重威胁。

要想把压缩空气的湿度降低到饱和以下，防止由于压缩空气温度的任何降低而有液态水冷凝出来，或者说把压缩空气的绝对湿度降到在铁路运用条件下可以接受的水平，避免运用条件下水汽凝结的问题，在当前运用较多的就是使用风源净化装置——空气干燥器。

空气干燥器作为风源系统的净化设备，是将压缩机产生的压缩空气送入干燥设备，通过干燥剂的吸附功能，去除空气中的杂质和油水成分，为机车气动设备提供干燥、纯净的压缩空气。

机车用空气干燥器主要有双塔式干燥器和单塔式干燥器，HXD3C 型电力机车装用的 JKG1A 型双塔式空气干燥器如图 5-15 所示。

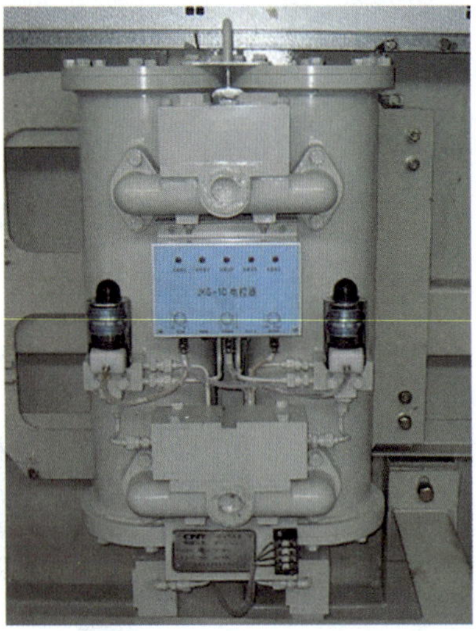

图 5-15　JKG1A 型双塔式空气干燥器

JKG1A 型空气干燥器是一种无热再生双塔式可连续工作的压缩空气净化干燥除湿装置，具有“定时转换”“时间累计”和“状态记忆”等多种功能，可适应机车空气压缩机各种工况。同时，两塔在交替工作过程中，具有“柔性转换”的特性，可减少气流对干燥剂的冲击和避免粉末进入管路系统，其工作原理如图 5-16 所示。

无热吸附式双塔干燥器的再生和吸附工作在两个塔中同时进行。当压缩空气在一个塔内通过干燥剂进行干燥时，另一塔内的干燥剂被干燥的空气吹扫进行再生处理。到达干燥器的饱和压缩空气里的油和冷凝物在通过油分离器时首先被提取出来。饱和的压缩空气接着通过干燥塔的干燥剂，压缩空气里水分子被吸收，干燥器出口压缩空气的相对湿度达到 35％以下。

部分干燥后的压缩空气通过再生节流孔进入再生塔，吸收饱和干燥剂表面的水分，并将其排放到大气。

两个工作塔交替作为干燥塔和再生塔进行工作。

其工作流程如下：

1. 电空阀（左）得电工作。排气阀（左）打开，进气阀（A_j）关闭。由于电空阀（右）失电，排气阀（右）关闭，进气阀（B_j）打开。

2. 压缩空气经 P_1 口和打开的进气阀（B_j），在油分离器里进行旋转，在离心力作用下将油和水滴甩向油分离器的内壁后收集到排气阀（右）。压缩空气随后通过干燥剂，压缩空气中的水及水蒸气被吸收，使干燥器出口压缩空气的相对湿度小于 35％。

3. 压缩空气通过出气止回阀（BC）和 P_2 口从干燥器排出之前，部分干燥的压缩空气通过再生节流孔，进入再生塔（A 塔），带走干燥剂表面的液态水后从排气阀（左）排放到大气，再生塔中的干燥剂得到干燥。

4. 电空阀（左）在半个工作周期（90 s）前 18 s 失电，排气阀（左）关闭，进气阀（A_j）开放。控制管路中压缩空气通过电空阀排放到大气。通过节流孔，再生塔（A 塔）中空气压力将增加到与干燥塔（B 塔）相同的空气压力。半个周期时（90 s），原干燥塔变为再生塔，原再生塔变为干燥塔。电空阀(右)得电,排气阀(右)开发,进气阀(左)开放。

5. 当压缩机停止工作,干燥器也同时停止工作。干燥器的两个电空阀都失电,控制管路被排空,排气阀两侧均关闭,进气阀停留在干燥器停止工作时的位置。

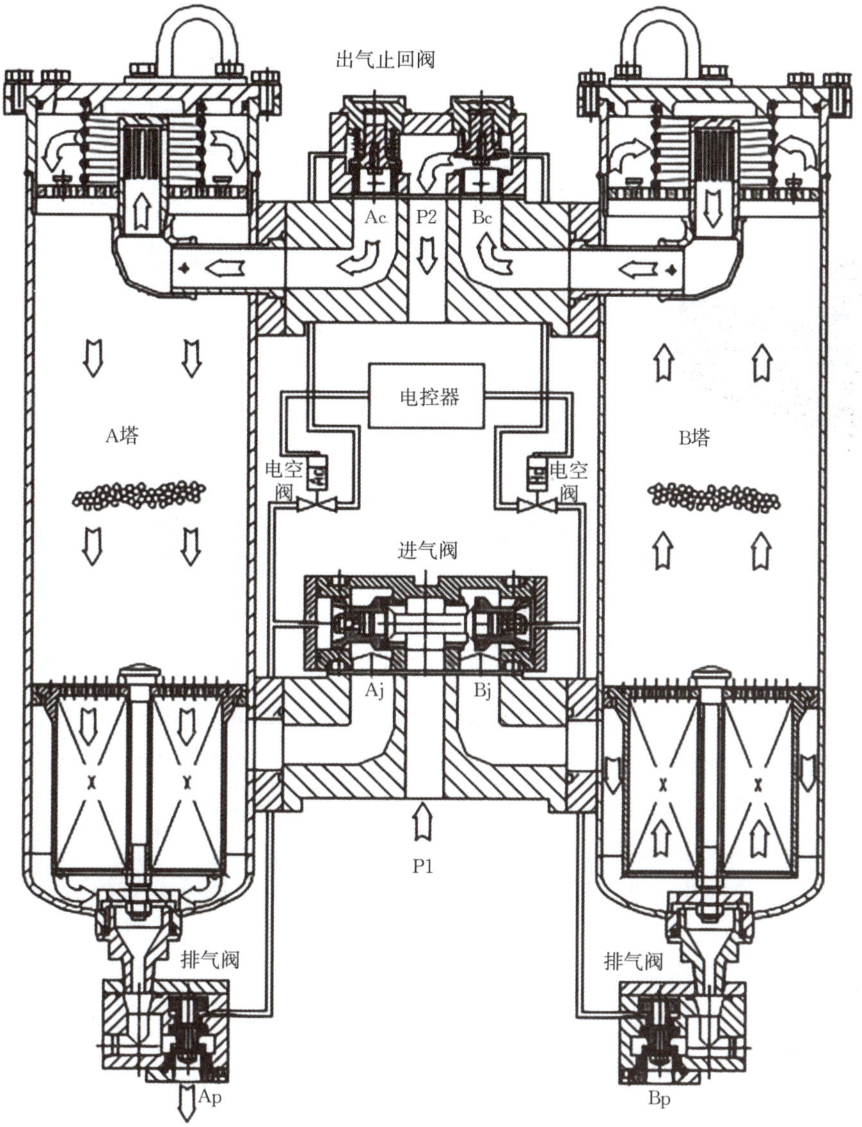

图 5-16　JKG-1A 型双塔式空气干燥器工作原理

(三)辅助风源系统

电力机车装有辅助风源系统,用于当总风压力过低时,确保能升起受电弓、闭合主断路器。辅助风源由下列主要部件组成:辅助空压机、直流电机和干式空气过滤器,该装置结构紧凑。辅助空压机为单级压缩,自带法兰安装;直流电机通过联结器和空压机连接;干式空气过滤器可以为压缩机提供纯净的空气。

1. 辅助压缩机

直流电力机车和交流电力机车装用的辅助压缩机型号有别，但原理相同。以 HXD3C 型电力机车为例，该机车装配的是 LP115 型辅助压缩机组，LP115 型辅助压缩机外观及组成如图 5-17 所示，将其和升弓控制模块、升弓风缸及风表相连。

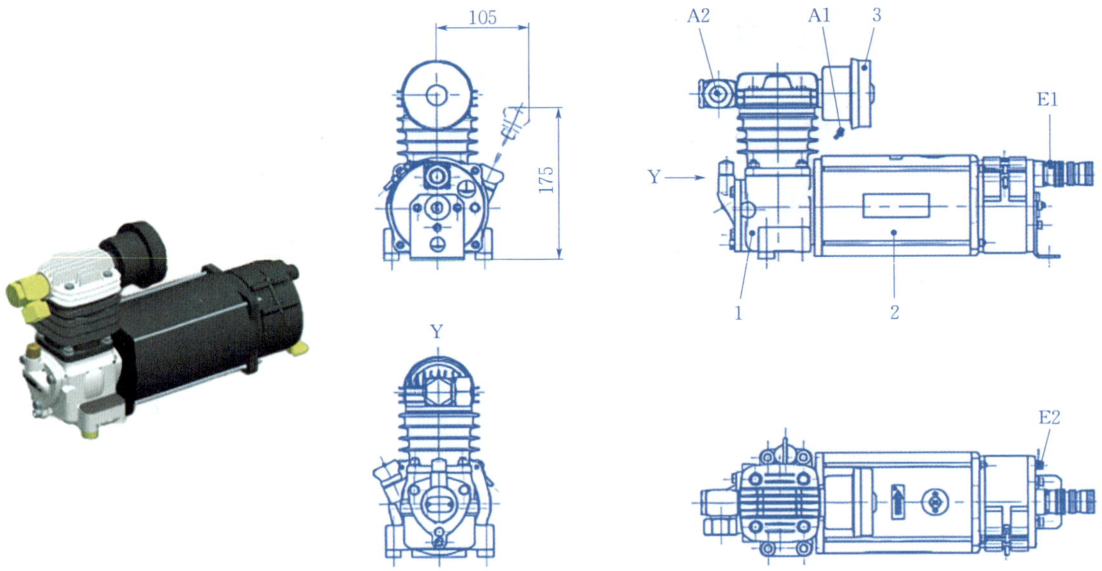

1—压缩机； A1—空气入口； E1—连接器； 2—直流电机； A2—压缩空气出口； E2—接地装置；
3—干式空气过滤器。

图 5-17 LP115 型辅助压缩机外观及组成(单位：mm)

辅助空压机组的控制开关在空气控制柜上，按下开关后，辅助空压机开始工作，升弓控制模块上的压力开关对压缩机的启停进行自动控制。

控制方式分为人工控制和自动控制两种方式：

(1)当机车初次升弓或进行升弓装置试验时，采用人工控制方式，操作时需要操作者持续按下辅助空气压缩机启动按钮(位于空气控制柜内)，并观察升弓压力表的指示值，在满足升弓压力要求后松开按钮。

(2)当机车投入运用后采用自动控制方式，当辅助风缸压力低于 480 kPa(压力开关 U43.02 监测)时，辅助压缩机自动投入工作；当辅助风缸压力达到 735 kPa 时，压缩机自动停止工作。

为保证压缩空气和管路的清洁，辅助压缩机配有小型的单塔干燥器和再生风缸。

2. 辅助干燥器

该装置同辅助干燥器配合使用，去除辅助压缩机产生的水蒸气，保证辅助管路内压缩空气的洁净。

辅助干燥器结构及原理如图 5-18 所示。

(1)干燥阶段

辅助压缩空气从 1 号口进入辅助干燥器，并经过干燥塔进行干燥，干燥后的压缩空气分为两路，其中一路直接通过 22 号口进入再生风缸；另一路经过内部单向阀后通过 21 号口进入机车辅助风缸。

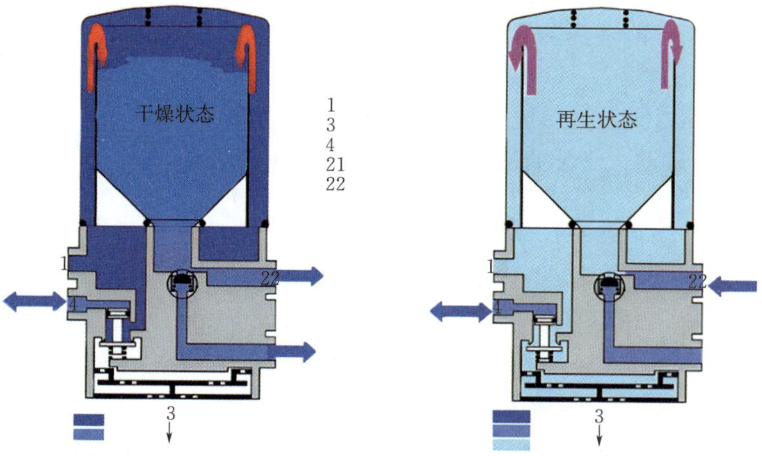

1—去压缩机；3—排气口；4—控制压力；21—去辅助风缸；22—接再生风缸。

图 5-18 辅助干燥器结构及原理

(2)再生阶段

当机车辅助风缸压力达到 735 kPa 时，干燥器出口内部连通辅助干燥器排污控制 4 号口，4 号口上的压力开关动作，外部切断辅助压缩机的电源。4 号口上的压力同时打开干燥器内排污阀，再生风缸内洁净的压缩机空气反吹干燥塔将其表面的水气、油污带走并从排污阀排出，完成再生工作。

三、其他风源系统部件

(一)压力控制器

风源系统中的压力控制器是控制总风压力保持在 750～900 kPa 的重要部件，直流机车一般装用的是 YWK-50-C 型压力控制器，基本作用原理与 704 型调压器相似，YWK-50-C 型压力控制器结构如图 5-19 所示。

YWK-50-C 型压力控制器是利用杠杆、波纹管、调节弹簧以及差动旋钮内的弹簧组成一个杠杆体系，并充分利用动触头和静触头组成的单断点大开距微动开关具有瞬动开闭的特点而设计的一种结构简单的压力调节控制装置。当被控压力空气的压力上升或下降时，波纹管伸长或缩短，通过杠杆与拨臂，拨开微动开关，使触头闭合或断开而达到压力空气压力控制的目的。

压力控制器故障时，关闭压力控制器支路塞门 139 切除，利用强泵风按钮操作压缩机组。

(二)高压安全阀

高压安全阀是风源系统的安全保护阀，当压力

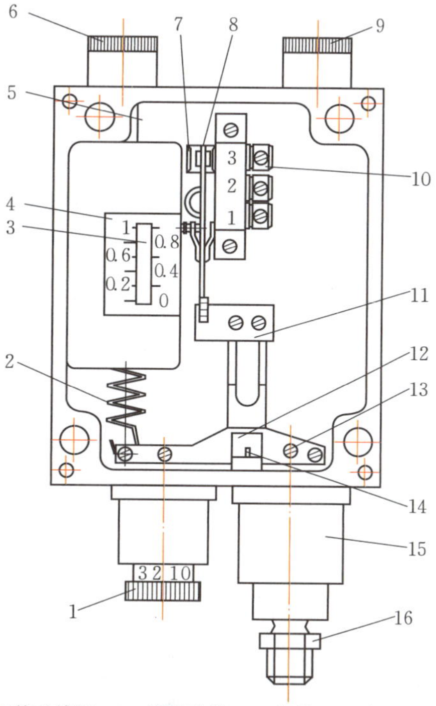

1—切换差旋钮；2—调节弹簧；3—指针；4—标尺；5—调节杆；6—锁紧螺帽；7—静触头；8—动触头；9—出线套；10—接线端子；11—拨臂；12—刀支架；13—杠杆；14—刀；15—波纹管室；16—接头。

图 5-19 YWK-50-C 型压力控制器结构

控制器失控时，连接管路压力大于(950±20) kPa时，安全保护阀打开，管路压力下降，使压力无法再增加。高压安全阀构成如图5-20所示。

当连接管路的压力值大于弹簧3的整定值时，阀4上移开放通大气口，因排风口远大于管路截面，使管路压力下降，当降至低于弹簧3的反力后，将阀4压到回阀座7，关闭阀口。风源系统的高压安全阀其整定压力调整为(950±20) kPa，调整时通过拧动弹簧盒1，达到整定压力值后，用锁紧螺母6拧紧，再用专用止挡定位，并可加铅封标记，以使整定压值的准确可靠。

和谐交流机车一般在干燥器前后各有一个安全阀，输入端安全阀的开启压力为11 bar(11×10^5 Pa)，输出端安全阀的开启压力为9.5 bar(9.5×10^5 Pa)，以确保机车空气系统的安全。

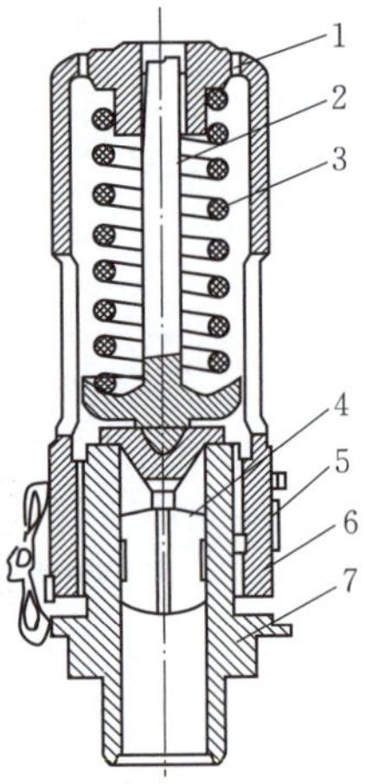

1—弹簧盒；2—阀杆；3—弹簧；4—阀；5—止挡环；6—锁紧螺母；7—阀座。

图5-20 高压安全阀构成

(三)总 风 缸

总风缸又名主风缸，是用来储存压力空气，供制动机和其他风动装置使用，并能使由油水分离器来的压力空气在总风缸内进一步冷却，分离出沉淀油水及尘埃等的装置，是风源系统重要部件。

为保证压力空气的充分供应，机车上须配备容量足够大的总风缸，一般为双缸串联，经过干燥净化处理后的压缩空气，进入两个串联的总风缸内储存。

采用双缸串联的总风缸，在机车入库后可关闭输入、输出塞门，以保存总风缸内的压缩空气。在机车无动力回送时，可将双缸间塞门关闭，切除第一总风缸，缩短列车制动管充气时间。

总风缸容积因机型不同有所区别，主型机车总风缸容积见表5-2。

表5-2 主型机车总风缸容积

机 型	容积(L)	总容积(L)
DF_{4B}	625×2	1 300
DF_{7G}	500×2	1 000
DF_{8B}	625×2	1 300
HXN_{5B}	500×2	1 000
SS_{3B}	600×4	2 400
SS_{4G}	290+612	902
HXD_{1C}	600+1 000	1 600
HXD_{3C}	800×2	1 600

机车运行中为确保制动机及其他风动装置工作安全，应定期打开总风缸排水阀163～166，检查和排除总风缸内的积水。同时注意，总风缸是一个受压容器，严禁在总风缸上进行电焊打火或搭接地线。总风缸充风后严禁重物锤击，更应注意在其周围升温情况。

(四)止 回 阀

在每台空气压缩机的出风管路上均安装有止回阀,又称为单向阀,用来防止压力空气逆流,以实现单向流动性能。

止回阀包括无压差止回阀和压差止回阀两种。前者为金属结构,适用于高温管路,一般空气压缩机出风管路上均安装该型止回阀;而后者为橡胶结构,适用于常温气路。

止回阀结构如图 5-21 所示,当压力空气由 A 进入,在初始状态时,B 侧管路压力较低,则 A、B 间的压差足以克服止阀而将其压起,阀口开放,经 B 处流出。当 B 侧压力(或 B 侧压力加弹簧反力)接近 A 侧时,止阀下落关闭阀口。若压力空气由 B 侧流入,则止阀在压力作用下与体上的阀座更加密贴,无法向 A 侧输送。故只能实现单向流动,即 $A \rightarrow B$。安装时,必须注意使箭头方向与管路流向一致,且垂直安装。

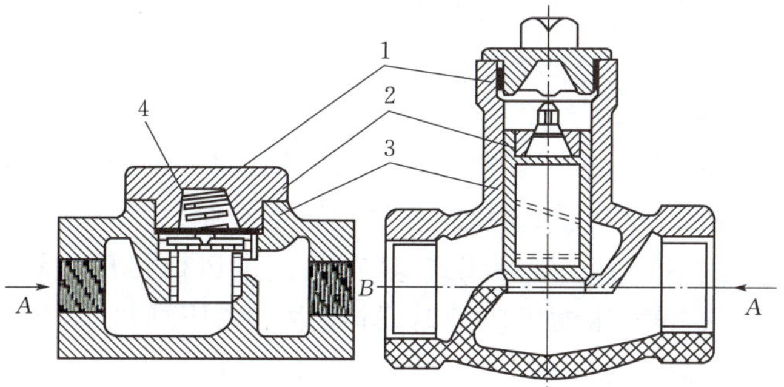

(a) 无压差止回阀　　(b) 压差止回阀

1—盖;2—止阀;3—阀体;4—弹簧。

图 5-21　止回阀结构

逆流止回阀结构如图 5-22 所示,设置在第一与第二总风缸之间。逆流止回阀与空气压缩机出风管路上安装的止回阀外形很相似,区别在于止回阀的盖为六方体,而逆流止回阀为四方体。逆流止回阀的阀芯也是利用止回阀的阀芯,仅在阀芯底部中央一处以及圆柱面靠近底部位置两处,钻出 3 个 $\varphi 6$ mm 的圆孔。

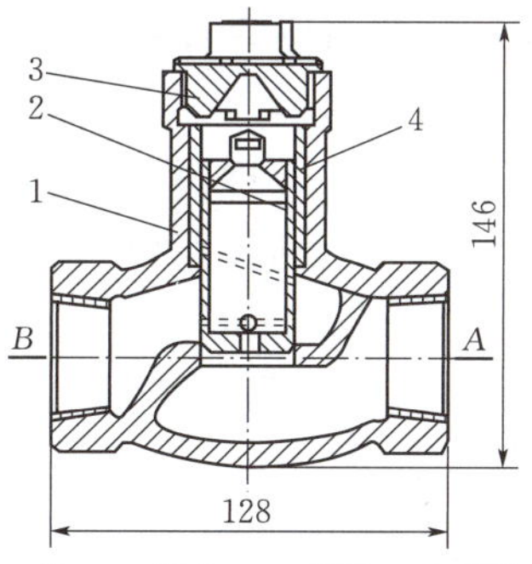

1—盖;2—阀芯;3—阀体;4—铜套。

图 5-22　逆流止回阀结构(单位:mm)

当 B 侧管路压力较 A 侧低时,A、B 侧间的压差克服阀芯重力将其抬起,A 侧压力空气经开放阀口的大通道进入 B 侧。当两侧空气压力接近时,阀芯下落关闭阀口,但两侧压力空气仍能经逆流小孔沟通。当 B 侧管路压力高于 A 侧时,阀芯在空气压力以及自重作用下,与阀体上的阀座更加密贴，关闭阀口，但 B 侧压力空气仍能经逆流小孔进入 A 侧，保持两侧管路压力相等。安装时，A 侧接第一总风缸以及总风联管，B 侧接第二总风缸。当机车空气压缩机打风时，压力空气首先进入第一总风缸与总风联管，再经该阀的阀芯上移后开放的阀口大通路进入第二总风缸，继而供机车用风。

当本节机车空气压缩机故障后，其他机车空气压缩机产生的压力空气也能经总风联管进入第一总风缸，再经该阀进入第二总风缸。当机车空气压缩机停止运转后，由于各机车用风量的差异，用风量小的机车的第二总风缸内压力空气将经逆流孔反向流出，补充用风量大的机车总风缸，保证了各重联机车正常运行时，所有总风缸压力完全一致。当重联机车间发生断钩现象后，各机车第一总风缸内压力空气将经断裂的总风联管快速排入大气。而第二总风缸内压力空气因逆流止回阀的阀芯下落关闭了阀口大通路，不能快速排入大气，只能经逆流小孔缓慢排入大气，从而保证了机车在停车时空气制动所需压力空气。安装时，必须注意方向，且垂直安装。

(五)无负载启动电空阀

在主空气压缩机出风管与止回阀间接有启动放风管路。该启动放风管路受无负载启动电空阀控制，而该电空阀受主空气压缩机组控制电路的控制。

无负载启动电空阀采用 TFK1B 型闭式电空阀，其进风口接放风管，出风口通大气。无负载启动电空阀用于在主空气压缩机启动时，排放主空气压缩机出风管与止回阀之间的压力空气，以改善主空气压缩机的启动工况。即空气压缩机启动前，无负载启动电空阀得电，使止回阀前的一段管路一直与大气沟通；当主空气压缩机启动后 3 s 内仍继续排空，待延时 3 s 后无负载启动电空阀失电关闭排风口。

(六)其　　他

在和谐交流机车风源系统中还装有总风低压保护开关、微油过滤器、低压维持阀等部件。

1. 总风低压保护开关

以 HXD_{3C} 型电力机车为例，当总风压力低于(500±20) kPa 时，P50.74 开关动作，机车牵引封锁(动力制动仍可投入)，确保机车内保留有能够安全停车用的压缩空气。

2. 微油过滤器

对通过干燥器后的压缩空气进行油污处理，保证通过微油过滤器后的压缩空气满足 ISO 8573 油 2 级要求。该过滤器需进行定期排污处理。

3. 低压维持阀

保证干燥器内部快速建立起压力，使干燥器可以进行再生、干燥工作，开通压力为 600 kPa，同时对两台干燥器间通道进行隔离。

四、空气压缩机的维护与保养

(一)压缩机的保养周期

压缩机组应定期进行维护，以保证其安全可靠地运行。空气压缩机定期保养周期和项目见表 5-3。

表 5-3　空气压缩机定期保养周期和项目

维护周期	维护项目
每 100 运转小时	检查油位及机油状态
每 300～500 运转小时	检查油位并进行补油
	检查空气过滤器上的真空指示器状态
每 1 500 运转小时或 1 年(先到为准)	检查空气过滤器,如有必要更换滤芯
	清洗冷却器
	更换润滑油,更换油过滤器滤芯,检查回油过滤器的状态
每 3 000 运转小时或 2 年(先到为准)	更换润滑油,更换油过滤器滤芯,清洗回油过滤器
	测试温度开关状态
每 6 000 运转小时或 4 年(先到为准)	更换油系分离器
	维护回油过滤器
	测试控制和监视元件
	检查油控制单元
	检查弹性支承
	运转试验
每 12 000 运转小时	空压机组的全面检修,更换转子体。全面检修电机

注:维修周期在极限环境条件下可能缩短(例如长期高温、高湿等),在这种情况下,建议通过油样分析确定更换间隔。

(二)压缩机油位检查

在运行状态和停机状态时压缩机组润滑油的油位是变化的,因为存在于油管和散热器的油会回流到机体中。压缩机组运行时和停机后较短时间内从油视窗观察到的油位是变化的,甚至可能观察不到油位。因此,只能按照规定的方法检查压缩机组的油位,且只能使用规定的和指定牌号的润滑油。新制机组在出厂前加油。润滑油的类型必须与装配图以及油标牌的规定相一致。不同类型的润滑油不允许混合使用。操作方法:

1. 常规检查

检查在压缩机组停止运转还在暖机状态时进行。为了保证这一点,压缩机必须先运转 5 min。检查前应卸掉压缩机壳体内的压力。压缩机停止运转约 5 min 后压力会完全卸去。检查在压缩机停机后 20 min 内进行。

如果油位低于油视窗的下限标记,或估计油位在下次维护周期之前会达到油视窗的下限标记,应补充加油。

如果从油视窗看不出油位,则须使用量油尺检查油位。对此必须给压缩机组加上保险,防止其重新启动。

(1)松开管接口。

(2)为了降低压缩机壳体内可能存在的过压,松开量油尺两圈并等待壳体内的压力降低。

(3)把量油尺完全旋下,用无绒毛抹布擦拭。

(4)重新插入量油尺,把量油尺的螺纹部分置于壳体上,不要旋入。

(5)取出量油尺,查看油尺上的油位。油尺上的油位应位于两个标记之间。

(6)如果油位位于油尺的下限标记以下，则要补充加油。从下限标记到上限标记的加油量约 500 mL。

(7)由于油面的波动允许油位略超过油尺的上限标记。

(8)油位的波动在压缩机组运转时不可避免，同时还受到油温、油中气泡的含量以及停机时其他边界条件的影响。

(9)如果油位高出油尺上限标记约 10 mm，则必须放油。

(10)换上新的密封圈将量油尺密封旋紧(拧紧扭矩 90～100 N·m)。原则上要使用新的密封圈。

2. 补 加 油

检查油位之后根据情况进行补充加油。

(1)按照常规检查油位用量油尺检查油位。

(2)为了降低压缩机壳体内可能存在的过压，松开量油尺两圈并等待壳体内的压力降低。

(3)完全旋出量油尺。

(4)补加油，直到油位达到油视窗或量油尺的上限标记。

(5)更换密封圈并重新密封旋紧量油尺(拧紧扭矩 90～100 N·m)。原则上要使用新的密封圈。

(三)压缩机机油的乳化处理

乳化液是油和水的混合物，含水量达到约 0.15%(1 500 ppm)时润滑油明显混浊，称为轻度乳化；润滑油中的含水量较多时称为中度和严重乳化，含水量约 3%(30 000 ppm)时压缩机在冷态下水开始从油中分离。为了能正确判断乳化程度，应当在冷机和热机状态下进行检查。冷机的状态下随着时间的推移，油和水将分离。

双机车牵引时润滑油乳化的可能性很大，4 台压缩机组工作不能达到最低要求的运转率并导致乳化现象。因此，每次重新启用压缩机组时必须检查是否存在乳化现象。

1. 机油轻微乳化处理

压缩机机油轻微乳化如图 5-23 所示，可进行如下操作来去除乳化现象：

(1)压缩机静置 1～2 h，微开压缩机排油口(位于机头底部和散热器底部)，将位于下层的液态水排出，直至有油排出关闭排油口。

(2)打开总风缸下方的排水塞门，使乳化的压缩机组连续运转 60 min 以上，停机后观察润滑油的状态，如果恢复正常可继续使用。

(3)如果乳化现象减轻但没有完全恢复，再连续运转 30 min，观察机油状态，可重复进行上述操作，直至乳化消失。

图 5-23 压缩机机油轻微乳化

(4)使用延时工作模式，运行机车压缩机组减缓机油乳化。

2. 机油中度乳化处理

如果轻度的乳化现象未及时消除，乳化会加重，可导致压缩机机油中度乳化，压缩机机油中度乳化如图 5-24 所示。

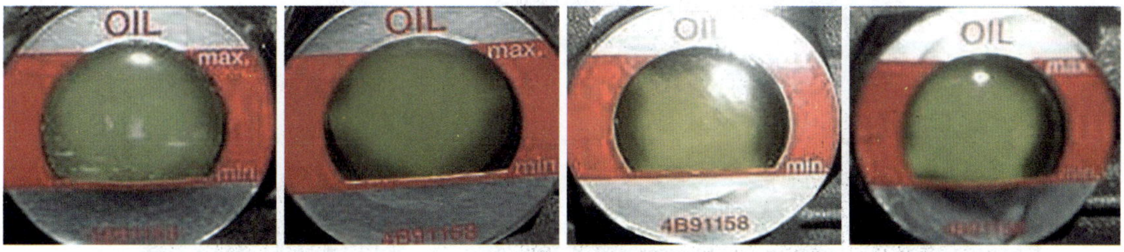

图 5-24　压缩机机油中度乳化

加重乳化的润滑油使压缩机转子和轴承的润滑不足，导致压缩机组发生严重故障，如：出现异音，负载增大，转子卡死和由此导致压缩机和电机烧损等。此时应及时入库提报处理。

3. 机油重度乳化处理

如果发现压缩机机油重度乳化，切勿自行处理，应及时联系主机厂及压缩机供货商进行分析处理。压缩机机油重度乳化如图 5-25 所示。

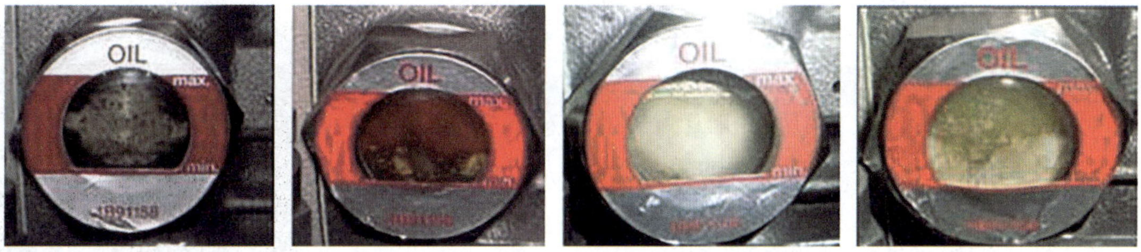

图 5-25　压缩机机油重度乳化

(四)压缩机检查和维护

1. 机油检查要求

机车乘务员应在每次出车前和在行驶中通过油视窗目视检查油位，以 HXD_{1C} 型电力机车为例，对螺杆式空气压缩机油机检查要求如下：

(1)每 100 工作小时检查油位；

(2)每 300～500 工作小时补充加油；

(3)每 1 年换油、换油滤芯、维护保养回油管的过滤器；

(4)每 3 000 工作小时或至少 2 年换油、换油滤芯、维护保养回油管的过滤器。

2. 真空指示器检查

真空指示器可以指示出在什么样的状态下有必要对空气滤清器进行维护保养，如图 5-26 所示。

空气滤清器受到污染时不断增大的负压将红色指示柱向真空指示器的可视范围推动。

(1)当负压达到约 50 mbar(5 000 Pa)时，指示柱被卡住并在压缩机组停机时仍保持可视状态。这种情况下必须更换空气滤清器的滤芯。

(2)操作复位按钮使真空指示器重新回到起始位置。

机车副司机应在机车出库前检查空气滤清器上的真空指示器。

图 5-26　真空指示器

3. 换油操作

如果已经达到了换油周期，或发现润滑油中含有较多的杂质和油泥，或润滑油变成了深红色，则必须立即换油。必换压缩机机油如图 5-27 所示。

图 5-27　必换压缩机机油

(1)为了降低压缩机壳体内可能存在的过压，松开量油尺两圈并等待壳体内的压力降低。

(2)完全旋出量油尺，在压缩机组尚热的状态下放油。

(3)旋下压缩机壳体上放油阀的盖形螺母，旋上带接头的放油软管。

(4)把压缩机壳体内的油全部放出。

(5)旋下带接头的放油软管。

(6)把集油罐放在放油口下。

(7)按照所述方式用冷却器上的放油阀放油并把油全部放出。

(8)旧油全部放出之后重新旋上放油阀的盖形螺母。

五、压缩机常见故障及处理

(一)NPT-5 型压缩机

东风系列内燃机车装用 NPT-5 型压缩机，以 DF_{4B} 型内燃机车为例，在运用中压缩机常见故障如下：

1. 压缩机工作时低压安全阀排气不止

原因：(1)低压安全阀阀口有异物；(2)压缩机高压缸气阀片不严。

处理：(1)观察安全阀，轻轻敲击喷气安全阀，帮助异物排出；(2)如对泵风没有影响，可维持运行回段处置。

2. 压缩机泵风慢

原因：(1)逆止阀犯卡；(2)吸风筒空气滤芯过脏；(3)压缩机低压缸气阀片破损，建立不起压力。

处理：(1)轻轻敲击逆止阀体；(2)运行中打开吸风筒盖，取出滤芯维持运行；(3)判断故障压缩机，断开其电机保险，维持运行回段处置。

(二)TSA-230ADVⅠ压缩机

以 HXD1C 型电力机车为例,所装用的 TSA-230ADVⅠ压缩机常见故障及处理见表 5-4。

表 5-4　TSA-230ADVⅠ压缩机常见故障及处理

故障现象	原因分析	处置措施
电机转向错误	电机的电源线项序错误	按电路图正确连接电源线,并检查电机转向
压缩机组无法启动	断电	检查电源电路
	线缆连接松动	检查线缆连接,拧紧接线端子
	电机保护开关断开	给保护开关解锁
	电机损坏	查找电机故障,必要时更换电机
	温度开关未连接或线缆断路	检查电缆连接
	温度开关断开	按维护文件进行故障排除
压缩机启动困难	压缩机损坏	按维护文件拆除压缩机,并返厂检修
	启动时,供给电压过低	检查机车供电电压
	环境温度过低	压缩机预热或连续工作以提高环境温度
压缩机在达到定压前停止工作	电机保护开关断开	给保护开关解锁
	压缩机启停压力控制开关故障	检查压力开关或调整压力值
	温度开关断开	按维护文件进行故障排除
安全阀有排风声	压缩机损坏	按维护文件拆除压缩机,并返厂检修
	压缩机用安全阀损坏或故障	更换安全阀
无压缩空气排出或排出量少,工作周期延长	空气滤器器滤芯污染	更换滤芯
	压缩系统密封不严	排除泄漏
	压缩机损坏	按维护文件拆除压缩机,并返厂检修
压缩空气中含油量过高	压缩机损坏	按维护文件拆除压缩机,并返厂检修
	压缩机外壳内油位过高	排油以降低油位至刻度线间
	油温过高	检查温度开关
	油细分离器故障	检查油细分离器或更换
高油耗	压缩机损坏	按维护文件拆除压缩机,并返厂检修
	油温过高	检查温度开关
油从空气滤清器溢出	压缩机损坏	按维护文件拆除压缩机,并返厂检修

第三节　JZ-7 型制动机结构及原理

一、JZ-7 型制动机的主要特点

1. 客、货机车兼用

客车位和货车位的差别在于客车位能阶段缓解,货车位无阶段缓解性能,而只能施行一次缓解。因此，客、货位的转换是根据被牵引的车辆制动机是否具有阶段缓解性能来确定的，只要转换一下客、货车转换阀的按钮就能达到要求。

2. 自动保压

将自动制动阀手柄移至需要的减压量位置上，待列车管减压到与手柄相对应的某一确定压力时，即自动保压。当列车管充至定压后，如果列车管产生泄漏，能对其补充。

3. 自动制动阀设有过量减压位

该位置比常用制动区有更大的减压量，这就解决了列车在长大下坡道地区当列车管及副风缸充气不足的情况下，仍能有效地进行制动作用。

4. 采用橡胶膜板等零部件

结构上采用橡胶膜板、柱塞阀、O 形密封圈、止阀等零部件，不仅可以延长检修期限，而且使制造、运用和维修工作均较方便。

5. 采用二、三压力混合机构的分配阀

既有一次缓解性能，又有阶段缓解性能。

6. 设有过充位

在长大货物列车上，此位置可以缩短向列车管、副风缸初充气和再充气的时间，且无过量供给之患，由于增大了列车管充气和排气通路的有效面积，故具有充气和排气快的特点。

7. 自动制动阀采用凸轮结构

手柄操纵时轻快、方便，不受气温高低的影响。

二、JZ-7 机车制动系统的组成及功能

JZ-7 型空气制动机主要包括风源部、控制部、中继部及执行部。风源部为制动机提供高质量的，并经常保持一定压力范围的压力空气，包括空气压缩机、总风缸、油水分离器、调压器等；控制部为制动机的操纵部件，包括自动制动阀、单独制动阀及紧急制动阀；中继部为控制指令的传递部件，包括中继阀、分配阀、变向阀、作用阀；执行部为制动机制动力的形成部件，包括制动缸、闸瓦及闸瓦间隙自动调节器。另外设有均衡风缸、过充风缸、降压风缸、工作风缸、紧急风缸、作用风缸及无动力回送装置、管道滤尘器、双针压力表、各种塞门和人力制动机、撒砂装置等部件。

(一)空压机及其辅助设备

空压机及其辅助设备：产生和储备具有一定压力和清洁的压缩空气。空压机及其辅助设备包括空压机组、止回阀、油水分离器、总风缸、安全阀、空气压缩机调压器及无负荷启动电磁阀等。

1. 空压机组

产生具有一定压力和清洁的压缩空气。

2. 止 回 阀

防止压力空气倒流。

3. 油水分离器

清除压缩空气中的油、水杂质。

4. 总 风 缸

储备压缩空气。

5. 安 全 阀

防止总风缸压力超出规定值。

6. 空气压缩机调压器

将总风缸的空气压力转换为电信号以控制空气压缩机电机的启动和停止。

7. 无负荷启动电磁阀

装于空压机排气管上，使之在启动时，将排气管中的压力空气排出大气，以消除启动时的气体背压，减小机组的启动阻力。

(二)704 型调压器

为自动控制空气压缩机的运转，使总风缸的压力值保持在规定的压力范围内[(750±20)～(900±20) kPa]，在总风缸输出管路上装设有 704 型调压器。当总风缸的压力达到最高值时，通过调压器的作用来切断空压机电动机电源，使空气压缩机停止运转。当总风缸的压力降到最低值(750 kPa)时，调压器又使之接通电源，使空气压缩机恢复运转。

1. 组　　成

(1)高压调整部

调节手轮、锁紧螺母、调整螺杆、高压调整弹簧、指示针以及传动板等组成。

(2)低压调整部

下堵、防缓螺母、调整螺栓、低压顶杆、低压调整弹簧、低压调整螺母堵及上堵等组成。

(3)双断点微动开关

防缓螺母、调整螺栓、微动开关、下静触头、动触头、上静触头及微动开关弹簧等组成。

(4)空气部

底座、顶杆、导套及膜板等组成。

2. 作　　用

总风缸高压空气进入膜板下方空腔内。当其压力达到或低于下限值(750 kPa)时，高压弹簧伸张，促使传动板右侧向上运动，带动调整螺栓上移，使微动开关常开触头闭合，接通空气压缩机驱动电机的控制电路，空气压缩机投入运转。当总风缸压力上升到足以克服高压弹簧力(即达到其上限值 900 kPa)时，膜板向上鼓动，高压顶杆及钢球上移，带动传动板左侧向上、右侧向下运动，调整螺栓随之下移而离开微动开关，微动开关在其弹簧的作用下使常开联锁断开，从而切断空气压缩机驱动电机的控制电路，使空气压缩机停止运转。随着总风缸内压力的变化，空气压缩机将进行间歇工作。

3. 调整方法

(1)调高压(决定上限值)

松开锁紧螺母，当需要提高总风缸压力时，应顺时针方向旋转调节手轮；若需降低总风缸压力时，则逆时针方向旋转调节手轮。调整好后，拧紧锁紧螺母。

(2)调低压(决定下限值)

松开上堵，若总风缸压力低于规定值时，应逆时针方向旋转低压调整螺母；若总风缸压力高于规定值，则顺时针方向旋转低压调整螺母。调整好后，拧紧上堵。

(3)补偿调节

若高压调不到所需压力时，卸下微动开关下堵，松开防缓螺母。若总风缸压力低于下限值时，应顺时针方向旋转调整螺栓；若总风缸压力高于下限值时，则逆时针方向旋转调整螺栓。调整好后，拧紧防缓螺母，紧固下堵。

若低压调不到所需压力时，可将下堵卸下，松开防缓螺母。若总风缸压力达不到上限值时，应逆时针方向旋转调整螺栓；若总风缸压力超过上限值时，则顺时针方向旋转调整螺栓。调整好后，拧紧防缓螺母，装好下堵。

(三)自动制动阀(自阀或大闸)

自动制动阀有7个作用位置，用来操纵全列车的制动、保压和缓解。它由七个部分组成：阀体与管座、手柄与凸轮、调整阀、放风阀、重联柱塞阀、缓解柱塞阀、客货车转换阀。

1. 阀体与管座

自动制动阀的阀体为连接各部件的主体，其上连接自动制动阀的凸轮盒、调整阀盖、单独制动阀及柱塞阀前盖等。

2. 手柄与凸轮

自阀的操纵机构。

3. 调 整 阀

列车制动、缓解的控制机构。调整阀控制机车均衡风缸的压力变化，并通过中继阀控制列车管的充气和排气，从而实现机车、车辆的制动和缓解。

4. 放 风 阀

列车紧急制动时，直接把列车管内压力空气排到大气，达到快速制动的目的。

5. 重联柱塞阀

主要作用有两点：第一，当换端操纵或机车重联时，切断均衡风缸与中继阀的联系，中继阀自锁，使该自阀不能控制全列车；第二，紧急制动时，使撒砂管接通总风，经撒砂压力开关的作用能自动撒砂。

6. 缓解柱塞阀

主要作用

(1)自阀在过充位时，总风经缓解柱塞阀流到中继阀的过充柱塞，使列车管压力高于规定压力25～40 kPa，以便列车得到较快的充气速度；

(2)总风经缓解柱塞阀流到中继阀的总风遮断阀，以关闭总风源。

7. 客货车转换阀

开启或关闭中继阀总风遮断阀的机构。在客车位时，总风遮断阀一直呈开启状态；在货车位时，自阀手柄在3～7位时，总风遮断阀呈关闭状态。

(四)中 继 阀

中继阀接受自阀的控制而直接操纵列车管的压力变化，从而完成全列车的制动、保压和缓解。中继阀由管座、双阀口式中继阀和总风遮断阀三部分组成。

1. 管　　座

管座是中继阀的安装座，也是管路的连接座。

2. 双阀口式中继阀

双阀口式中继阀由主活塞、膜板、排气阀、供气阀、阀座、阀体、过充盖、过充柱塞、顶杆及各作用弹簧组成。中继阀主要控制列车管的充气和排气；自阀在过充位时，使列车管压力超过均衡风缸所规定压力25～40 kPa，以缩短列车初充气和再充气时间。

3. 总风遮断阀

总风遮断阀控制遮断阀口的开启或关闭。当机车牵引的列车是装用阶段缓解型制动机时，客货车转换阀的手柄应置于客车位，总风遮断阀一直呈开启状态；当机车牵引的列车是装用一次缓解型制动机时，客货车转换阀的手柄应置于货车位，自阀手柄在3～7位时，总风遮断阀呈关闭状态。

(五)单独制动阀(单阀或小闸)

单独制动阀主要用于机车的单独制动与缓解，并可实现自阀制动后机车的单独缓解作用。单独制动阀主要由手柄与凸轮、调整阀、单缓柱塞阀等组成。

1. 手柄与凸轮

手柄与凸轮是单阀的操纵机构。

2. 调 整 阀

调整阀主要用来直接把总风缸的压力空气供给作用阀使机车制动，或把作用阀活塞下部的压力空气排向大气，使机车缓解。

3. 单缓柱塞阀

单缓柱塞阀它的作用是当列车制动时，单独缓解机车的制动作用，使列车的制动作用仍得到保持。

(六)分 配 阀

分配阀根据列车管压力变化，控制作用阀的供风和排气，使机车得到制动、保压和缓解。JZ-7型空气制动机的分配阀的基本原理属于二、三压力机构的混合形式，既能阶段缓解，又能一次缓解。分配阀由主阀部、副阀部和紧急部三部分组成，并用一个管座将此三部分连为一体。

1. 主 阀 部

主阀部由主阀、常用限压阀、紧急限压阀、工作风缸充气止回阀等组成。

(1)主　　阀

主阀属于三压力机构阀，用于机车本身的制动、缓解与保压。主阀由大膜板、小膜板、主阀空心阀杆和一个供气阀组成。

(2)常用限压阀

常用全制动时，常用限压阀限制作用风缸的压力。限压可通过螺栓调节，若列车管定压为500 kPa，调为340～360 kPa；若列车管定压为600 kPa，调为380～420 kPa。

(3)紧急限压阀

紧急制动时，无论列车管定压如何，作用风缸均能得到420～450 kPa的压力。

(4)工作风缸充气止回阀

在缓解充气时，列车管压力空气经止回阀向工作风缸充气；而在制动减压时，能防止工作风缸压力空气向列车管倒流，以免引起不制动或制动压力不成比例的现象。

2. 副 阀 部

副阀部的主要作用有三点：第一，通过副阀部把工作风缸及降压风缸的过充压力逐渐回流到列车管使之消失；第二，能加快主阀的缓解作用；第三，使列车管起局减作用。

副阀部由副阀、充气阀、保持阀、局减止回阀、一次缓解逆流止回阀及转换盖板组成。

(1)副　阀

副阀为二压力机构阀。副阀本身有四个作用:①控制降压风缸的充气和排气;②初制动时起局减作用;③与转换盖板配合使用使制动机起一次缓解或阶段缓解作用;④当副阀在缓解位时,能使工作风缸和降压风缸的过充压力,通过充气阀(转换盖板在阶段缓解位)到列车管去或通过转换盖板(转换盖板在一次缓解位)到列车管去。

(2)充 气 阀

充气阀有三个作用:第一,在完全缓解状态,列车管的压力空气经充气阀向工作风缸及降压风缸充气,如有过充压力,还能经充气阀消除;第二,在局减时,能把列车管的一部分压力空气排向大气;第三,在阶段缓解时,能防止工作风缸和降压风缸的压力空气向列车管逆流。

(3)保 持 阀

在列车管减压后的压力低于 280～340 kPa 或在紧急制动后,保持阀能使降压风缸压力保持在 280～340 kPa,使它与车辆制动机的副风缸在全制动后的压力大致保持一致。

(4)局减止回阀

局减止回阀与工作风缸充气止回阀相同。局减止回阀的作用是再制动时,能防止局减室的压力空气逆流到列车管,避免引起副阀的自然缓解。

(5)一次缓解逆流止回阀

一次缓解逆流止回阀与工作风缸充气止回阀相同,仅取消了止回阀弹簧。若转换盖板处于一次缓解位,在常用制动后缓解时,工作风缸压力空气除向降压风缸充气外,还经转换盖板凹槽、一次缓解逆流止回阀下面的缩孔流到列车管;若转换盖板处于阶段缓解位,在常用制动后缓解时,工作风缸压力空气只向降压风缸充气,不能向列车管逆流。

(6)转换盖板

转换盖板主要用来沟通或切断工作风缸向列车管逆流的通路。在一次缓解位时沟通,除了能加快主阀缓解外,还能使工作风缸的过充压力空气经转换盖板流向列车管;在阶段缓解位时切断,此时工作风缸和降压风缸过充压力空气可经充气阀逆流至列车管。

3. 紧 急 部

紧急放风阀在紧急制动时把列车管压力空气通过放风阀急速排向大气。

(七)作 用 阀

作用阀受分配阀或单阀的控制,控制机车制动缸的充气和排气,使机车得到制动、保压和缓解。

(八)辅助阀类

1. 变 向 阀

对于双端制动系统,一个变向阀用于转换自阀和单阀对作用阀的控制;另一个变向阀用于转换两端单阀对作用阀的控制。

2. 机车无动力装置

机车无动力装置由滤尘止回阀和截断塞门组成,连接在列车管与总风缸管之间。在机车无动力回送,空压机不运转时,须将机车无动力装置开放。

3. 紧急制动阀

紧急制动阀使列车管的压力空气通过该阀直接而迅速地排向大气，从而使机车和车辆发生紧急制动作用。

4. 管道滤尘器

在通往制动阀、中继阀、分配阀的总风缸支管上，均装有管道滤尘器，防止压力空气中的机械杂质进入制动机，影响各阀正常工作。

三、JZ-7 型空气制动机各阀间的控制关系

JZ-7 型空气制动机各阀间的控制关系如图 5-28 所示。

自动制动阀→均衡风缸→中继阀 → 列车管压力空气变化 → 车辆制动机
　　　　　　　　　　　　　　　　　　　　　　　　　→ 机车分配阀→作用阀→制动缸

单独制动阀 → 作用阀→制动缸
　　　　　 → 分配阀 → 作用阀→制动缸(机车单缓)

图 5-28　JZ-7 型空气制动机各阀间的控制关系

第四节　DK-1 型制动机结构及原理

一、DK-1 型制动机概述

(一)特　　点

DK-1 型制动机是典型电空制动机，采用积木式组合结构并以电信号作为控制指令，因而具有以下一些主要特点：

1. 准、快、轻、静。

准——减压准确，减压后无压力回升现象。

快——充风缓解快，减压制动快。

轻——操纵手柄轻巧灵活。

静——制动系统排风口集中设置在车内的电空制动控制屏中，司机室内无排风口，降低了司机室噪声。

2. 结构简单，工作可靠，维修方便。

3. 具有多重安全保护措施。

(1)失电制动：电气控制线路出现故障丧失控制电源时，能自动转入常用制动。

(2)故障转换：电控部分出现故障时，能方便地实现由电空位向空气位操纵的转换，以确保列车能继续安全运行。

(3)手动放风阀：在 DK-1 型制动机主控系统故障失灵的情况下，通过手动放风阀能快速排除列车管内的压力空气，使列车产生紧急制动作用。

(二)性　　能

DK-1 型制动机具有良好的灵活性和适用性。

1. DK-1 型制动机单独制动性能见表 5-5。

表 5-5　DK-1 型制动机单独制动性能

序　号	项　　目	技术要求
1	全制动时制动缸最高压力/kPa	300
2	制动缸压力自 0 升至 280 kPa 的时间/s	≤4
3	缓解位，制动缸压力由 300 kPa 降至 40 kPa 的时间/s	≤5

2. DK-1 型制动机自动制动性能见表 5-6。

表 5-6　DK-1 型制动机自动制动性能

序　号	项　　目	技术要求
1	初制动列车管减压量/kPa	40～50
2	运转位，列车管压力由 0 升至 480 kPa 的时间/s	≤9
3	均衡风缸自 500 kPa 常用减压至 360 kPa 的时间/s	5～7
4	全制动时制动缸最高压力/kPa	340～380
5	全制动时制动缸升压时间/s	6～8
6	运转位缓解全制动时制动缸最高压力降至 40 kPa 的时间/s	≤7
7	紧急位列车管压力由定压排至零的时间/s	≤3
8	紧急位制动缸最高压力/kPa	450±10
9	紧急位制动缸压力升至 450 kPa 的时间/s	≤5

3. 辅助性能：

(1)紧急制动时有选择地自动切除机车动力；

(2)列车分离时，自动切除列车管补风源和机车动力；

(3)检查列车管贯通情况，判断列车管折角塞门是否关闭；

(4)机车使用电阻制动前自动进行小减压量空气制动，间隔一定时间后自行缓解空气制动，实现动力制动与空气制动的协调配合；

(5)与列车运行监控记录装置配合，接受监控装置发出的常用制动或紧急制动指令，自动施行常用制动或紧急制动。

(三)DK-1 型制动机组成及控制关系

1. 组　　成

DK-1 型制动机的主要功能是使机车和车辆产生制动、保压和缓解作用，由安装在司机内的电空制动控制器和空气制动阀，安装在车内的电空制动控制屏、中继阀、分配阀、电动放风阀、紧急阀及均衡风缸、过充风缸、初制动风缸、工作风缸等共同组成了该型制动机的主控系统。

主控系统的这些阀部件按各自作用又分为控制、中继、执行三部分。

控制部分主要包括电空制动控制器、空气制动阀、电空阀、调压阀等。

中继部分包括均衡风缸和中继阀。

执行部分包括分配阀、电动放风阀和紧急阀。

2. 各阀部控制关系

DK-1 型制动机各阀部控制关系如图 5-29 所示。

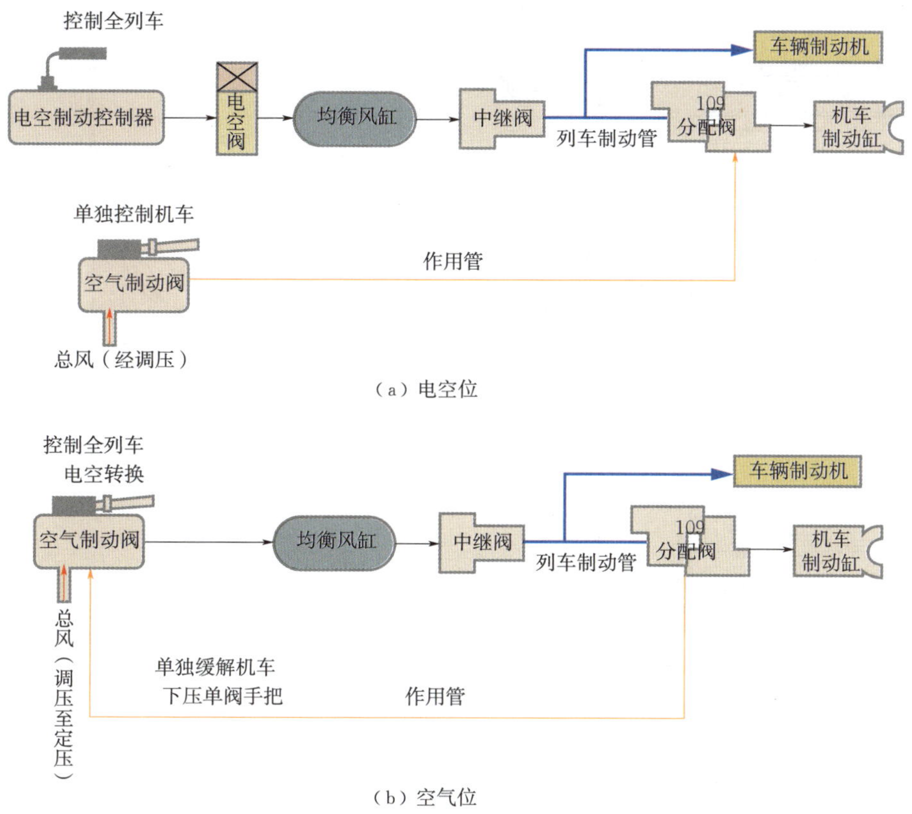

图 5-29　DK-1 型制动机各阀部控制关系

DK-1 型制动机为非自动保压式制动机，使用电空制动控制器操控全列车制动和缓解时，须将空气制动阀转换扳钮置电空位方能投入运用。在电空位时，列车制动管减压量随着操纵手柄停留在制动位时间的增长而增加，直到最大减压量。操作中，若不需要产生最大减压量，则当减压量达到所需减压量时，须将手柄由制动位转换到中立位进行保压。同时可经空气制动阀单独缓解或制动机车。

当电空制动故障，可转换为空气位操控全列车制动缓解，即将空气制动阀转换为空气位。此时，空气制动阀操控全列车制动和缓解，机车的单独缓解则通过下压空气制动阀手柄得以实现。

二、DK-1 型制动机主要部件

(一)电空制动控制器

电空制动控制器是 DK-1 型制动机的操纵控制部件，用来控制主控系统的电空阀，通过电空阀来控制气路的开通与截断，实现全列车的制动、缓解和保压。

电空制动控制器由操纵手柄、凸轮轴组装、静触头、定位机构、安装面板、底板等组成，TKS13 型电空制动控制器如图 5-30 所示。

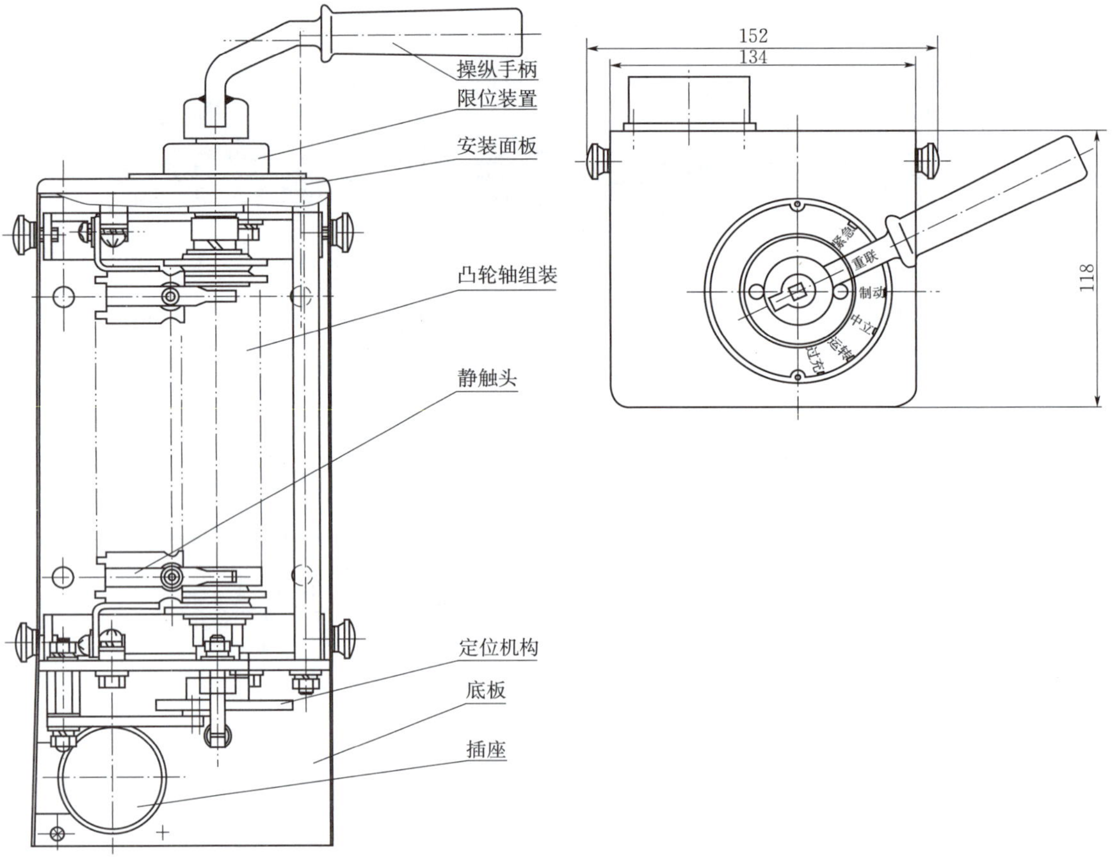

图 5-30　TKS13 型电空制动控制器(单位:mm)

电空制动控制器共设有六个手柄工作位置,按逆时针排列顺序:过充、运转、中立、制动、重联及紧急位。操纵手柄通过限位装置只能在重联位取出或装入,对于双端操纵的机车,两个电空制动控制器只配备一个操纵手柄,以确保行车安全。

过充位——使列车以高出列车管定压 30～40 kPa 的充风压力快速充风缓解,并使机车保压。

运转位——使全列车进行正常缓解。

中立位——使全列车进行保压。

制动位——使全列车进行常用制动。

重联位——无控制作用,接受操纵端或本务机车控制。

紧急位——使全列车进行紧急制动,并切断牵引工况机车的动力源(总电源)。

电空制动控制器其实就是一个组合开关。当其处于各个不同位置时,不同的开关闭合,使相应的电空阀得电开通控制气路,另外的电空阀便处于失电状态,关闭其他的控制气路,从而使制动机产生不同的作用。以 SS_{4G} 型电力机车为例,电空制动控制器手柄在不同工作位置时的触头闭合情况可通过触头闭合图得出,SS_{4G} 型电力机车触头闭合如图 5-31 所示。

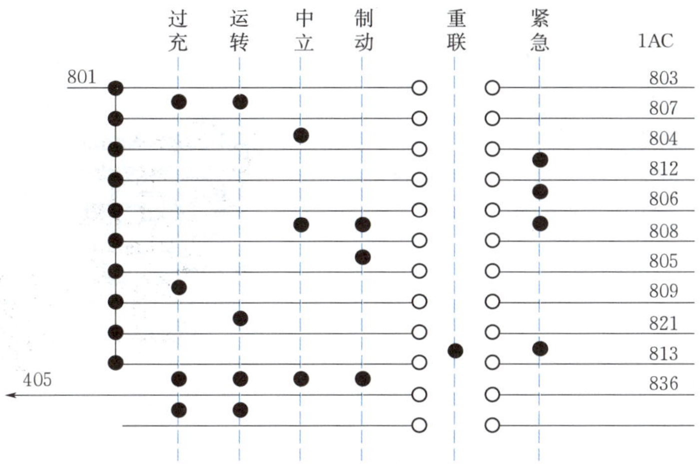

图 5-31　SS4G 型电力机车触头闭合

识读方法:某一手柄位置下某一对触头组闭合时,则在该手柄位置下方,及相应触头组下侧加注"●"表示,不闭合的触头组,不加注"●";静触头连接导线的线号标注在该导线上侧。

由此,当 SS4G 型电力机车电空制动控制器手柄在各位置时,电空制动控制器手柄各位置电路闭合及工作情况见表 5-7。

表 5-7　SS4G 型电力机车电空制动控制器手柄各位置电路闭合及工作情况

手柄位置	得电导线	作　　用
过充	803、805、813、836(经 405)	车辆快速缓解、机车保压
运转	803、809、813、836(经 405)	正常运行位,机车车辆缓解
中立	807、806、813	全列车保压
制动	806、808、813	常用制动位,机车车辆制动
重联	821	换端操纵、重联机车位,接受本务机车控制
紧急	804、812、806、821	紧急制动位,全列产生紧急制动

(二)空气制动阀

空气制动阀主要用于单独操纵机车的制动与缓解,即通过直接控制分配阀容积室的压力变化来独立地控制机车制动缸压力的升降。

在电空控制部分出现故障时,通过"电—空"转换扳钮将空气制动阀由电空位操纵转到空气位操作后,空气制动阀就能直接控制均衡风缸的压力,通过中继阀对全列车的常用制动和缓解进行控制。

1. 结　　构

空气制动阀主要由操纵手柄、转轴、作用凸轮、作用柱塞、转换柱塞、定位凸轮、定位柱塞、排风阀、电气联锁以及阀体、凸轮盒、管座等组成,空气制动阀结构如图 5-32 所示。

手柄、转轴和凸轮组成空气制动阀的动作机构,转轴为空心方轴,上与手柄座相连,下与排气阀相连,方轴外部套有作用凸轮和定位凸轮。

定位凸轮的作用有两个：一是与定位柱塞组成定位机构，保证空气制动阀手柄能可靠地停留在各个工作位置上；二是控制电气联锁开关，构成电控环节。

作用凸轮控制作用柱塞的运动，实现对气路的控制。空气制动阀有两个柱塞阀：转换柱塞和作用柱塞。

处于空气制动阀上部的是转换柱塞阀，它不受操纵手柄的控制，而是由设在阀左侧的转换扳钮来控制的。转换柱塞有两个工作位置——电空位和空气位，转换柱塞处于不同位置时，不仅控制气路不同，而且使控制电路发生了变化。作用柱塞位于空气制动阀的下部，它的运动受作用凸轮的升程、降程，也就是说受操纵手柄的控制。

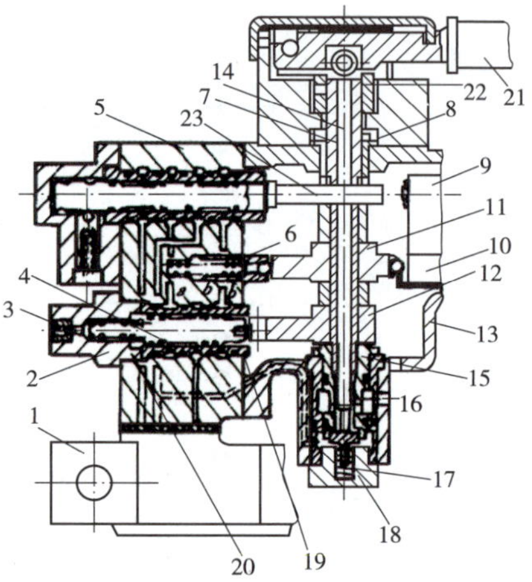

1—阀座；2—作用柱塞端盖；3—排风缩堵；4—作用柱塞；5—阀体；6—定位柱塞；7—转轴；8—轴承套；9—双断点微动开关；10—单断点微动开关；11—定位凸轮；12—作用凸轮；13—凸轮盒；14—顶杆；15—单缓阀座；16—单缓阀；17—单缓弹簧；18—螺盖；19—作用柱塞阀套；20—作用柱塞弹簧；21—操纵手柄；22—操纵手柄座；23—电空转换柱塞。

图 5-32 空气制动阀结构

排风阀是为单独缓解机车，特别是在空气位操纵时单独缓解机车的制动而设置的，当按压空气制动阀手柄时，排风阀就能打开。

管座既是空气制动阀的安装座，也是空气管路的连接座。管座上设有三根管子，它们是1号调压阀管，2号作用管，3号均衡风缸管。

操纵手柄简称手柄或小闸手柄，为操纵部件。司机通过操纵其手柄在不同的工作位置，实现对机车(或全列车)制动、缓解与保压的控制。空气制动阀手柄设有四个工作位置：缓解位、运转位、中立位、制动位，且唯运转位方可取出或装入手柄。工作中，手柄须插入手柄座内，并通过手柄座与凸轮机构的转轴连接，以便在运转手柄时通过转轴带动凸轮一起转动。

电气联锁是为适应电空制动而特别设置的，为空气制动阀与DK-1型制动机电气线路的联锁部件。司机操纵空气制动阀时，联动微动开关并改变DK-1型制动机的工作电路，使其满足不同工况的需要，联动微动开关包括双断点微动开关和单断点微动开关两个微动开关。

双断点微动开关——用于控制电空制动控制器电源电路244—801与制动电空阀257单独得电电路244—800的转换，其电器代号为471(472)。双断点微动开关的工作由电空转换阀转换柱塞联动，当电空转换阀处于电空位时，转换柱塞脱离与微动开关471(或472)的接触，使其闭合电路244—801(244—802)，并断开电路244—800；当电空转换阀处于空气位时，转换柱塞压缩微动开关471(或472)，使其闭合电路244—800，并断开电路244—801(244—802)。

单独点微动开关——作为串联联锁用来控制排风1电空阀254得电电路809(Ⅱ端：819)—818的闭合与断开，其电器代号为473(或474)。单断点微动开关由定位凸轮的相应工作曲面联动，当空气制动阀手柄处于缓解位或运转位时，定位凸轮相应工作曲面较低且不压缩微动开关473(或474)，使其闭合电路809(Ⅱ端：819)—818；当空气制动阀手柄处于中立位或制动位时，定位凸轮相应工作曲面较高且压缩微动开关 473（或 474），使其断开电路 809（Ⅱ端：819）—818。

2. 电空位各手柄位置柱塞连通作用

电空位为空气制动阀的正常工作位置，用于单独控制机车的制动和缓解，有四个工作位置：缓解位、制动位、中立位和运转位。

空气制动阀在电空位时，转换柱塞处于左极端位置，作用管经转换柱塞右侧凹槽与作用柱塞通路相连，均衡风缸管与作用柱塞间的联络通路则被转换柱塞上的 O 形橡胶圈阻断；微动开关 471（472）未受转换柱塞压缩处于闭合状态，以闭合电路 244—801（244—802），断开电路 244—800。

空气制动阀电空位作用原理如图 5-33 所示。

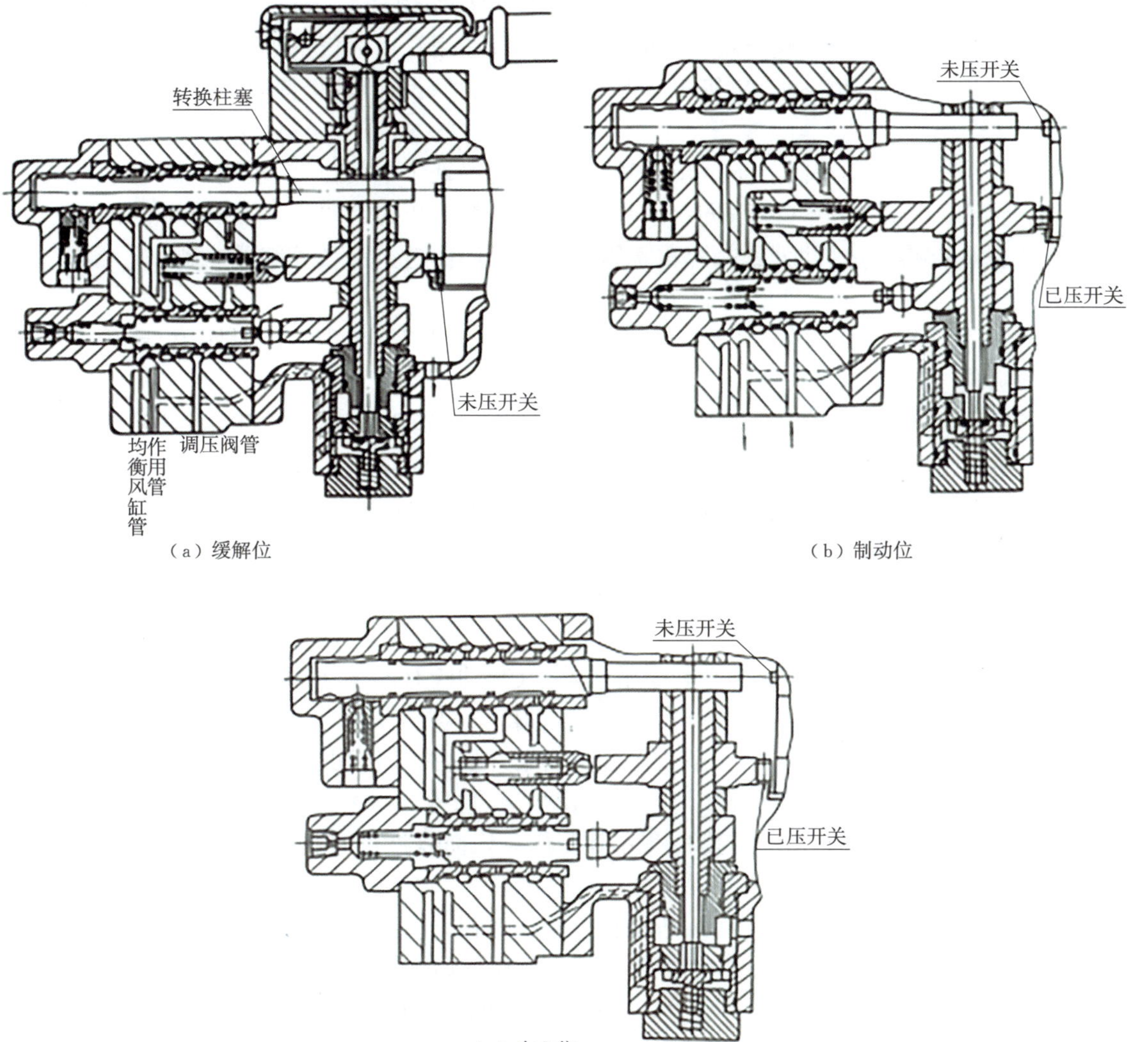

（a）缓解位
（b）制动位
（c）中立位

图 5-33　空气制动阀电空位作用原理

缓解位——空气制动阀移至缓解位时，作用柱塞凸轮有一最大升程，推动作用柱塞压缩柱塞弹簧移至左极端。作用柱塞右端环槽将作用管与大气沟通，使得作用管经转换柱塞凹槽→阀体暗道→作用柱塞右端环槽→凸轮盒与大气相通。分配阀容积室内压力空气经此通路排除，机车缓解。同时定位凸轮有一个降程，使受定位凸轮控制的微动开关 473(474)处于闭合状态，接通外部控制电路。

制动位——空气制动阀移至制动位时，作用柱塞凸轮有一最大降程，作用柱塞在柱塞左侧弹簧反力的作用下右移至极端，右侧 O 形橡胶圈将作用管通大气的通路阻断，中部凹槽将调压阀管与作用管沟通，使得调压阀管经作用柱塞中部凹槽→阀体暗道→转换柱塞凹槽与作用管相通。总风缸压力空气由调压阀调整为 300 kPa 后经此通路进入分配阀容积室，机车产生制动作用。同时定位凸轮有一升程，压缩微动开关 473(474)，使其动作，断开 254 排风 1 电空阀电路，关闭分配阀容积室的另一排气口。

中立位——空气制动阀移至中立位时，作用柱塞在作用柱塞凸轮和作用柱塞弹簧的作用下处于中间位置，将调压阀管通作用管的通路以及作用管通大气的通路全部阻断，分配阀容积室压力既不上升，也不下降，机车呈保压状态。同时定位凸轮仍使微动开关 473(474)处于断开状态。

运转位——空气制动阀处于运转位时，作用柱塞仍处于中间位置，控制气路和中立位完全相同，但定位凸轮有一个降程(同缓解位)，未压缩微动开关，473(474)处于闭合状态，254 排风 1 电空阀的得失电(即分配阀容积室压力的充、排)由电空制动控制器控制。

3. 空气位各手柄位置柱塞连通作用

空气位是空气制动阀的非正常工作位置，在电空控制部分出现故障时使用，具有控制全列车的常用制动和缓解的功能。

将“电—空”转换扳钮扳于空气位时，由电空转换阀实现以下两个作用：一是转换柱塞凹槽连通均衡风缸管与 a 管的气路；二是联动微动开关 471(或 472)动作，以闭合电路 244—800(单独使制动电空阀 257 得电)，并断开电路 244—801(244—802)即切断电空制动控制器电源电路。此时，经电空制动控制器控制的所有电路处于无电状态，即微动开关 473(或 474)闭合与否都将使排风 1 电空阀失电。因此，空气位下分析空气制动阀工作时，不必考虑微动开关 473(或 474)的闭合与断开。

转换为空气位操纵整列车制动和缓解时，空气制动阀有四个作用位置：缓解位、制动位、中立位和单缓位，空气制动阀空气位作用原理如图 5-34 所示。

缓解位——缓解位时，作用柱塞凸轮有一最大升程，推动作用柱塞压缩柱塞弹簧移至左极端。柱塞中部凹槽将调压阀管和均衡风缸管沟通，总风缸压力空气经调压阀 53(54)→作用柱塞中部凹槽→阀体暗道→转换柱塞左侧凹槽→均衡风缸管送至均衡风缸。均衡风缸压力上升，通过中继阀使列车缓解。

制动位——制动位时，作用柱塞凸轮有一最大降程，作用柱塞在柱塞左侧弹簧反力的作用下右移至极端。柱塞中部 O 形橡胶圈将调压阀管与均衡风缸管间的通路阻断，左端环槽将均衡风缸管与大气连通，均衡风缸压力空气经转换柱塞左侧凹槽→阀体暗道→作用柱塞左端环槽→缩口风堵排向大气。均衡风缸压力下降，通过中继阀使列车产生制动作用。

中立位——空气制动阀在这两个位置时，作用柱塞在作用柱塞凸轮和作用柱塞弹簧的作用下处于中间位置，既阻断调压阀管与均衡风缸管之间的通路，又阻断均衡风缸通大气的通路，均衡风缸压力不上升也不下降，通过中继阀使列车管呈保压状态。

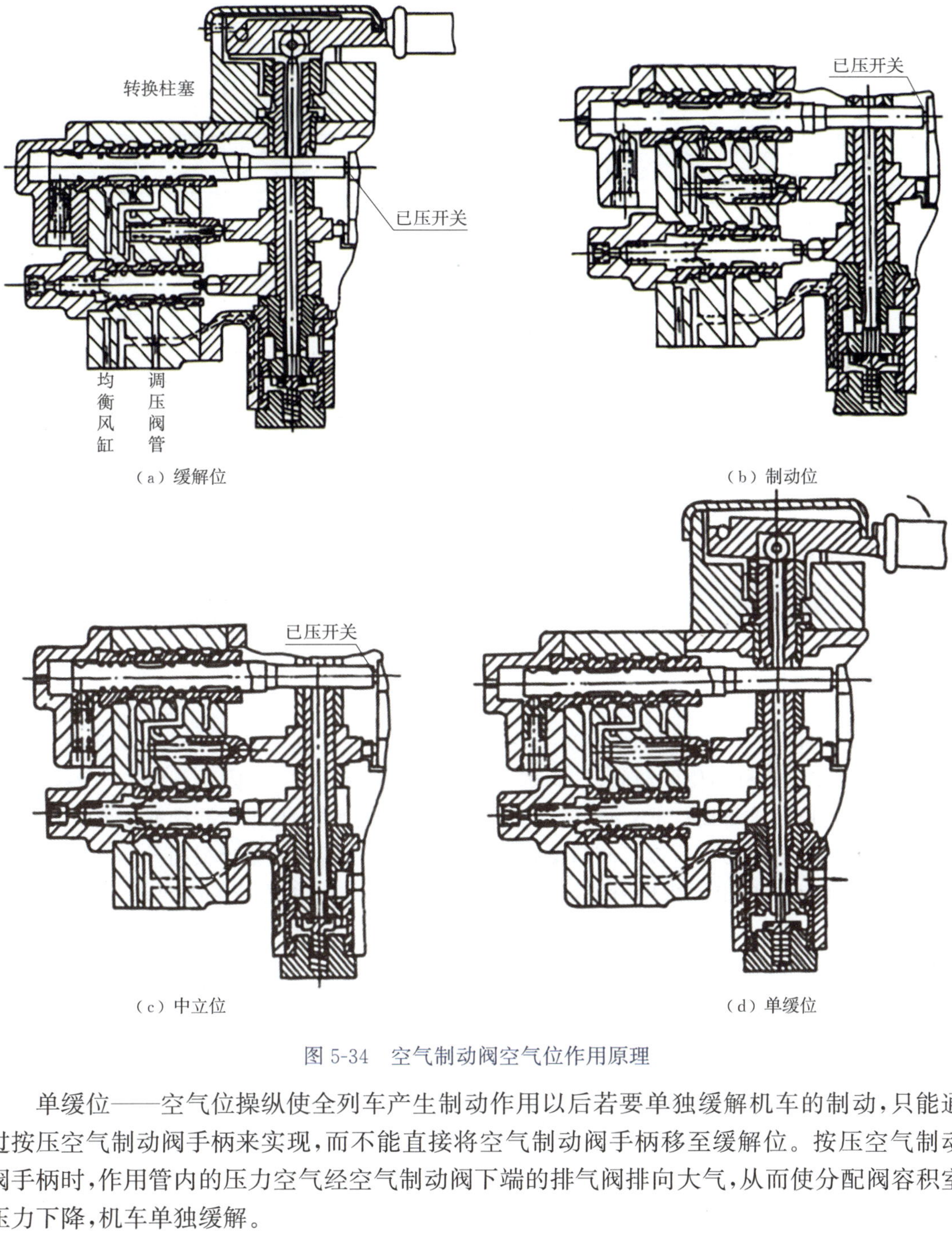

图 5-34　空气制动阀空气位作用原理

单缓位——空气位操纵使全列车产生制动作用以后若要单独缓解机车的制动，只能通过按压空气制动阀手柄来实现，而不能直接将空气制动阀手柄移至缓解位。按压空气制动阀手柄时，作用管内的压力空气经空气制动阀下端的排气阀排向大气，从而使分配阀容积室压力下降，机车单独缓解。

4. 空气制动阀在不同工况下各位置气路、电路关系

空气制动阀在不同工况下各位置气路、电路关系如图 5-35 所示。

(三)电空阀与调压阀

1. 电 空 阀

电空阀是一种通过电磁力来控制空气管路的通与断，远距离控制气动装置的电器。电

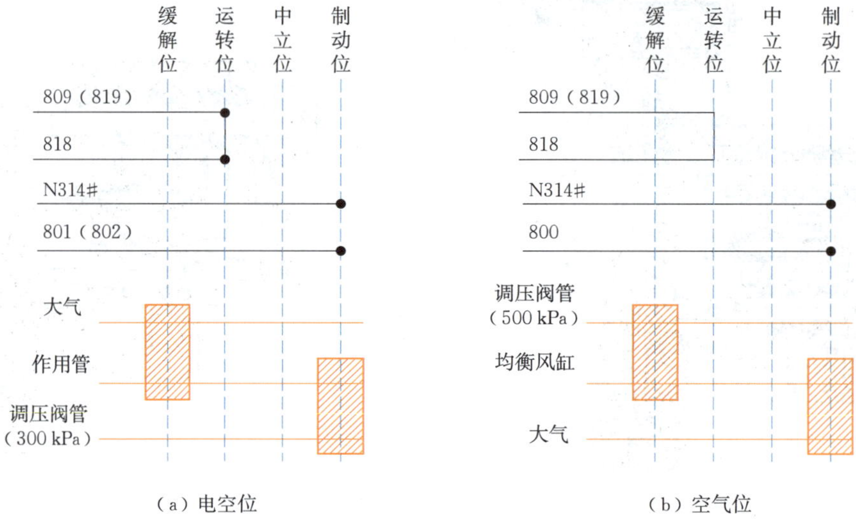

图 5-35　空气制动阀在不同工况下各位置气路、电路关系

空阀的种类很多，按电磁机构的型式可分为拍合式和螺管式；按组装方式可分为立式和卧式；按作用原理可分为开式和闭式。就电空阀的结构而言，都是由电磁机构和气阀两大部分组成。以 SS_{3B} 型电力机车为例，DK-1 型制动机中使用的是螺管式电磁铁、立式安装的闭式电空阀。

DK-1 型制动机使用了两种型号的电空阀，一种为 TFK1B 型，另一种为 TFK 型。

TFK 系列电空阀结构如图 5-36 所示，两者属同一系列产品，只是气阀部分不同。TFK1B 型电空阀俗称两位两通阀，气阀部分的排气口直接通大气，因而气阀与电磁机构结合部的气密程度要求不高；TFK 型电空阀俗称两位三通阀，气阀部分的排气口不直接通大气，而采用集中排气方式，所以气阀与电磁机构结合部的气密程度要求很高。

TFK 型电空阀的电磁机构由磁轭、静铁芯、动铁芯、线圈和芯杆等组成；气阀部分由阀座、上阀门、下阀门、阀杆、压圈、密封套、密封圈、阀弹簧和下盖等组成；TFK1B 型电空阀电磁机构与 TFK 型相同，气阀部分由阀座、上阀门、下阀门、阀杆、滑块等组成。

当电空阀线圈不通电时，下阀门受阀弹簧的作用而密贴于阀座的下阀口，截断气源与被控对象之间的通路；同时经阀杆将上阀门顶开，从而使被控对象与上气室相通。对于 TFK1B 型电空阀来说，上气室直接通大气；而 TFK 型电空阀的上气室因密封圈的作用而保持较高的气密性，既可以通过排气口集中排大气，也可以经排气口通向另一被控对象。

当线圈通电时，电磁力克服弹簧的反力使动铁芯下压芯杆，上阀门密贴于阀座上阀口，使被控对象与大气或集中排气口之间的通路被截断；同时通过阀杆使下阀门离开阀座，开通气源到被控对象之间的通路。

DK-1 型制动机使用 TFK 型两位三通电空阀四只：过充电空阀 252、检查电空阀 255、缓解电空阀 258 和重联电空阀 259。使用 TFK1B 型两位两通电空阀七只：撒砂电空阀 250、251，中立电空阀 253，排风 1 电空阀 254、排风 2 电空阀 256，制动电空阀 257 和紧急电空阀 292。

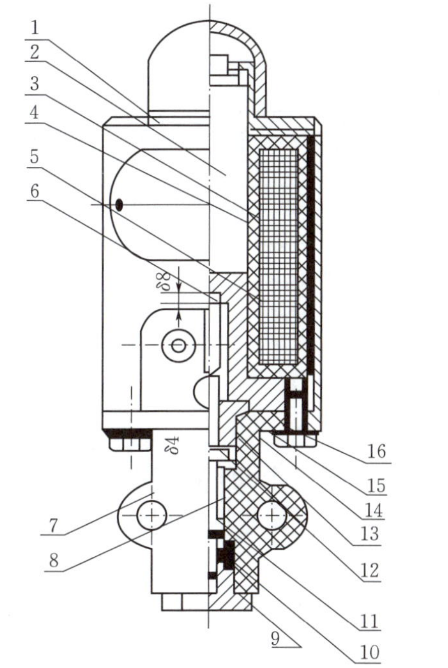

1—磁轭；2—动铁芯；3—紫铜套；4—线圈；
5—静铁芯；6—芯杆；7—阀座；8—阀杆；
9—下盖；10—弹簧；11—下阀门；12—上阀门；
13—密封套；14、15—O形圈；16—压圈。

（a）TFK型电空阀

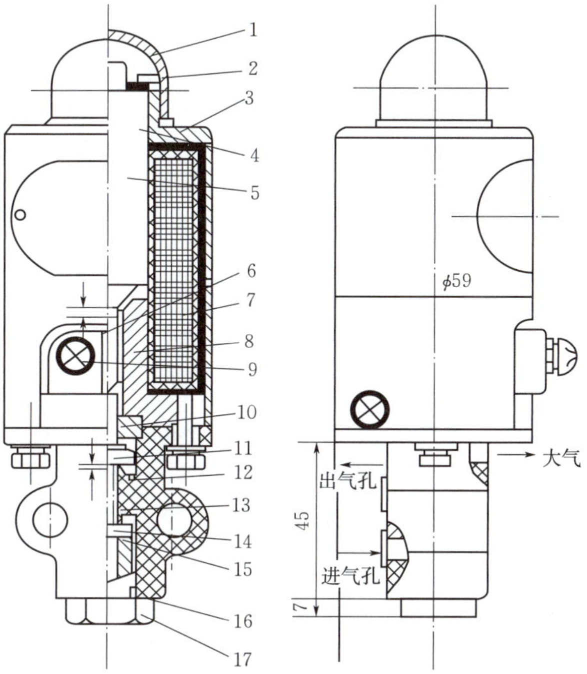

1—橡皮防尘帽；2—垫圈；3—磁轭；4—铜套；5—动铁芯；
6—芯杆；7—线圈；8—铁芯座；9—接线座；10—滑道；
11—上阀门；12—阀座；13—阀杆；14—下阀门；
15—弹簧；16—密封垫；17—螺母。

（b）TFK1B型电空阀

图 5-36　TFK 系列电空阀结构

DK-1 型制动机电空阀设置、功能及连管情况见表 5-8。

表 5-8　DK-1 型制动机电空阀设置、功能及连管情况

编　号	名　称	型　号	连　管			功　能
			进气口	出气口	排气口	
250/251	撒砂	TFK1B	总风管	撒砂管	大气	紧急制动时自动撒砂，改善黏着，防止动轮擦伤
252	过充	TFK	总风管	过充风缸管	堵	过充位使列车管有 30～40 kPa 的过充量
253	中立	TFK1B	总风管	遮断阀管	大气	在制动、中立、紧急、重联位使总风遮断阀关闭，截断列车管补风源
254	排风 1	TFK1B	总风管	大气	大气	控制作用管排风，协调电空制动控制器和空气制动阀之间的作用
255	检查	TFK	总风管	均衡风缸管	堵	与检查按钮配合使用，检查列车管畅通状态
256	排风 2	TFK1B	过充风缸	大气	大气	重联、紧急位得电，加快过充风缸排风
		TFK1B	堵	过充风缸管	大气	除过充位、运转位外各位失电，加快过充风缸的排风
257	制动	TFK1B	堵	初制动风缸	大气	除中立位外各位失电，控制均衡风缸常用制动的排风

续上表

编号	名称	型号	连管			功能
			进气口	出气口	排气口	
258	缓解	TFK	调压阀管	均衡风缸管	初制动风缸	过充、运转位得电，控制均衡风缸的正常充风与排风
259	重联	TFK	列车管	均衡风缸管	堵	重联位、紧急位得电，使中继阀失去控制列车管压力的能力
292	紧急	TFK1B	总风管	电动放风阀	大气	电空制动阀紧急位或手按紧急按钮时启动电动放风阀

2. 调 压 阀

调压阀是为满足制动系统的不同工作压力并保证稳定供给压力空气而设置的调压设备。以 SS_{3B} 型电力机车为例，在 DK-1 型制动机系统中共使用了三个 QTY-15 型调压阀，一个调整均衡风缸压力，代号为 55，另两个用来调整空气制动阀作用管或均衡风缸管的压力，代号分别为 53(Ⅰ端)、54(Ⅱ端)。

QTY-15 型调压阀结构如图 5-37 所示，内部空间与三条气路连通：

(1)进气阀下侧与左边进风口连通；

(2)进气阀上侧及中央气室与右边出风口连通；

(3)膜板上侧经小孔通大气。

压力调整方法：松开锁紧螺母，旋转调整手轮(顺时针调大/逆时针调小)调至规定的压力后，紧固锁紧螺母。

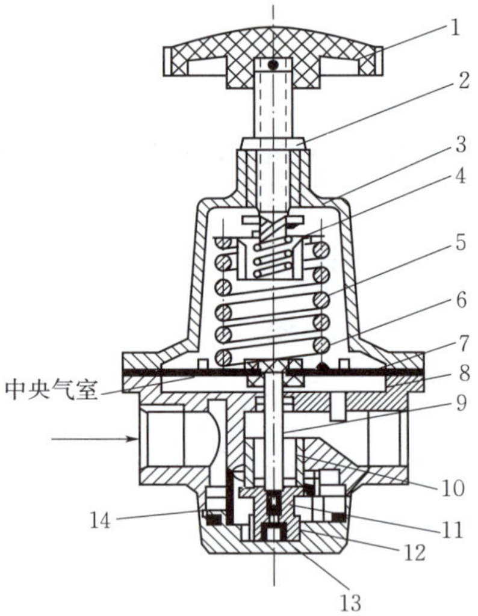

1—调整手轮；2—锁紧螺母；3—上体；4—一级调整弹簧；
5—二级调整弹簧；6—溢流阀；7—膜板；8—下体；
9—阀杆；10—阀座；11—进风阀；12—进气阀弹簧；
13—下螺盖；14—滤网。

图 5-37　QTY-15 型调压阀结构

(四)中 继 阀

中继阀是操纵电空制动控制器(或空气位下操纵空气制动阀)时的中间控制部件，根据均衡风缸的压力变化来控制列车管的压力变化，用来控制列车管充、排风，而实现全列车的制动、保压和缓解。

中继阀由双阀口式中继阀、总风遮断阀和管座三大部分组成。

DK-1 型制动机系统中的双阀口式中继阀和总风遮断阀经共用阀座安装于制动屏柜上，并且通过阀座使其与五根空气管路连接（总风缸管经 114 塞门与阀座连接，列车管经 115 塞门与阀座连接，还有均衡风缸管、过充风缸管和总风遮断阀管也与阀座连接）。

1. 双阀口式中继阀

双阀口式中继阀属于阀口式空气阀，结构如图 5-38 所示。

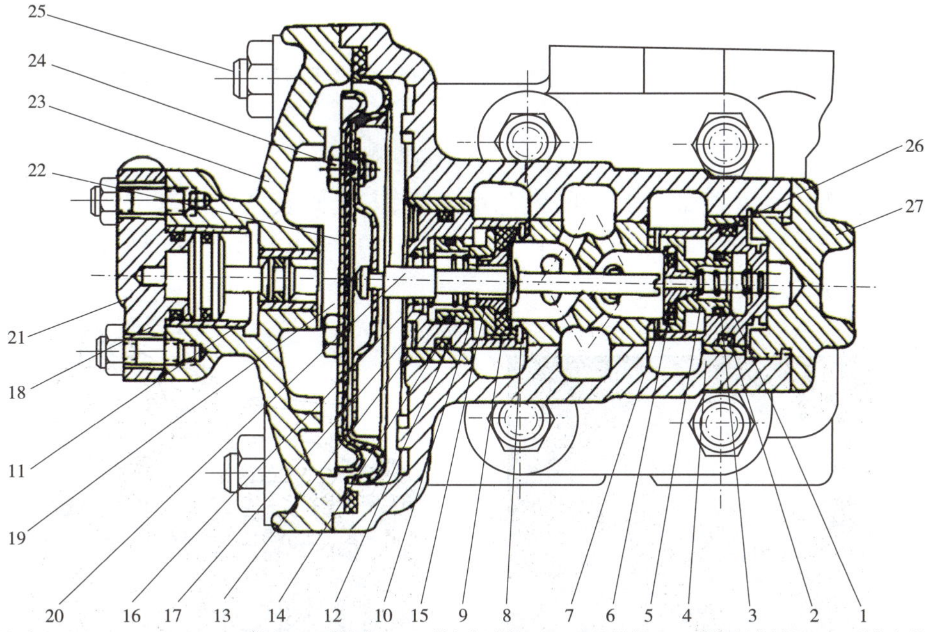

1—供风阀套；2、3、11、12、14—O形圈；4—供气阀；5—供气阀弹簧；6—胶垫螺帽；7—供气阀套挡圈；8—排气阀挡圈；9—排气阀胶垫；10—排气阀；13—定位挡圈；15—胶垫螺帽；16—排气阀套；17—排气阀弹簧；18—过充柱塞；19—主活塞；20—顶杆；21—过充盖；22—膜板；23—中继阀盖；24—螺栓；25—六角螺栓；26—供气阀胶垫；27—螺盖。

图 5-38 双阀口式中继阀结构

2. 总风遮断阀

总风遮断阀结构由遮断阀体、遮断阀、遮断阀套和遮断阀弹簧等组成，如图 5-39 所示。

总风遮断阀各内部空间分别与三条管路连通：

阀座右侧空间与总风缸管连通，并经遮断阀中心孔通往遮断阀套右侧空间；阀座左侧空间与双阀口式中继阀供气室连通；遮断阀套左侧空间与总风遮断阀管连通。

总风遮断阀的基本作用原理：根据总风遮断阀管压力变化，控制遮断阀套带动遮断阀左右移动，从而开启或关闭遮断阀口，以连通或切断总风通往双阀口式中继阀供气室的气路。总风遮断阀的工作过程包括阀口开启和阀口关闭两个动作状态。

（五）109 型分配阀

DK-1 型制动机使用的是 109 型分配阀，与客货车 104、103 阀是同一系列产品，不仅能根据电空制动控制器的操作随列车管内的压力变化来使机车产生制动、保压和缓解作用，而且还能接受空气制动阀的控制，单独实现机车的制动、保压和缓解。

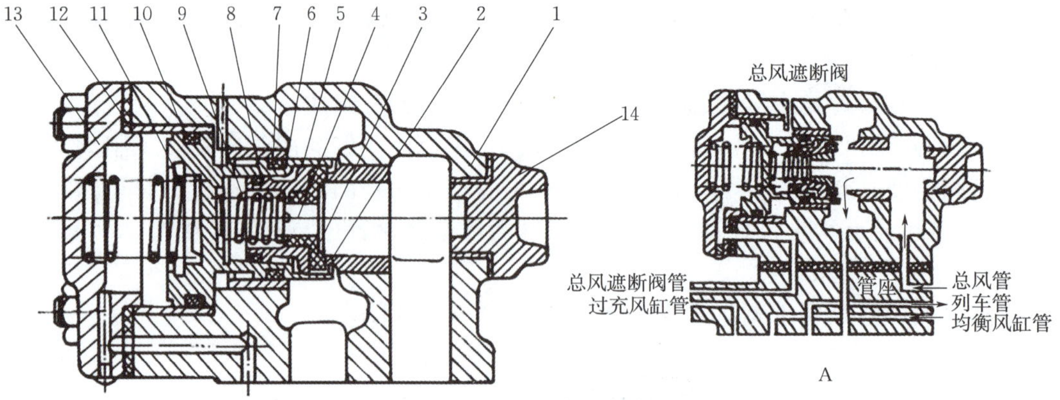

1—遮断阀体；2—挡圈；3—胶垫；4—胶垫螺帽；5—遮断阀；6—遮断阀套；7、8、9—O形圈；9—遮断阀弹簧；11—弹簧；12—胶垫；13—遮断阀盖；14—螺盖；A—遮断阀通路。

图 5-39　总风遮断阀结构

109 型分配阀由主阀部、均衡部、紧急增压阀、安全阀及阀座等部分组成，如图 5-40 所示。其中，主阀部、均衡部和紧急增压阀为 109 型分配阀的主要气动部分，且三者共用一个阀体，成为相互独立的组合体。

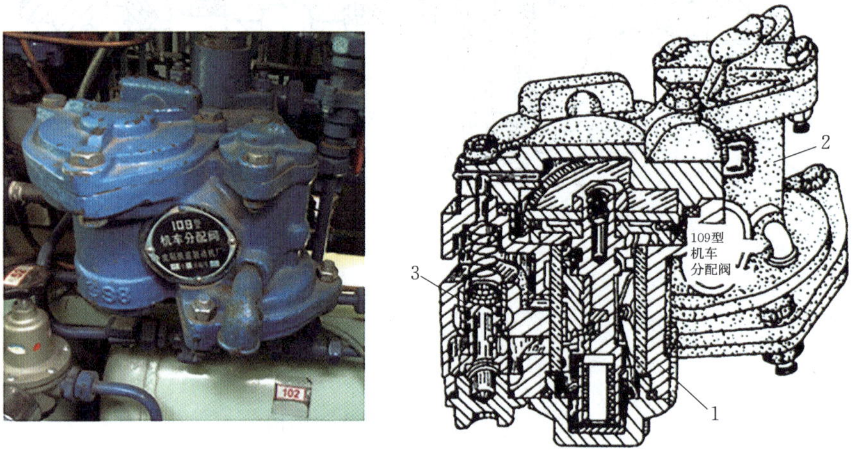

1—主阀部；2—均衡部；3—紧急增压阀。

图 5-40　109 型分配阀

主阀部——根据列车制动管压力变化，利用膜板活塞上下两侧列车制动管与工作风缸之间的压力差使主活塞上下移动，从而带动节制阀和滑阀移动，形成不同的工作位置，连通或切断相应气路，实现容积室（或作用管）的充、排风，产生充气、局减、制动、保压等作用。

均衡部——阀口式空气阀。均衡部是根据容积室（或作用管）压力变化在均衡活塞上所产生作用力之差，使均衡活塞带动空心阀杆上、下移动，以开启或关闭供气阀口（或排气阀口），从而控制机车制动缸的充、排风，实现机车的制动、缓解及保压。

紧急增压阀——柱塞式空气阀。通过柱塞在柱塞套中轴向的移动，由柱塞上的凹槽连通或切断相应气路。在列车制动管压力急剧下降到 0 时，使总风向容积室迅速充风，从而使机车制动缸压力迅速升高并达到规定值，以实现紧急制动。109 型分配阀各部控制关系如图 5-41 所示。

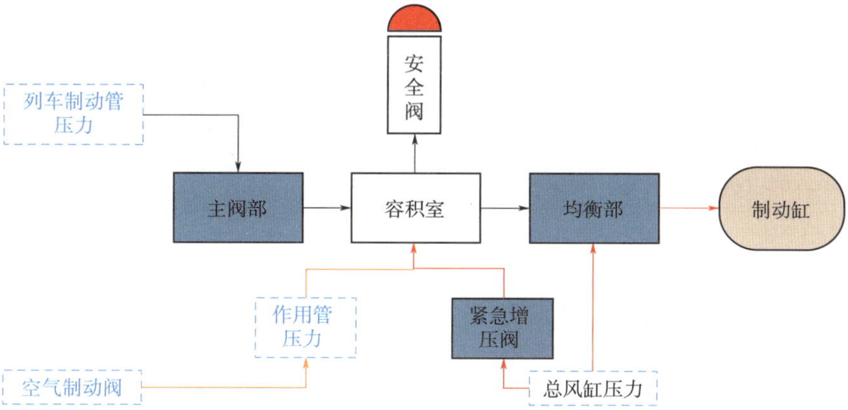

图 5-41　109 型分配阀各部控制关系

109 型分配阀共有充风缓解、初制动、常用制动、保压和紧急制动五个作用位置。

1. 充风缓解位

充风缓解位分初充风缓解和再充风缓解两种工况。前者为机车运行前初始状态、列车制动管压力为 0 时由总风向列车制动管充至定压;后者为列车制动管已减压产生了制动作用后需要缓解时,总风向列车制动管再充至定压,使机车制动缸缓解,109 型分配阀充风缓解位作用如图 5-42 所示。当列车制动管压力增加时,其压力空气经孔充入主活塞上侧,使主活塞产生向下的作用力,并通过主活塞杆推动节制阀、滑阀一起下移到下端。

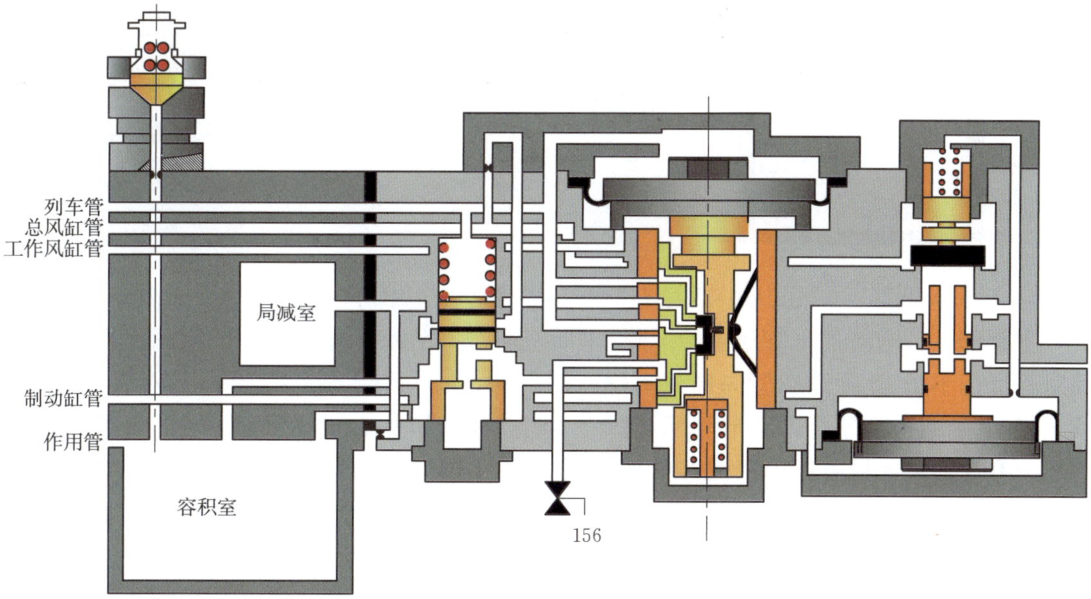

图 5-42　109 型分配阀充风缓解位作用

主阀部——随着列车管压力的升高,主活塞通过主活塞杆带动节制阀、滑阀一起下移至最下端,连通两条气路:一是列车管向工作风缸充风的气路,使工作风缸充到与列车制动管相等的压力;二是容积室经 156 塞门(设其开放)向大气排风的气路(实际运用中 156 塞门处于关闭状态,其大气通路是通过排风 1 电空阀气路实现),使作用管压力下降为零。

紧急增压阀——随着列车管压力的升高，使增压阀处于下端，从而切断总风向容积室迅速充风的气路。

均衡部——随着容积室压力下降为零，均衡活塞带动空心阀杆下移，开启排气阀口，连通机车制动缸向大气排风的气路，使机车制动缸压力下降为零，实现机车制动的缓解。

由此可见，机车制动缸的压力受容积室压力的控制。

2. 常用制动位

109 型分配阀常用制动位作用如图 5-43 所示。当列车制动管进行常用制动减压时，因工作风缸压力空气来不及经充气通路向列车制动管逆流，于是在主活塞两侧产生了一定压力差。此压力差克服了节制阀、主活塞膜板和稳定弹簧等阻力，使主活塞先带动节制阀上移，形成初制动位，然后再带动滑阀向上移动，产生常用制动作用。

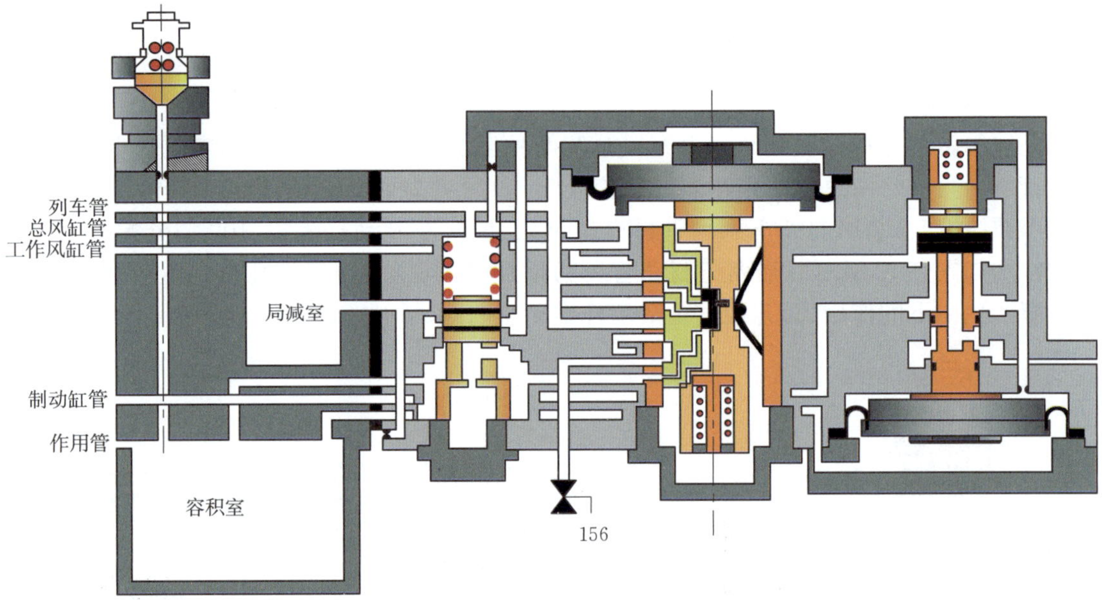

图 5-43　109 型分配阀常用制动位作用

主阀部——随着列车管压力的下降，主活塞通过主活塞杆先是带动节制阀上移，而滑阀此时暂保持不动，连通列车管向局减室降压的气路，从而实现局部减压作用；然后主活塞继续上移，并通过主活塞杆带动节制阀、滑阀上移，连通工作风缸向容积室充风的气路，使容积室压力升高而工作风缸压力降低；当工作风缸压力下降到与列车管压力平衡时，主活塞通过主活塞杆稍稍推动节制阀下移，而滑阀保持不动，切断工作风缸向容积充风的气路，即容积室压力停止升高。

紧急增压阀——尽管列车管压力下降，但其不能急剧下降为 0，使增压阀仍处于下端，从而切断总风向容积室迅速充风的气路。

均衡部——随着容积室压力升高，均衡活塞带动空心阀杆上移，关闭排气阀口并顶开供气阀口，连通总风向机车制动缸充风的气路，当机车制动缸压力高到与容积室压力平衡时，关闭供气阀口，并且不开启排气阀口，实现机车制动机在制动以后的保压。

保压位，当司机控制列车制动管停止减压，并且经主阀部制动状态动作使工作风缸压力下降到接近列车管压力时，在稳定装置的稳定弹簧及主活塞、主活塞杆自重作用下，推动节制阀下移，而滑阀保持不动。此时，滑阀连通的通路与制动状态时的相同；而节制阀则切断工作风缸通容积室通路，故制动机呈制动后保压状态。

由此可见，分配阀主阀部的初制动（局减）、制动及制动后保压三个状态的动作是连续的，因此，可以将其合为一个工作状态——常用制动状态（或称为制动状态）。

3. 紧急制动位

109 型分配阀紧急制动位作用如图 5-44 所示，司机通过电空制动控制器或紧急制动按钮控制电动放风阀（或紧急阀）动作，使列车制动管压力急剧下降为 0 时，分配阀呈紧急制动作用位。

主阀部——随着列车制动管压力急剧下降为 0 及作用管压力较快升高，使增压阀上移至上端，连通工作风缸向容积室迅速充风的气路（截面较大），即容积室压力升高较快。

紧急增压阀——随着列车管压力急剧下降为 0 及作用管压力较快升高，使增压阀上移至上端，连通总风向容积室充风的气路，实现容积室快速充风，并且经分配阀安全阀将容积室压力限定在（450±10）kPa。

均衡部——随着容积室压力快速升高至（450±10）kPa，均衡活塞带动空心阀杆迅速上移，顶开供气阀口，连通总风向机车制动缸充风的气路（截面较大），实现机车制动缸的快速充风。

当机车制动缸压力迅速升高到与容积室压力[（450±10）kPa]平衡时，关闭供气阀口，并且不开启排气阀口，停止机车制动缸的充风，实现机车制动机的紧急制动。

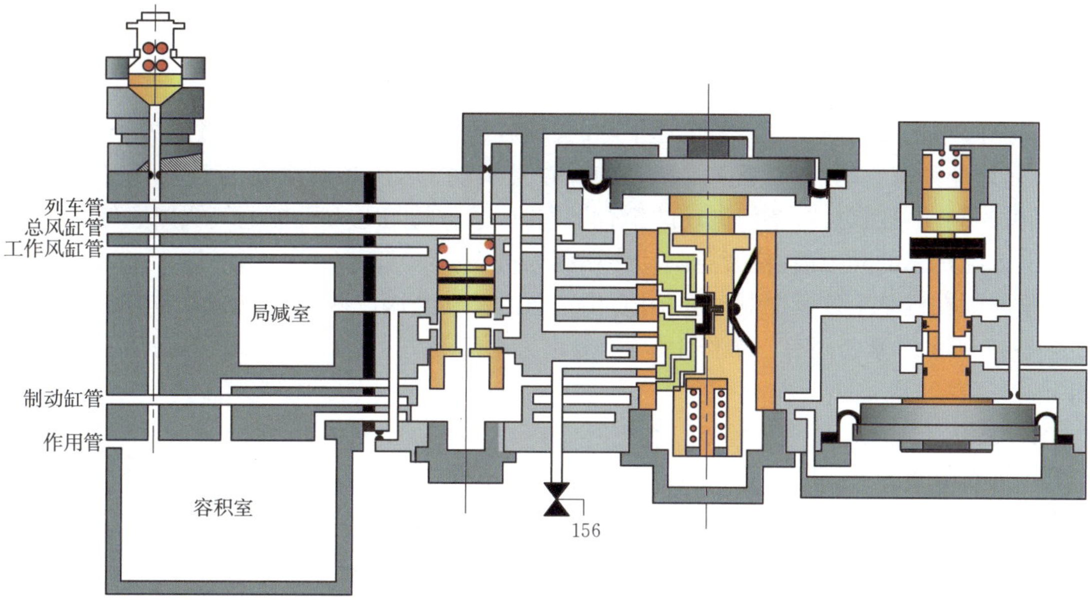

图 5-44　109 型分配阀紧急制动位作用

（六）电动放风阀

DK-1 型制动机中设有一个电动放风阀，用来接受紧急电空阀 392 得电（或失电）的控制，经其动作后，连通（或关断）列车管的放风气路，从而控制紧急制动的实施。电动放风阀在机车上设在制动屏柜内。

电动放风阀属于阀口式空气阀，结构如图 5-45 所示。

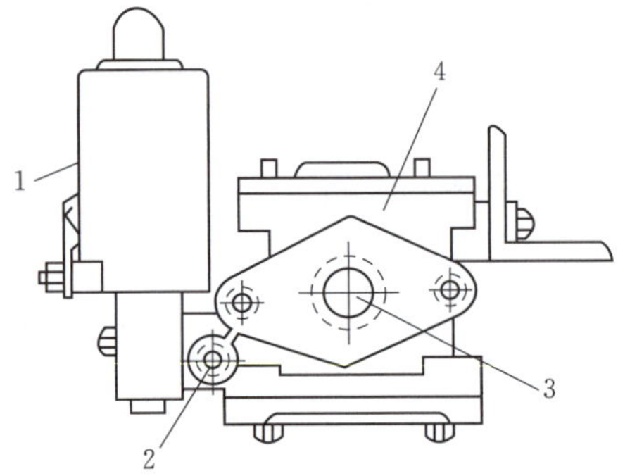

1—紧急电空阀（392YV）；2—总风缸接管口；
3—列车制动管接口；4—放风阀体。

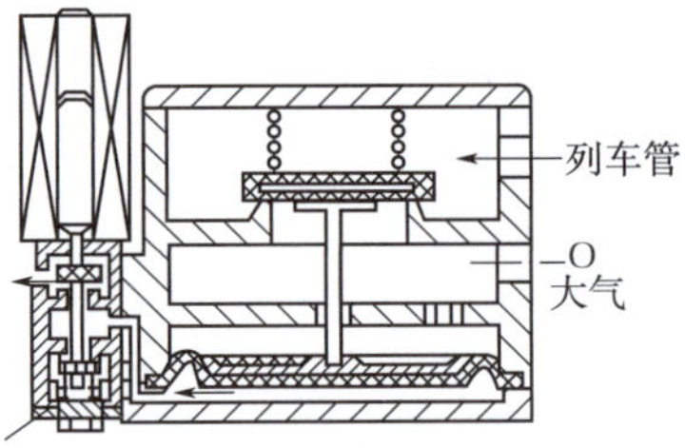

（a）非紧急制动状态

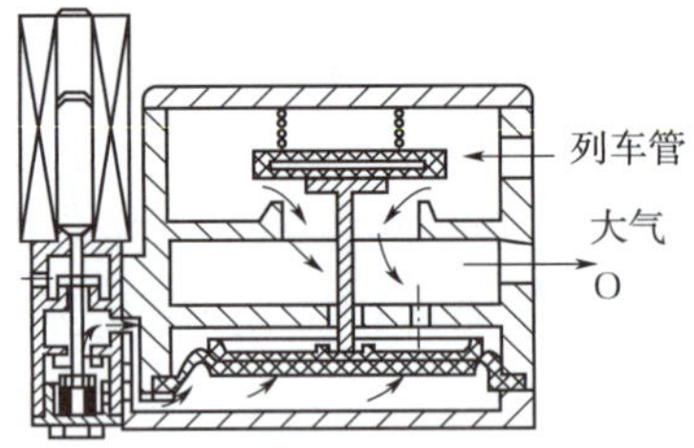

（b）紧急制动状态

图 5-45　电动放风阀结构

电动放风阀的基本作用原理：根据紧急电空阀 392 的得、失电，即由紧急电空阀 392 控制电动放风阀铜碗及膜板下侧空间的充、排风，使橡胶膜板和铜碗带动心杆上下移动，以顶开或关闭放风阀口，从而控制列车管放风气路的连通与关断。电动放风阀的工作过程包括非紧急制动和紧急制动两个动作状态。

(七)紧 急 阀

紧急阀用来接受列车管压力迅速下降的控制，经其动作后，连通列车管的另一条放风气路，从而加速列车管的放风，提高制动波速，并且实现 DK-1 型制动机与自动停车、列车分离、车长阀制动、121(122)塞门制动的配合。同时，紧急阀与电力机车电气线路联锁，用来切除牵引工况机车的动力源，使紧急制动作用更为可靠。

紧急阀在机车上装设在制动屏柜内，由紧急阀阀体与阀座两部分组成，结构及作用原理如图 5-46 所示。紧急阀有三个作用位置，分别为缓解充气、常用制动和紧急制动，作用原理如下：

1. 缓解充气

当列车管压力升高时，活塞膜板下侧压力上升的速度大于上侧的，即活塞膜板产生向上的作用力之差，并带动活塞杆上移至上端，在列车受压力和放风阀弹簧作用的共同作用下，放风阀套带动放风阀上移至与放风阀座紧密接触，关闭放风阀口，从而切断列车管的放风气路；同时，顶杆不压缩微动开关 469，使其断开电路 838—839。与此同时，列车制动管经缩孔Ⅰ、Ⅱ向紧急室缓慢充风，直至两者压力相等为止。

2. 常用制动

当列车管正常减压时，活塞膜板下侧压力下降的速度大于上侧的，即活塞膜板产生向下的作用力之差，并带动活塞杆下移，使活塞离开阀上盖，紧急室压力空气经缩孔Ⅰ向列车管

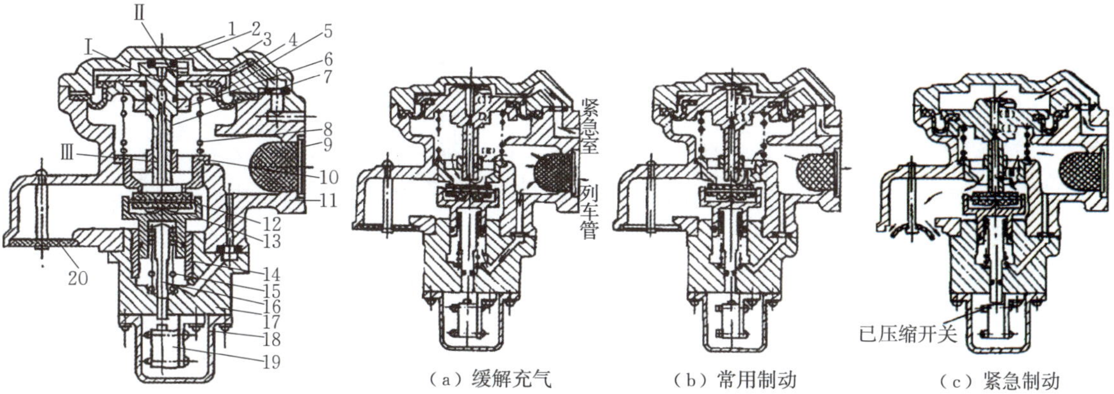

Ⅰ—缩孔$\phi 1.8$；Ⅱ—缩孔$\phi 0.5$；Ⅲ—缩孔$\phi 1.2$；
1—阀盖；2—密封圈；3—上活塞；4—膜板；5—下活塞；6—螺母；7—活塞杆；8—安定弹簧；9—滤尘罩；10—放风阀座；11—阀上体；12—放风阀；13—放风阀导向杆；14—放风阀套；15—放风阀弹簧；16—顶杆；17—阀下体；18—罩；19—双断点微动开关（469）；20—排风阀罩。

图 5-46　紧急阀结构及作用原理

逆流，由于缩孔Ⅰ较大，使紧急室的压力空气的下降速度与列车管的压力空气下降速度保持同步，此时，紧急活塞悬停在不与阀盖接触，下紧急活塞杆又不与放风阀接触的位置，当紧急室与列车管两者压力相等，并且在安定弹簧作用下，使活塞膜板带动活塞杆重新上移至上端。

3. 紧急制动

当列车管急剧减压时，活塞膜板下侧压力下降的速度远远大于上侧的，即活塞膜板产生较大的向下的作用力之差，并带动活塞杆下移，压缩放风阀弹簧而顶开放风阀口，从而连通列车管的放风气路；同时，推动顶杆下移并压缩微动开关 469，使其闭合电路 838—839。与此同时，紧急室经缩孔Ⅰ、Ⅲ向大气排风，当紧急室压力下降到某一压力值时，在安定弹簧、放风阀弹簧作用下，使活塞膜板带动活塞杆重新上移至上端；并且放风阀、顶杆也一起上移，关闭放风阀口，切断列车管的放风气路，并使微动开关 469 重新断开电路 838—839。最终，使紧急室压力空气随列车管放风至 0。

(八)其他制动系统部件

DK-1 型制动机系统中还设置了压力开关、转换阀、初制动风缸、机车无动力装置、分水滤气器、管道滤尘器、继电器、压敏电阻及转换开关等部件，以保证其工作更可靠、更完整。

1. 压力开关

DK-1 型制动机中，在制动屏柜上设有两个压力开关，代号分别为 208、209。其中，压力开关 208 用来控制均衡风缸或列车管的过量减压量，整定值为 190～230 kPa；压力开关 209 用来自动控制电阻制动与空气制动配合时，产生空气初制动的均衡风缸或列车管的减压量，整定值为 20 kPa。压力开关结构如图 5-47 所示。

2. 转 换 阀

DK-1 型制动机共设有两个转换阀，代号分别为 153、154，并且均安装在制动屏柜上。转换阀结构如图 5-48 所示。

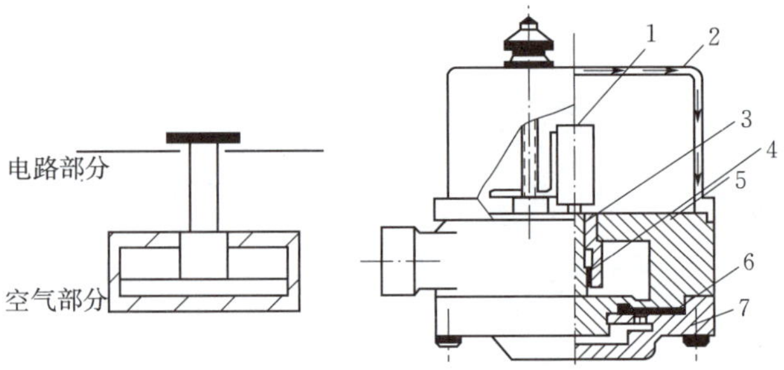

（a）图示符号　　（b）结构

1—双断点微动开关；2—外罩；3—心杆；4—心杆导套；
5—阀体；6—膜板；7—下盖。

图 5-47　压力开关结构

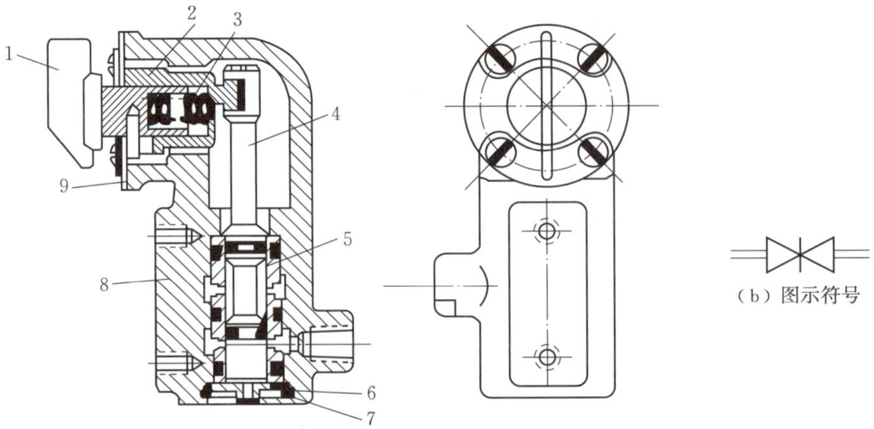

（a）结构　　（b）图示符号

1—转换按钮；2—偏心杆；3—弹簧；4—柱塞阀；5—柱塞阀套；6—挡盖；7—弹簧挡圈；8—阀体；9—铭牌。

图 5-48　转换阀结构

其中，转换阀 153 用来控制均衡风缸与相关电空阀（258、255、259）及压力开关（208、209）之间气路的连通与切断。转换阀 154 用来控制两个初制动风缸（58、63）之间气路的连通与切断，以使在不同列车管定压下达到满意的初制动效果。

3. 初制动风缸

DK-1 型制动机设置初制动风缸的主要目的是控制均衡风缸和列车管的最小减压量，同时还可抑制均衡风缸的回风现象，提高后部车辆小减压量时的制动灵敏性。

初制动风缸由两部分组成，各自的代号是 58、63，两者之间的通断由转换阀 154 控制。

4. 机车无动力装置

机车无动力装置用于机车无动力回送（作为车辆被牵引）时，由本务机车经列车管、机车无动力装置向无动力机车总风缸充风，以备无动力机车制动时使用。

（九）DKL 制动逻辑控制装置

在 SS_3 型 4000 系机车后，SS_{3B} 型、SS_{4G} 型电力机车陆续装用了 DKL 制动逻辑控制装置。

DKL 制动逻辑控制装置（简称为 DKL 装置）为电空制动机的电路集成控制装置，尤其适用于 DK-1 型制动机控制系统。该装置采用先进表面贴片(SMT)技术与逻辑控制芯片相结合，取代原制动控制系统中的迂回电路、阻流板、时间继电器与中间继电器，具有反应速度快、可靠性高、抗干扰能力强、结构紧凑、检修方便等特点；而且具有通过软件调试在相同硬件上实现不同的逻辑组合功能，以达到控制不同的车型的目的。

1. 组　　成

DKL 装置采用欧式 4U 标准结构框架，并采用 20 芯铁路专用连接器实现与机车的信号通信，DKL 制动逻辑控制装置外观如图 5-49 所示(此为 DKL-SS_{4G}，其他型号类似)。

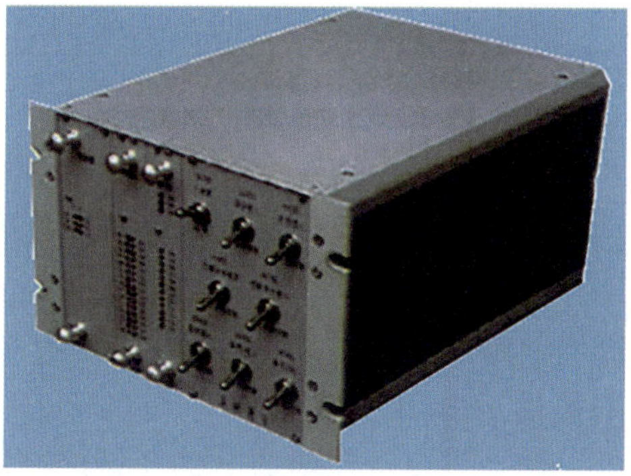

图 5-49　DKL 制动逻辑控制装置外观

DKL 装置由四个部分组成：固定基架、DKL 电源板、DKL 控制板和 DKL 输出板。

固定基架用于安装电子插接板，基架后侧，装有 20 芯连接器插座，用于实现同外部机车信号联系。三个插接板分别为电源板(位于控制板和钮子开关之间)、控制板(紧靠电源板，位于电源板右侧)、输出板(位于控制板和钮子开关之间)。对每块插接板，使用 4 个 M2.5×8 的螺栓固定到基架上，以保证在机车运行过程中插接板与装置之间的紧密固定。在固定基架前面板部，安装有钮子开关，对应制动控制系统功能开关，DKL 制动逻辑控制装置钮子开关功能对应关系见表 5-9。

表 5-9　DKL 制动逻辑控制装置钮子开关功能对应关系

编　　号	输入对应关系	向上(ON)	向下(OFF)
463QS	I15	不补风	补风
464QS	I16	自动停车、分离保护投入	自动停车、分离保护切除
465QS	I24	电空联锁投入	电空联锁切除
466QS	I25	备用 1 投入	备用 1 切除
467QS	I26	监控常用投入(株洲厂) 备用 2 投入(大同厂)	监控常用投入(株洲厂) 备用 2 投入(大同厂)

2. 工作原理

DKL 制动逻辑控制装置系统如图 5-50 所示。

来自机车(如电空制动控制器、司机控制器等)的输入信号经过 20 芯连接器，进入 DKL 装置，通过光电隔离单元，将直流 110 V 的机车信号转换为 5 V 电平信号，进入逻辑处理单元参加

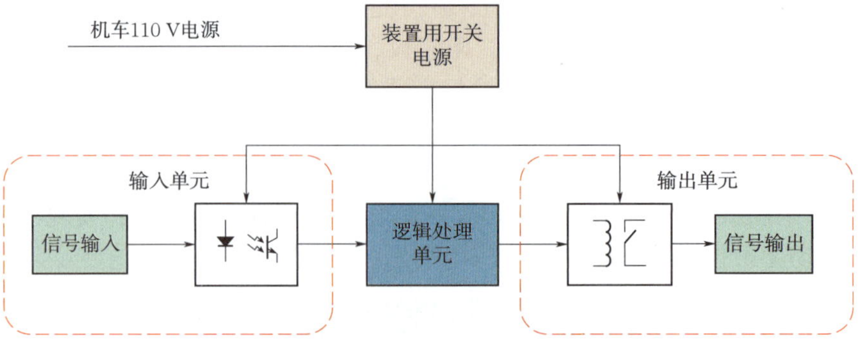

图 5-50　DKL 制动逻辑控制装置系统

逻辑运算；逻辑运算芯片采用了专用逻辑阵列芯片，在这里信号按照机车要求的逻辑关系进行处理；之后经放大和继电器信号隔离转换，变成电空阀驱动所需要的电压，使电空阀动作。

各部功能如下：

(1)电源部分：DKL 装置的电源部分由 DKL 装置电源板构成，内部采用 A、B 两路双电源供电方式，每一路电源分别提供 12 V 和 5 V 两种电压供给 DKL 装置使用。当一路电源出现故障时，自动切换到另外一路。双电源供电方式为系统的高可靠性提供了保证。

(2)输入单元与逻辑处理单元：输入单元和逻辑处理单元构成 DKL 装置控制板，输入回路包括输入信号电平转换、隔离、防抖动电路。输入信号通过光电耦合器，完成电平转换后输入逻辑处理单元。

进入 DKL 装置的输入信号包括：来自机车电空制动控制器的信号，来自压力开关的信号，来自监控装置的信号，来自机车电源的信号，来自 DKL 装置面板的信号，来自机车电子柜或微机柜的信号。

逻辑处理单元为 DKL 装置的核心部分，用于处理信号的逻辑关系运算。DKL 装置逻辑处理单元采用了 MACH 系列可编程逻辑芯片，具有运算速度快、可靠性高、功能强大之特点，此外还具有在线编程功能。

(3)输出单元：DKL 装置的输出功能由 DKL 输出板完成。DKL 装置的输出单元对逻辑控制单元输出的信号经过达林顿放大后，通过继电器隔离，控制电空阀动作。

DKL 制动逻辑控制装置工作原理如图 5-51 所示。机车信号经过由 R1 和 R2 组成的分压电路后，经光电耦合隔离后，送入 MACH4 芯片(MACH4128)，进行逻辑运算处理。Q1 为达林顿管，C1 为防抖动电容，RELAY1 采用 OMRON 继电器，实现输出隔离转换。

3. 运　　用

机车乘务员在运行中要关注 DKL 装置工作状态。为便于实时了解 DKL 装置的运行状况，在装置上的插接板均具有发光二极管指示灯，可以直观地观察到输入输出的动作情况。

(1)电源指示灯：位于电源板上，左侧为 A 路，右侧为 B 路。靠上面一行表示的是 12 V 的电源状态；第二行为 5 V 的电源状态。当 DKL 装置接入 110 V 直流电时，指示灯点亮。

(2)输入指示灯：位于控制板上，共有 30 路；左侧为奇数，右侧为偶数。左上角为 I1，右下角为 I30。当输入信号得电时，对应的指示灯亮。

(3)输出指示灯：位于输出板和电源板上，输出板上 15 个，电源板上 2 个。分别对应装置的 17 路输出，输出指示灯亮表示该路具有 110 V 的直流输出信号。

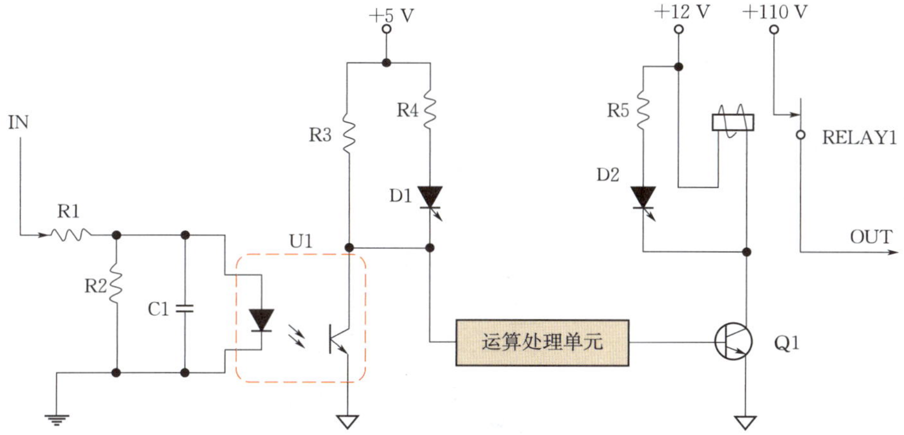

图 5-51　DKL 制动逻辑控制装置工作原理

(4)故障指示灯:位于司机室内,DKL 装置有两根故障信号线通入司机室显示屏,司机可以直接了解到 DKL 装置的运行状况。装置正常工作时,指示灯处于熄灭状态。

第五节　CCBⅡ制动机

一、CCBⅡ制动机概述

1. 自动制动(非直接制动)是通过电子制动阀(EBV)的自动制动手柄来实施控制的。它通过控制列车管(BP)的充、排风来实现对整个列车缓解、制动的控制。在自动制动时,机车自身优先使用电制动。为增加整列车的制动力,自动制动和机车电制动可以结合起来操作,实现空电联合制动。

2. 单独制动仅用来单独控制机车制动缸制动和缓解。

3. 后备制动(纯空气制动)在电空制动系统失效后,通过纯空气的司机制动阀控制列车管的排风,对整列车施加制动。制动时,列车管减压量大小由后备均衡风缸减压量控制。后备制动只能作为电空制动机故障后的临时应急措施,以便乘务人员将列车行驶至离故障地点最近的支线停靠,以最大限度地降低由于机车电空制动系统故障对行车秩序的影响。

4. 停车制动:当机车静止且在非操控状态时,停车制动可确保机车不会溜动。停车制动通过弹簧蓄能实现制动,它通过位于每个主司机操纵台上的两个按钮控制:一个用于施加停放制动,另外一个用于缓解停放制动。两个按钮都将读入机车主控制系统,以实现在重联车或同一列车中间部位机车的停车制动的制动与缓解。当蓄电池主开关断开时,该节机车停车制动将自动施加。

二、CCBⅡ制动机的组成

CCBⅡ制动机由 5 个主要部件组成:电子制动阀(EBV)、集成处理模块(MIPM)、司机室制动显示屏(LCDM)、继电器接口模块(RIM)、电空控制单元(EPCU)。

CCBⅡ制动机结构如图 5-52 所示。

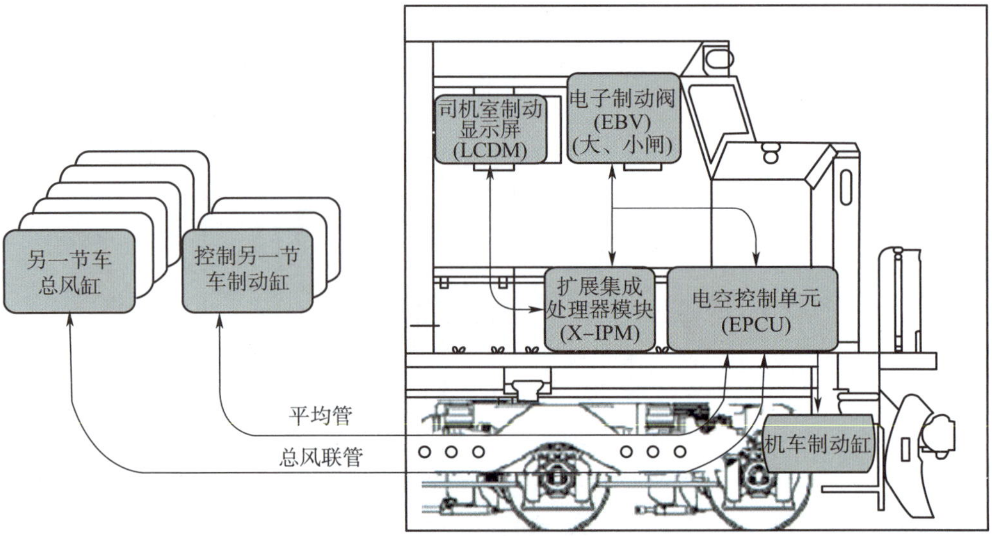

图 5-52　CCBⅡ制动机结构

CCBⅡ制动机电空控制单元(EPCU)包括 5 个在线可替换单元(LRU),CCBⅡ制动机设计利用了 Echelon LonWorks 网络技术来连接每个在线可替换单元(LRU)。这些在线可替换单元(LRU)可以相互交换信息,从而有效地实现制动系统的功能。

在实际操作中,通过操纵司机室制动显示屏(LCDM)菜单可以实现本机/补机、投入/切除、补风/不补风功能的设置,同时显示屏还具备多种诊断、自检、校正、故障和事件的记录等功能。

(一)电子制动阀(EBV)

电子制动阀(EBV)上安装有自动制动阀(大闸)和单独制动阀(小闸)。电子制动阀(EBV)链接在 LON 网络上,并与电空控制单元(EPCU)中的 5 个智能模块进行实时通信,如图 5-53 所示。

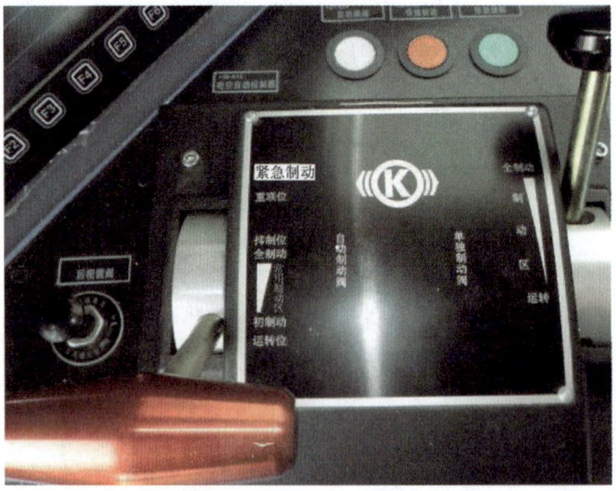

图 5-53　电子制动阀(EBV)

在电子制动阀(EBV)上,左侧是自动制动阀(大闸)手柄,右侧是单独制动阀(小闸)手柄,中间标牌上用汉语注明手柄的位置。

自动制动阀(大闸)的挡位包括运转位、初制动、全制动、抑制位、重联位和紧急制动。初制动和全制动之间是常用制动区。

单独制动阀(小闸)的挡位包括运转和全制动。在运转和全制动之间是制动区。当自动制动阀(大闸)在常用制动区或紧急制动,右侧压单独制动阀(小闸),可以缓解自动制动阀(大闸)给定的制动缸压力。

电子制动阀(EBV)中有一个凸轮驱动的空气阀,不管制动系统压力或机车电源状态如何,只要自动制动阀(大闸)移到紧急制动位置,电子制动阀将使列车管紧急排风,整个列车产生紧急制动。

(二)集成处理模块(MIPM)

集成处理模块(MIPM)是 CCBⅡ制动机的中央处理器,如图 5-54 所示。集成处理模块(MIPM)管理着所有与司机室制动显示屏(LCDM)的接口以及制动机的网络系统,通过 LON 网将制动指令传输给电空控制单元(EPCU),通过 MVB 总线将制动信息反馈给机车主控制系统。集成处理模块(MIPM)还通过继电器接口模块(RIM)管理着机车控制和安全装置电路的接口,处理机车控制电路与 CCBⅡ制动机的输入和输出接口,输入包括来自安全系统的紧急命令,输出包括牵引封锁。

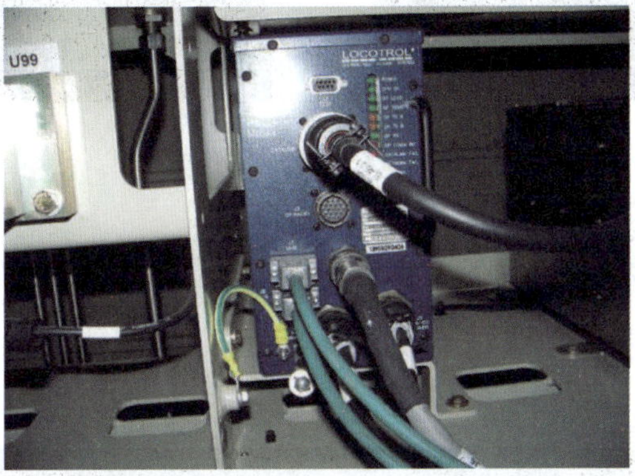

图 5-54 集成处理模块(MIPM)

(三)司机室制动显示屏(LCDM)

司机室制动显示屏(LCDM)外形如图 5-55 所示。

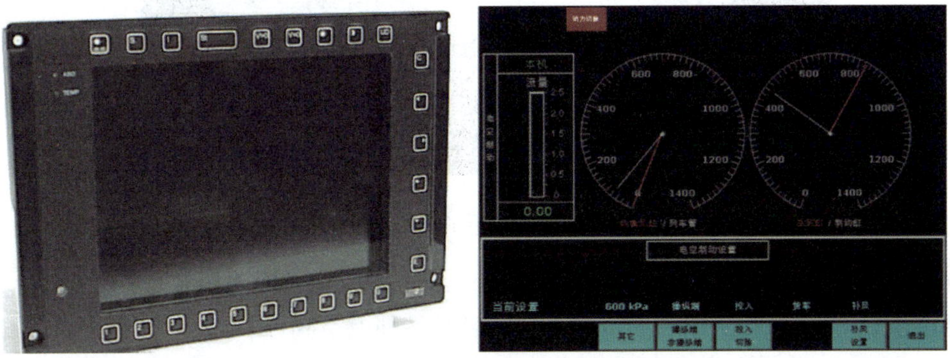

图 5-55 司机室制动显示屏(LCDM)

CCBⅡ制动机司机室制动显示屏(LCDM)为一个 10.4 英寸(264.16 mm)显示屏,日光下仍可读,屏幕上有 8 个菜单选择的功能软键。制动显示屏(LCDM)安装在司机室操作台,是系统设置、压力显示、乘务消息、故障记录及显示和事件记录的操作界面,其故障显示菜单如图 5-56 所示。

司机室制动显示屏(LCDM)可用来选择本机/补机/单机制动模式,均衡风缸(ER)整定压力的设定,选择列车管压力的补风/不补风、选择制动系统一次缓解/阶段缓解等,显示空气制动诊断记录、系统状态和报警信息。

屏幕实时显示均衡风缸、列车管、总风缸、列车管流量以及制动缸的压力值,压力值显示单位为 kPa。

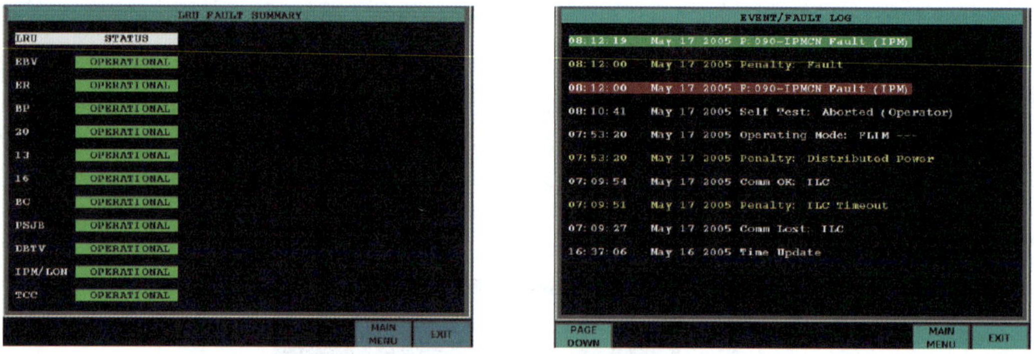

图 5-56　故障显示菜单

(四)继电器接口模块(RIM)

继电器接口模块(RIM)提供制动机紧急、牵引封锁、制动缸压力、制动机故障等输出信息的继电器控制,同时处理外部机车紧急、安全惩罚、零速信号、空电联合等输入信号,如图 5-57 所示。

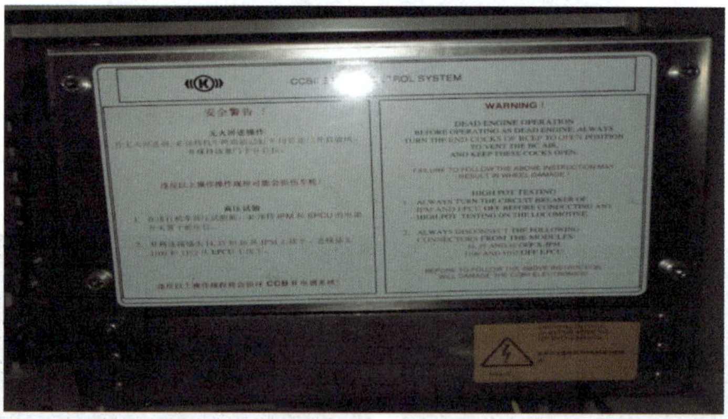

图 5-57　继电器接口模块(RIM)

(五)电空控制单元(EPCU)

电空控制单元(EPCU)如图 5-58 所示,安装有各种电空阀,用来控制和检测机车的空气制动功能。这些电空阀按功能分组,封装在各个在线可替换单元(LRU)内。其中 5 个在线可替换单元(LRU)是智能化的,可通过网络与电子制动阀(EBV)和集成处理模块(MIPM)进行通信。

图 5-58　电空控制单元(EPCU)

1. 各模块的作用

(1)均衡风缸控制模块(ERCP)控制均衡风缸的压力。

(2)16 控制模块(16CP)控制制动缸预控压力,并作为均衡风缸(ER)后备模块,在均衡风缸控制模块(ERCP)故障时投入运用。

(3)列车管控制模块(BPCP)包含列车管中继阀,用来控制均衡风缸(大闸)的投入/切除、列车管压力补风/不补风,以及启动紧急制动功能。

(4)20 控制模块(20CP)控制平均管压力。

(5)13 控制模块(13CP)控制机车单独缓解。

2. 电空控制单元(EPCU)组成

(1)制动缸控制模块(BCCP)(包含制动缸中继阀)。

(2)电源模块(PSJB)提供电空制动单元(EPCU)电源。

(3)DB 三通阀(DBTV)是空气制动系统的后备控制单元,在电子系统失效的情况下,控制空气制动。

电空控制单元(EPCU)带有一个无动力装置(DER),在机车无动力附挂时,无动力装置(DER)放在无火位,可以通过列车管向无动力机车的总风缸充风。

电空控制单元(EPCU)带有过滤器,对进入电空控制单元(EPCU)模块内的总风和列车管压力空气进行过滤。

三、制 动 柜

制动柜组成如图 5-59 所示。

制动柜由以下部件组成:机架、停放风缸 25 L(A13)、排水塞门(A14)、控制风缸 50 L(U76)、总风塞门(A24)、测试口(A71)、钥匙阀(U99)、防滑主机(G1)、MIPM(B46)、辅压机(U80)、RIM 模块(B47)、撒砂模块(F41)、停放制动模块(B40)、制动缸隔离模块(Z10)、电空控制单元 EPCU(B20)、控制管路模块(U43)、总风压力开关(P50)、紧急放风模块(S10)、模块(R30)。

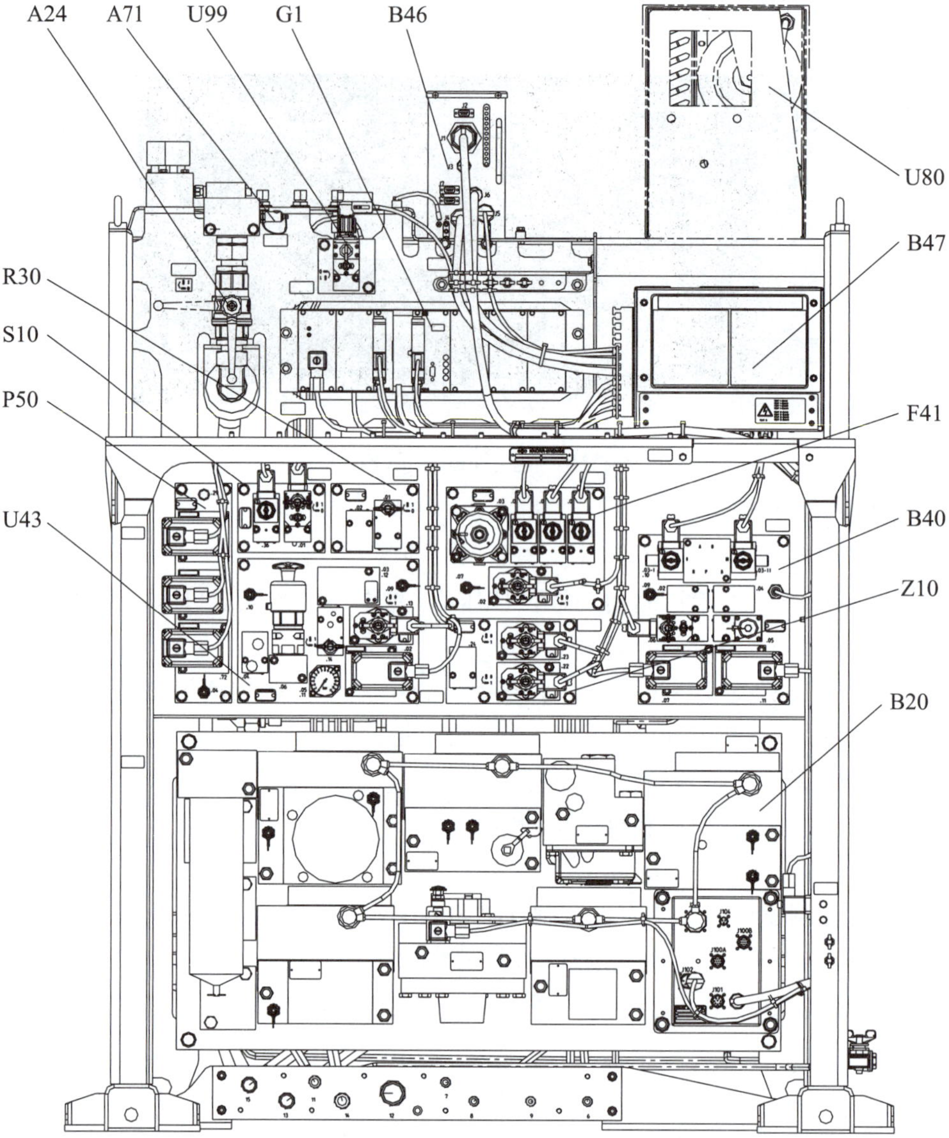

A24—总风塞门；A71—测试口；U99—钥匙阀；G1—防滑主机；B46—集成处理模块(MIPM)；U80—辅压机；
B47—继电器接口模块(RIM)；F41—撒砂模块；B40—停放制动模块；Z10—制动缸隔离模块；
B20—电空控制单元(EPCU)；U43—控制管路模块；P50—总风压力开关；S10—紧急放风模块；R30—模块。

图 5-59 制动柜组成

制动柜一共有 14 个对外空气接口。顶端接口：1、2、3、4、14，底部接口：5、6、7、8、9、10、11、12、13，此外顶部还包含了连接监控压力传感器、6A 压力传感器的气路接口。

制动柜与机车控制系统之间的电气信号连接接口在制动柜侧面：X1、X2、X3、X4，制动柜对外接口如图 5-60 所示，集成了集成处理模块(MIPM)、继电器接口模块(RIM)、电空控制单元(EPCU)、防滑主机(G1)和其他辅助功能模块。

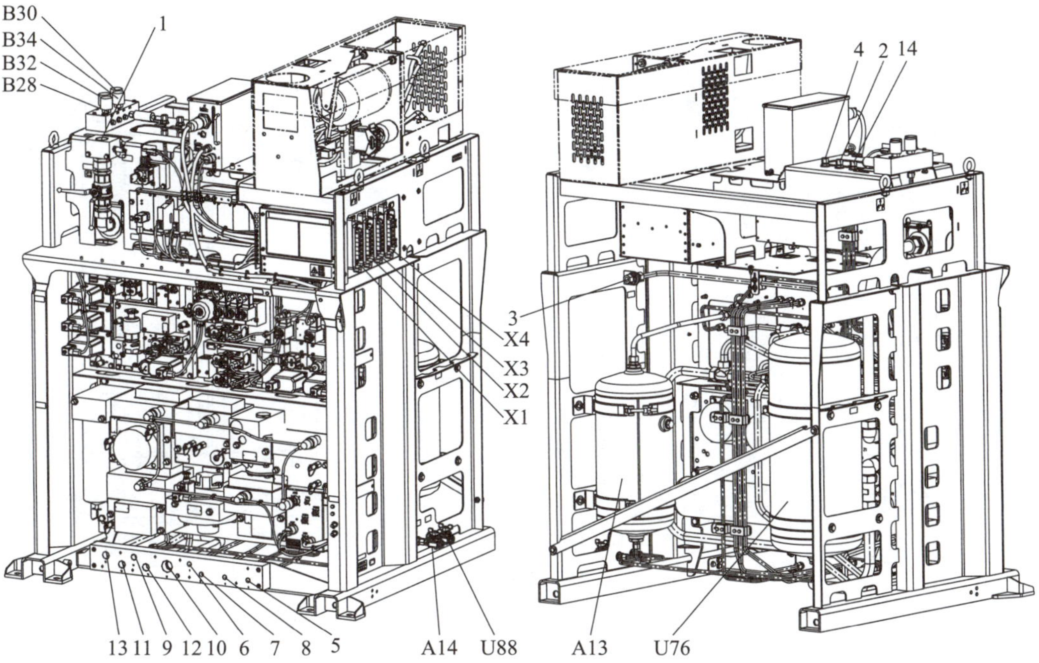

1—14：气路接口；X1—X4：电气接口；A13—停放风缸；U76—控制风缸；
A14、U88—排水塞门；B28、B30、B32、B34—监控压力传感器。

图 5-60　制动柜对外接口

四、JKG1C 型空气干燥器

(一)主要技术参数

空气处理量	>2.7 m^3/min
工作压力	900 kPa
工作方式	双塔交替，可交替或连续工作
控制方式	电器、机械联合自动控制
控制电压	DC 74 V
干燥剂	分子筛
再生方式	无热、常压
再生耗气率	≤15%

(二)结　　构

JKG1C 型空气干燥器是一种无热再生双塔式可连续工作的压缩空气除湿装置。机车上以该装置为核心，与微油过滤器等辅助设备构成机车风源净化系统，用以清除压缩空气中的油分、水分、尘埃等。经净化系统处理后的压缩空气，满足 TB/T 3183—2007《机车、动车用吸附式压缩空气干燥器》的要求。

空气干燥器由干燥器主体、进气阀、排气阀、出气止回阀、电控器、电空阀、油水分离器等组成。另外在排气阀体上安装了温控及加热装置，以适应于在高寒地区运行。JKG1C 型空气干燥器总装如图 5-61 所示。

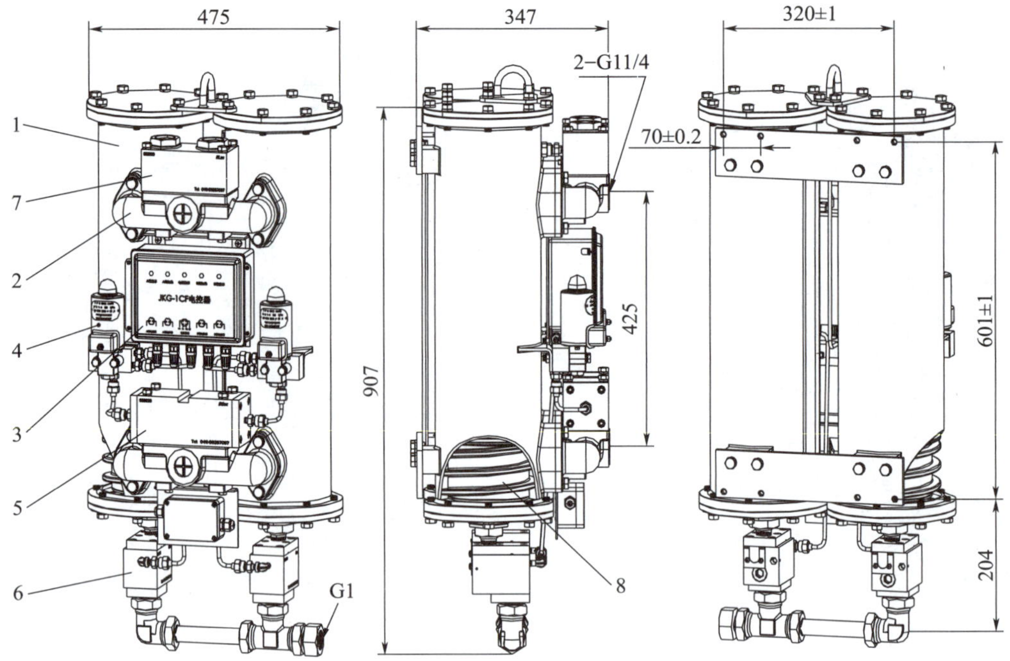

1—干燥器主体;2—连接体;3—电控器;4—电空阀;5—进气阀;
6—排气阀;7—出气止回阀;8—油水分离器。

图 5-61　JKG1C 型空气干燥器总装(单位:mm)

1. 干燥器主体

干燥器主体由两个结构完全相同的干燥塔组成,如图 5-62 所示。

干燥塔拆装时应注意:

(1)出气滤筒是通过水平长管部分插入筒体组焊的连接座中,并非固定连接;

(2)底盖与油水分离器是用防松螺母固定成一体装入干燥塔内。

2. 进 气 阀

进气阀是控制两干燥塔进气的机构,安装于两干燥塔的进气连接体上,如图 5-63 所示。进气阀阀体的安装面上有三个通道口,与连接体座面上的三个通道口相吻合。

3. 排 气 阀

排气阀是控制干燥塔再生排气的机构,安装于干燥塔底部的接头体上,如图 5-64 所示。

4. 出气止回阀

出气止回阀是防止总风缸压缩空气向干燥器倒流的机构,安装在干燥器的出气连接体上,如图 5-65 所示。

5. 电 控 器

电控器(或称时间控制器)是控制双塔式空气干燥器交替工作的核心。电控器根据机车空气压缩机的工况信号,转变为控制执行机构动作的指令,使两个干燥塔按一定的程序交替工作,如图 5-66 所示。

(1)温度控制

温度控制功能是防止排气阀冻结而设的,它包括熔断器温控开关和加热元件。棒形加

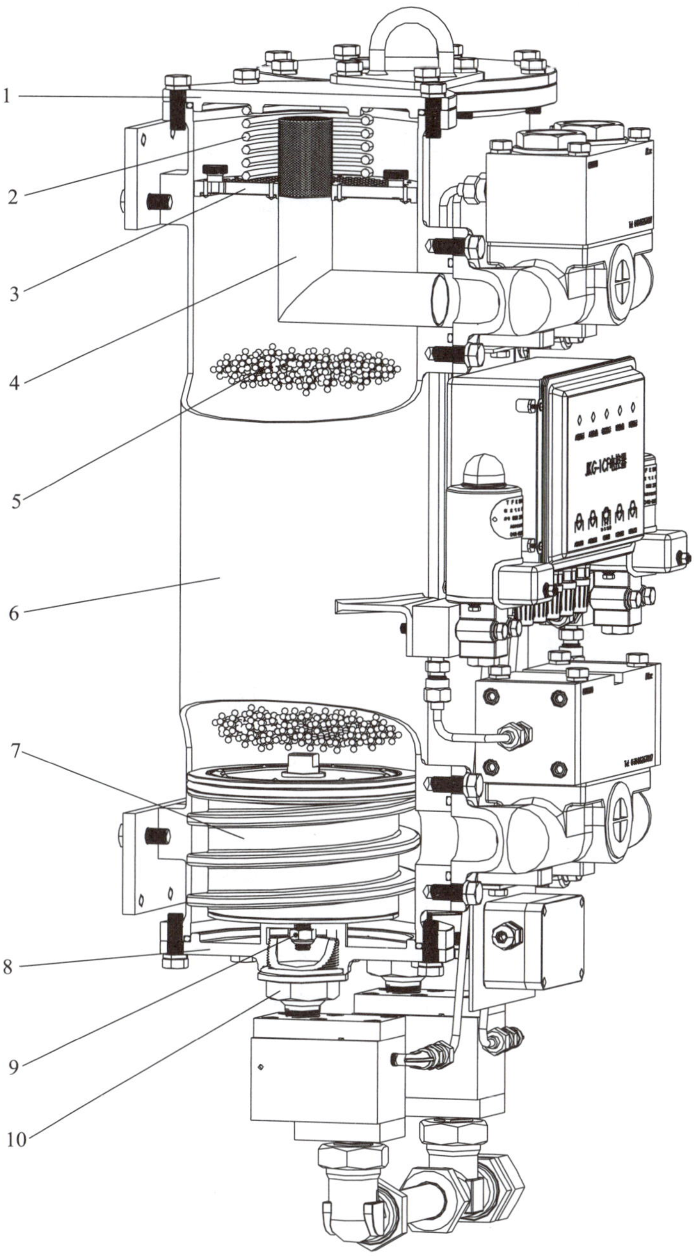

1—塔盖；2—压紧弹簧；3—出气滤网；4—出气滤筒；5—干燥剂；
6—筒体；7—油水分离器；8—底盖；9—防松螺母；10—接头体。

图 5-62　干燥塔

热元件插在排气阀体内，通过安装在排气阀的后端的温控开关控制加热管工作。加热电源来自电控器，其专用熔断器(2 A)装在电控器的内部。当排气阀体的温度接近 0～5 ℃时便自动接通电源开始加热，这时相对应的加热指示灯亮；当其温度达到 5～10 ℃以上后，便自动切断电源，其加热指示灯灭，从而保证机车在－40 ℃环境低温下空气干燥器能正常工作。棒形加热元件的功率为 50 W。温控开关的动作温度为(5±5) ℃。

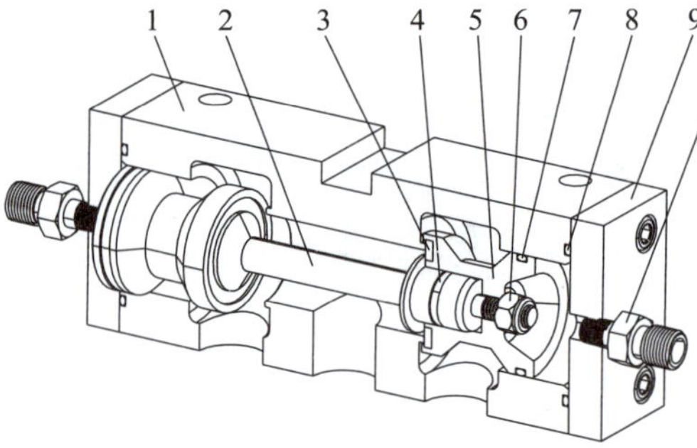

1—阀体；2—阀杆；3—阀垫；4—O 形圈 20×2.4；5—阀；6—防松螺母；
7—O 形圈 45×3.1；8—O 形圈 60×3.1；9—阀盖；10—接头体。

图 5-63　进气阀

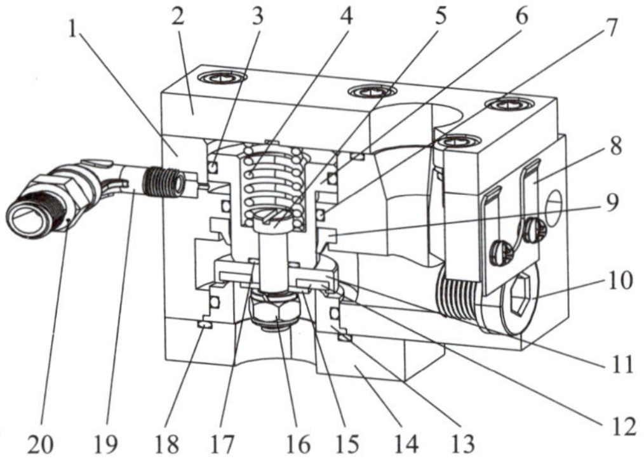

1—阀体；2—上盖；3—O 形圈 37×3.1；4—弹簧；5—螺杆；6—活塞；
7—O 形圈 30×3.1；8—温控器卡板；9—密封环；10—螺堵；11—阀；
12—阀垫；13—阀座；14—下盖；15—垫圈；16—防松螺母；17—O 形圈 15×2.4；
18—O 形圈 45×3.1；19—弯头；20—接头体。

图 5-64　排气阀

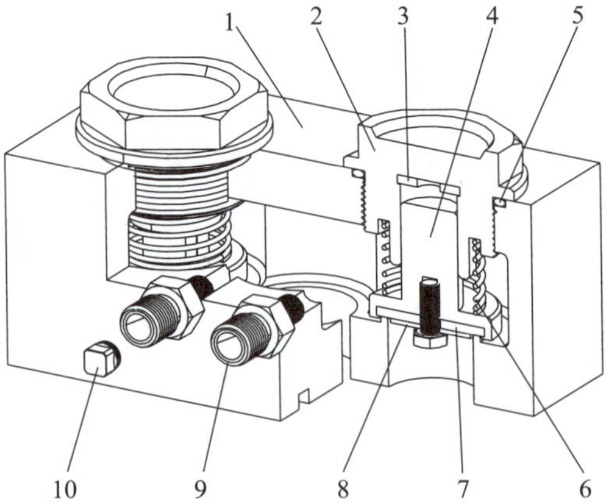

1—阀体；2—阀盖；3—缓冲垫；4—阀；5—O 形圈 54×3.5；
6—弹簧；7—阀垫；8—垫圈；9—接头体；10—螺堵。

图 5-65　出气止回阀

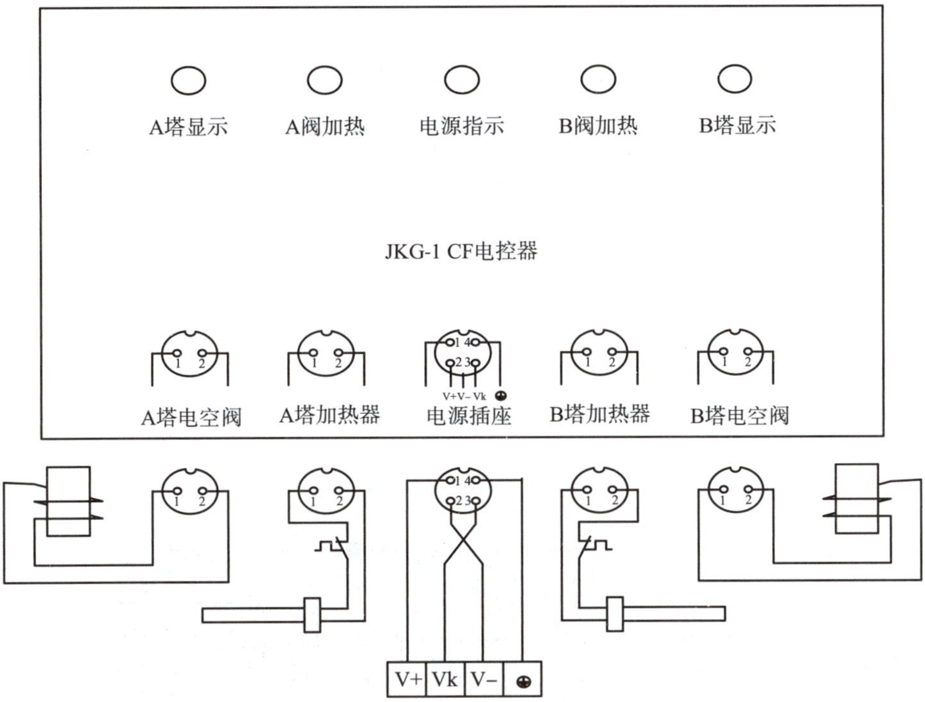

图 5-66 电控器

(2)时间参数

电控器是以输出电信号(通电、断电)的时间来控制干燥器工作的,JKG1C 型电控器的转换周期(T)为 90 s,再生时间(T_1)为 72 s,充气时间(T_2)为 18 s。

6. 电 空 阀

电空阀是电控器的执行机构,电控器以供电和断电来控制其工作,同时,电空阀又以充入或排出控制风来操作各机械阀动作。当电空阀得电时,下阀口开启,控制风进入各机械阀;当电空阀失电时,下阀口关闭,切断控制风源,同时上阀口开启,将原进入各机械阀的控制风释放大气。

7. 油水分离器

装在干燥筒的下端盖上,用于在对压缩空气进行吸附之前,首先清除其中的液态(油、水)粒子,以减轻干燥剂的吸附负荷与油粒子对干燥剂的污染。

五、空气压缩机

HXN3B 型内燃机车采用三个型号的空气压缩机,其对外空气和电气完全一致,可以整机互换。

(一)主要技术参数

类型	螺杆式,交流电机驱动
额定排气压力	1 000 kPa
电机功率	22 kW

额定容积流量	≥2.4 m^3/min
额定转速	2 660 r/min
排气含油率	≤6 mg/m^3(5 ppm)
机组噪声	≤102 dB(A)
主回路	3AC 165 V/90 Hz,独立逆变器供电
电加热回路	DC 74 V
电加热功率	200 W

(二)空气压缩机结构

空气压缩机结构如图 5-67 所示。

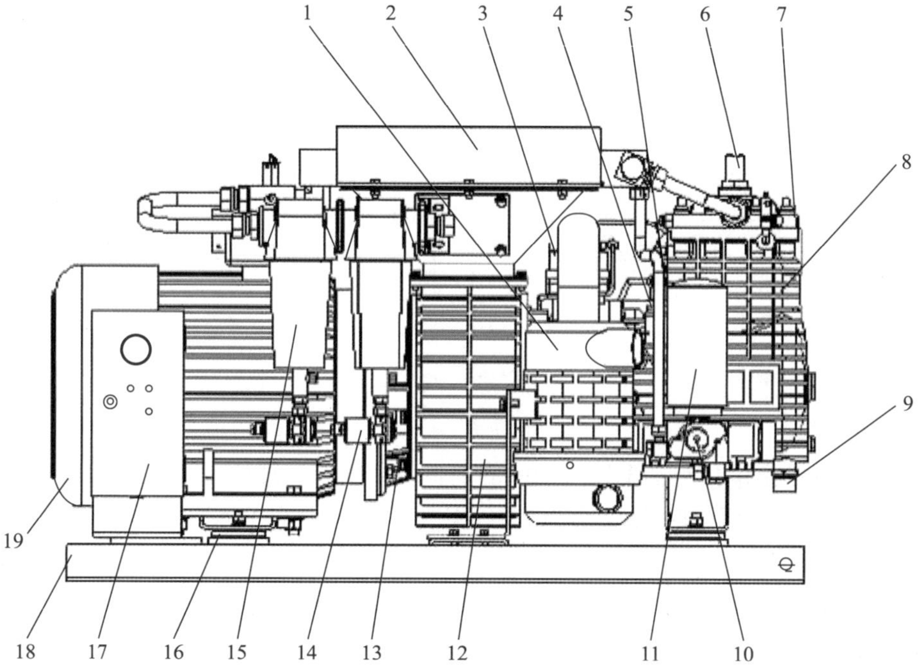

1—空气滤清器;2—冷却器;3—进气阀;4—加油口盖;5—安全阀;
6—压力维持阀;7—油细分离器;8—油气筒;9—放油阀;10—温控阀;
11—油过滤器;12—蜗壳;13—中托架;14—电磁阀;15—过滤器;
16—减振器箱;17—电控箱;18—底架;19—电动机。

图 5-67 空气压缩机结构

六、安 全 阀

HXN3B 型内燃机车在制动管路上共计使用了 3 个安全阀:制动间 2 个,保护第一总风缸及其管路;冷却间 1 个,保护启动风缸及其管路。安全阀的整定压力均为 950 kPa,实物如图 5-68 所示,结构如图 5-69 所示。

安全阀是一种不借助外力而是利用介质本身的力自动开启和关闭的阀门,防止压力超过预定的压力安全值的装置。当管路中压力上升至整定压力后,安全阀自动开启,排出压缩空气,防止管路压力超出安全使用压力值;当压力下降至正常值后,阀门会关闭以阻止压缩空气介质继续排出,确保管路压缩空气的正常使用。

图 5-68　安全阀实物

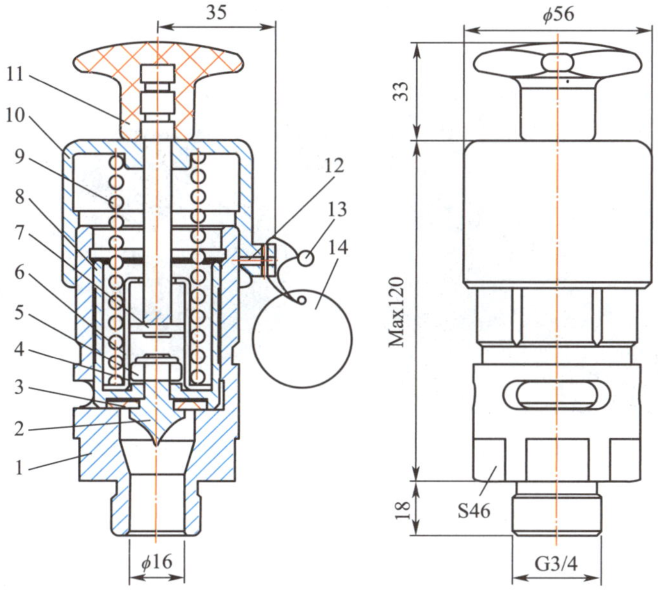

1—阀体；2—连接杆；3—密封垫；4—锁紧垫圈；5—锁紧螺母；
6—弹簧座；7—销轴；8—阀座；9—弹簧；10—阀盖；
11—手柄；12—销轴；13—铅封；14—指示牌。

图 5-69　安全阀结构(单位：mm)

七、微油过滤器

微油过滤器安装于干燥器出口处，经干燥器处理后的空气还含有微量的油，这些油主要是由螺杆空压机排出的，经过微油过滤器处理后，含油量满足 ISO 8573-1 的要求，如图 5-70 所示。

图 5-70　微油过滤器

八、辅助压缩机

HXN3B 型内燃机车采用了两种型号不同厂家的辅助压缩机，均为无油活塞机。当启动风缸压力低于 600 kPa，启动风缸压力不足以启动柴油机时，可启动辅助压缩机给启动风缸供风，使启动风缸压力达到 850～900 kPa。辅助压缩机位于冷却间，靠近制动间隔墙侧，如图 5-71 所示。

(a) 辅助压缩机1

(b) 辅助压缩机2

图 5-71　辅助压缩机

第六章　行车安全装备

第一节　机车行车安全装备概述

随着我国铁路运营速度不断地提高，运营里程和列车开行密度不断地增加，铁路运输安全显得尤为重要。20 世纪 90 年代开始，我国逐步在机车、动车组上装备铁路机车行车安全装备。经过 30 多年的发展，铁路机车行车安全装备从刚开始的行车“三大件”(列车运行监控记录装置、机车信号、无线列车调度电话)，不断发展、不断完善，为铁路安全运输生产作出了重要的贡献。

一、铁路运输安全的特点

(一)安全的动态性

机车、车辆在固定轨道上的定向运动，是铁路运输最显著的特点。一系列运输安全问题，例如轮轨作用、弓网作用、列车速度控制和进路控制等都是围绕机车、车辆在轨道的定向运动而展开的。

(二)安全的反复性

铁路运输生产具有连续性、周期性和季节性的特点，随伴着生产的各种事故和不安全状况常常都是重复发生的，例如我国铁路年复一年的春运、防洪、防寒、防暑等，使得安全问题反复存在，如“两冒一超”(冒进进站、进路信号，列车超速)、断轨、断轴等惯性事故，成为困扰运输安全的主要问题。

(三)事故后果的严重性

处于高速运行状态的列车，一旦设备发生异常或人为操作出现失误，可供纠正和避免事故的时间很短，可供选择的应急方式也很有限。铁路线路、机车车辆等硬件设备的成本很高，列车对旅客和货物的承载量也很大，一旦出现事故不仅会造成巨大的财产损失、人员伤亡和环境破坏，还会造成由于运输中断波及路网，打乱运输秩序，影响社会生产和运输的全局。

(四)安全对管理的依赖性

铁路犹如一台大联动机，其运输生产过程是由车、机、工、电、辆等多工种联合进行的多环节作业过程，涉及的设备数量庞大、种类繁多，是复杂的人机动态系统。设备布局的延续纵深和操作人员岗位的独立分散的特点，使各工种和各环节的协同配合都离不开严格有效的管理。因此，运输安全水平在很大程度上也取决于管理的效能。

(五)安全的复杂性

安全受外部环境的影响很大，难以预测和控制。铁路运输是在一个开放的环境中进行的，其过程中有较大的空间位移和较长的时间延续，外界自然环境，如雨、雾、风、雪、雷电及各种自然灾害都会对运输安全产生不利影响。社会环境，如社会治安、社会风气及社会政治经济状况等，均可能对运输安全造成影响，而且难以预测和控制。

铁路运输安全综合治理的涉及面广、难度大。铁路安全技术的发展，包括设备安全性能的改进，人员安全素质、环境安全质量和安全管理水平的提高，这些都直接关系到铁路运输安全目标的最终实现。

二、机车运行安全的重要性

机车运行安全是铁路运输安全的关键。机车是铁路运输的牵引动力来源，它担负着牵引旅客列车和货物列车的任务以及站场内的调车工作。机车是完成铁路运输生产的重要基本设施。机车运行安全直接关系到铁路运输生产安全，并具有决定性和关键性的作用。

我国铁路非常重视机车运行安全，历年来推行了许多现代化的安全管理方法，例如以人为本的管理思想，充分发挥人员的积极性和主动性，并注重生产技能的培训；实行目标量化管理，根据上级下达的行车安全任务，进行分析研究，确定目标值，然后层层分解，把任务落实到车间、车队、指导组和个人，并将其纳入奖惩，达到充分调动每个人积极性的目的；推行安全系统控制，如车机联控、联防联控等卓有成效的安全管理方法，逐渐形成具有中国特色的铁路行车安全管理模式。同时，不断强化安全技术装备建设，为了保障机车行车安全，我国铁路先后安装了列车安全运行监控记录、列车尾部安全防护、轴温报警等装置，加强整治无线列调场和统一区段频率，逐步使用机车综合无线通信设备，普及安装了通用或兼容式机车信号和列车无线防护报警等设备。

三、行车安全装备的意义

《铁路技术管理规程(普速铁路部分)》(简称《技规》)第 28 条指出："铁路行车安全监测设备是保障铁路运输安全的重要技术设备，应具备监测、记录、报警、存取功能，保持其作用良好、准确可靠，并定期进行计量校准。"

《技规》第 166 条指出："机车须配备机车信号、列车运行安全监控系统(LKJ、机车安全信息综合监测装置 TAX 箱、机车语音记录装置、列车运行状态信息系统车载设备、机车车号识别设备)、车载无线通信设备、机车列尾控制设备等。机车应逐步配备机车车载安全防护系统、机车限鸣示警系统及空气防滑装置等。机车应向车辆的空气制动装置提供风源，具有双管供风装置的机车应向车辆空气弹簧等其他用风装置提供风源；具有直供电设备的机车应向车辆提供电源。电力机车还应配备自动过分相装置，并根据需要装设弓网检测装置等。根据需要机车还可配备车内通信、空调、卫生及供氧等设备。"

一般来说，铁路机车行车安全装备是指装设于机车、动车以及自轮运转特种设备上，用于直接防止列车运行事故或辅助机车乘务员提高操纵列车运行安全能力的设备。主要包括：列车超速防护系统(简称 ATP)、列车运行监控记录装置、机车信号、机车综合无线通信设备(简称 CIR)、列车尾部安全防护装置(简称列尾装置)、机车车载安全防护系统(简称 6A 系统)、本务机车调车作业安全辅助防护系统(简称 LSP)、平面无线调车系统(简称平调)、无线调车机车信号和监控系统(简称 STP)、车载预警仪、走行部监测装置(简称 JK-430)等。

(一)列车超速防护系统 ATP

列车超速防护系统 ATP,是按照中国列车运行控制系统标准(CTCS-2/3)设计的列控车载设备,主要包括安全计算机(EVC)、轨道电路信息接收模块(STM)、应答器信息接收模块(BTM)、继电器逻辑单元(RLU)、运行记录单元(DRU)、人机界面(DMI)等,安装在高速动车组列车上。

(二)列车运行监控记录装置

列车运行监控记录装置作为机车传统意义上的"三大件"(又称机车三项设备)之一,从1995年开始在全路机车上得到广泛的推广和应用。其与机车信号设备相结合,全程实现列车运行的速度安全防护功能和运行状态记录功能,是保证铁路行车安全的重要手段,是全路智慧的结晶。

监控装置的两大功能:速度监控功能和运行数据记录功能。

LKJ2000型列车运行监控记录装置是监控装置的新一代设备,采用车载计算机预先存储地面线路数据的控制方式(即车载控制模式),在运行时按顺序调取车载存储的线路数据,根据监控装置接收到的前方信号显示及列车速度实时计算列车距前方信号机的距离来产生控制曲线。当列车速度达到控制模式限速时,装置对列车实施报警、卸载、常用制动或紧急制动,防止列车越过关闭信号、超速和溜逸。

(三)机车信号

机车信号又被称为机车自动信号,是传统意义上的机车三大件之一,目前采用的机车信号分为接近连续式和连续式两种。机车色灯信号机通常为双面八显示,设在机车或动车组的驾驶室内,用来自动反映运行条件,指示机车或动车组的运行。机车信号能自动复示运行前方地面信号机显示的内容,克服天气影响和地形影响,改善司机瞭望条件。机车信号就像机车的眼睛,它指示着司机的操纵运行,保障列车行车安全。

机车信号原理如图6-1所示,机车上装有感应器线圈,即机车信号接收线圈,地面线路设有轨道电路。当机车靠近地面的信号机时,感应器线因接收到轨道电路中发射的地面信号信息,经过机车上的滤波器、译码器、放大器等设备的处理,通过安装在驾驶室内的机车色灯信号机显示出来。

同时机车信号设备作为列车运行指令的信息源,会把运行指令输出到监控装置作为控车的基本条件。

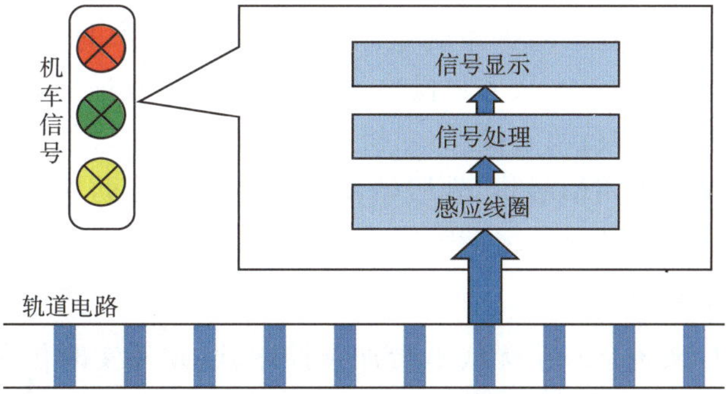

图6-1 机车信号原理

(四)机车综合无线通信设备

机车综合无线通信设备简称 CIR,是铁路无线列调通信系统机车电台的升级换代设备,是保障 GSM-R 区段行车安全的必配设备。CIR 基于 GSM-R 数字移动通信技术、GPS 全球定位技术、450 MHz 模拟无线电台通信技术等开发的综合车载通信设备,包括话音、数据等业务,具有 GSM-R 和 450 MHz 两种工作模式,在两种模式下均能完成列车调度通信、车次号传送、调度命令传送、列尾风压信息传送等功能。它与地面 GSM-R 设备和 450 MHz 设备共同组成一个完整的铁路综合无线通信网,GSM-R 区段运行的机车、客运专线运行机车、动车组、07 年后生产的大功率机车、在 TDCS(CTC)区段运行的机车必须装备机车综合无线通信设备。

(五)列车尾部安全防护装置

列车尾部安全防护装置简称列尾装置,是用于在货物列车取消守车后,在尾部无人值守的情况下为提高铁路运输的安全性而研制的专用运输安全装置,设备应用计算机编码、无线遥控、语音合成、计算机处理技术,是为保证列车运行安全而设计生产的安全防护设备,也是重要的铁路行车设备。

列尾装置的主要功能:列车尾部风压查询、列车尾部风压异常报警、列车尾部排风制动、列尾主机电池电量不足报警、列车尾部标识、黑匣子记录功能。

(六)机车车载安全防护系统

和谐系列机车上安装的机车车载安全防护系统是针对机车的高压绝缘、防火、视频、列车供电、制动系统、走行部等涉及安全的重要事项、重点部件和部位,采用的具有实时检测、监视、报警并可实现网络传输、统一固态存储和拥有智能人机界面等功能的系统,是一个经过整体研究设计而形成的平台化的安全防护装置,最终的目的是实现统一功能接口、统一数据存储、统一安装方式、统一人机界面、统一维护操作。

6A 系统依托 CMD 系统作为传输平台,与车载微机系统、LKJ 监控系统共同构成机车数据源。

系统由中央处理平台等六个子系统构成,即以中央处理平台(CPP)为核心,集成了六个监控子系统:机车高压绝缘检测子系统、机车防火监控子系统、机车自动视频监控及记录子系统、机车列车供电监测子系统、机车空气制动安全监测子系统和机车走行部故障监测子系统。

(七)本务机车调车作业安全辅助防护系统

本务机车调车作业安全辅助防护系统是调车作业安全防护的辅助设备,负责向地面设备发送机车位置、运行状态和机车乘务员操作等信息,同时接收地面设备综合运算生成的调车防护信息,向机车乘务员进行语音提示,对机车在出库、入库、转线等作业中可能发生的越出站界、撞车挡、越过调车关闭信号机、轧脱轨器等事故进行辅助性安全防护。车载设备主要由车载主机、车顶天线、车载显示终端等组成。

(八)平面无线调车系统

铁路平面无线调车系统是基于无线电台加装控制软、硬件实时传送铁路车辆平面交叉编组调车连挂作业所需各种色灯信令与语言提示、通信与信号一体化的车辆编组调度的信息与控制系统,由车站区长台、机车台和便携台三部分组成。

平面调车作业过程中，调车组、司机等有关调车人员之间的行动要求，是依靠信号指令（如十、五、三车，接近连挂、停车等指令）来传递的。无线平调系统可以通过色灯显示、语音提示及实地通话三结合来传递多种调车指令，为指挥调车作业提供方便、快捷、可靠的技术手段，是在分解、组合过程中起到通信、指挥作用的不可或缺的一个关键设备。

（九）无线调车机车信号和监控系统

无线调车机车信号和监控系统由地面和车载两大部分组成，包括装设于机车上的车载主机、查询主机、车载电台天线、查询天线、打印机和地面的机柜、电台天线、无源应答器、车务终端、电务维护终端等设备。

无线调车机车信号和监控系统，将车站联锁信息、调车作业管理信息（调车作业通知单）通过无线通信传输方式将信息传送到机车车载设备上，用于实现调车信号、调车进路、调车作业通知单、距防护信号距离、限速等信息在机车上的实时显示，并结合 LKJ2000 型列车运行监控记录装置实现对调车作业的安全防护，该系统不仅能有效地防止调车作业中的冒进信号和超速造成的事故，还可以通过系统记录的历史数据，分析事故原因，给安全管理提供依据。

（十）车载预警仪

“防灾监控系统”由监测设备（雨量、轨温、泥石流、桥梁水位、异物预警、路基设备等监测单元及其各监测单元的信息发送设备）、预警仪（机车车载预警仪、司机便携式预警仪、工务人员便携式预警仪）和预警仪检测装置三部分组成，车载预警仪只是“防灾监控系统”的一个组成部分。

监测单元监测到的灾害报警信息通过信息发送设备进行无线发送。预警仪收到灾害报警信息后，以语音形式进行播报，司机接收并确认车载预警报警信息立即采取降速停车等避险措施，确保列车运行安全。

（十一）走行部监测装置

走行部监测装置是专门为保证铁路机车车辆（包括内燃机车、电力机车、城际轨道交通车辆、动车组等）安全运行而研制的在线车载动态监测预警装置。本装置不但能够对轴承的温度进行监测，而且能够利用共振解调技术对走行部轴承、齿轮等关键部件的工作面和轮对踏面进行全面监测诊断，并对故障进行早期预警和精确定位，可以有效保证机车的安全运行，预防机车轴承因超载或者其他原因而导致的故障。

伴随着铁路机车车辆、铁路通信信号、铁路线路等设备不断现代化的进行，行车安全监控、检测设备也得到了广泛应用，为行车安全作出了重大贡献。行车安全装备是保障列车安全运行的装置，是不可缺少和需要不断升级的设备，在当今高速列车和重载列车的快速发展过程中，更是要放在首位来进行改进和完善的重大设备，研究和发展列车安全装备也是一个永恒的课题。

第二节　LKJ2000 型监控装置基本操作

LKJ2000 型列车运行监控系统普遍安装在普速、高速机车和动车组上，是我国铁路运用最广泛的行车安全装备之一。虽然 LKJ2000 型列车运行监控系统功能强大，但也存在很多不足,一次乘务员作业过程中需要司机人工输入和确认项点较多。机车副司机承担着安全互控、安全提示的重要作用,因此必须熟练掌握监控装置基本操作、运行操作、非正常操作、特定行车操作方法及注意事项。

一、基本操作

(一)开机操作

1. 依次闭合机车蓄电池开关,监控主机电源开关,装置自检完毕后监控显示器点亮,屏幕显示器没有开关,显示状态受主机控制,监控显示界面如图 6-2 所示。

因机车型号不同,监控电源位置也有差异,机车副司机应熟知运用机型监控电源位置。

SS$_{4G}$ 型电力机车监控电源位置如图 6-3 所示,HXD$_1$ 型电力机车监控隔离开关及自动开关位置如图 6-4 所示。

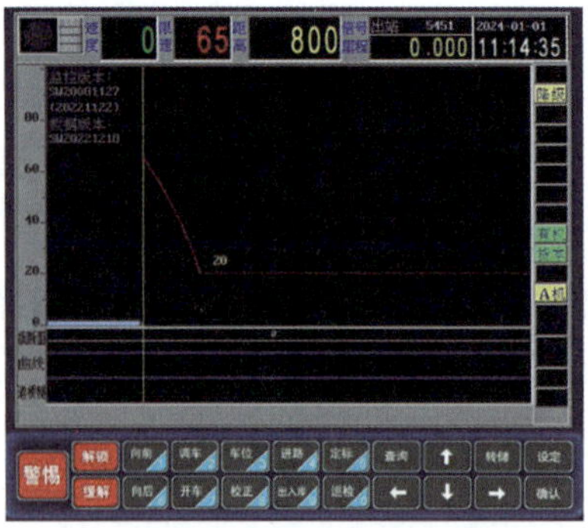

图 6-2　监控显示界面

图 6-3　SS$_4$ 型电力机车监控电源位置

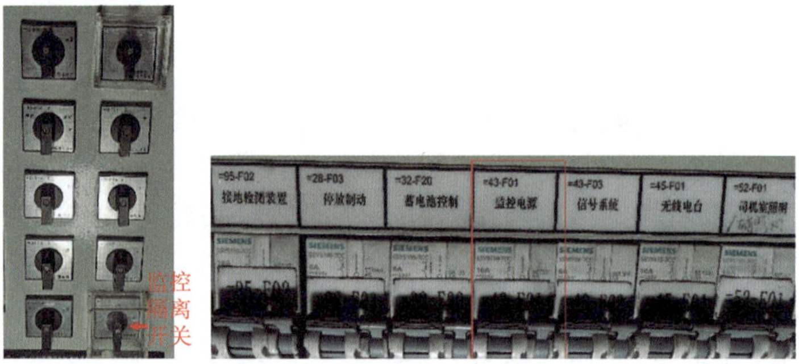

图 6-4　HXD$_1$ 型电力机车监控隔离开关及自动开关位置

2. 关机后再开机时,如果关机时间不足 30 s,装置启动后恢复到关机前的状态;大于 30 s 时,监控装置启动后转入降级运行状态,显示器右侧“降级”灯点亮。

3. 时钟确认。乘务员必须确认显示屏日期、时间显示与实际日期时间相符。

注意事项:SS$_4$ 型、HXD$_1$ 型等双节机车安装有两套独立的监控系统,换端作业时应关闭(或隔离)非操纵端监控。

(二)显示器亮度调节

点式按压【↑】键亮度增强,按压【↓】键亮度减弱。

(三)显示器音量调节

点式按压【→】键增加音量,按压【←】键减弱音量。

(四)组合键使用

凡需同时按压两个键的组合操作均需在 5 s 内按先后顺序完成。

(五)确认监控版本

LKJ 屏幕显示器左侧上方提示监控版本号和数据版本号,监控版本和数据版本关键属性必须一致,不一致时,屏幕显示器中央以红底黄字提示“软件版本不匹配!”“数据版本不匹配!”,监控版本错误提示如图 6-5 所示,且不允许进行开车对标操作。

(六)参数设定

机车乘务员登上机车(动车组)后,必须首先打开监控装置,确认监控数据版本无误后,进行参数设定,监控参数设定界面如图 6-6 所示,输入司机号及车次编号(开机后 5 min 内),使监控装置及时形成本人本车次记录文件。设定操作分为手动输入和 IC 卡输入两种。

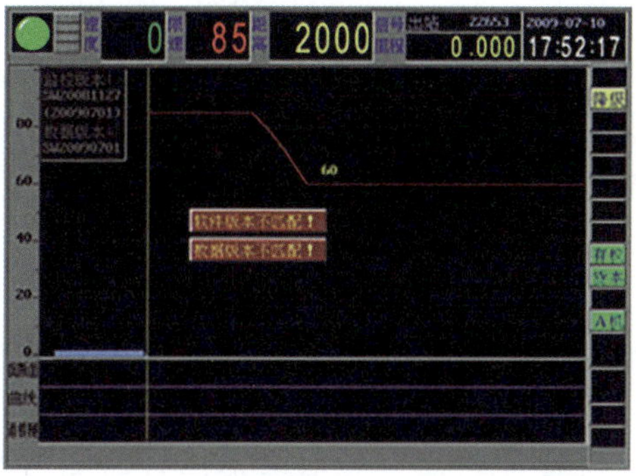

图 6-5 监控版本错误提示

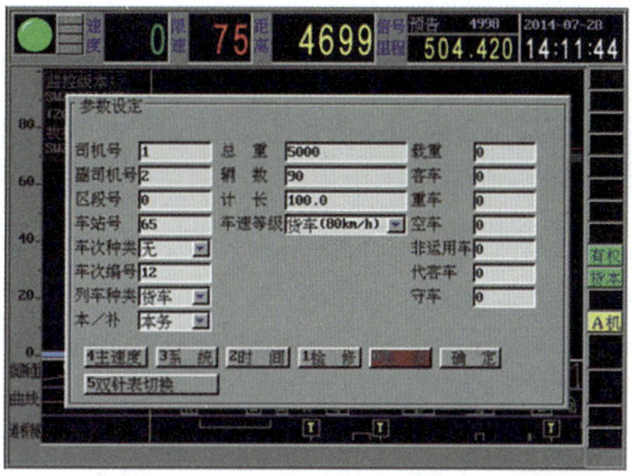

图 6-6 监控参数设定界面

1. 参数输入时机。当 LKJ 无控制指令输出且不处于防溜报警状态,满足下列条件之一时允许进行 LKJ 的参数输入:

(1)机车信号为停车信号或按停车信号控制,且列车处于停车状态。

(2)机车信号为双黄灯,且列车速度<45 km/h。

(3)机车信号为其他进行信号,且列车速度<60 km/h。

(4)机车信号为红黄灯(或按照停车信号处理的“灭灯”“单红灯”),手信号引导、特定引导等解锁开口后,且列车处于停车状态。

(5)机车信号为“红黄闪”灯信号,前方信号机开口控制后,且列车处于停车状态。

(6)半自闭区间信号机的“红黄灯”(或按照停车信号处理的“灭灯”“单红灯”),且列车处于停车状态。

2. 手动输入:按压【设定】键,进入参数设定状态。

在参数设定窗口中,可以通过【←】、【↑】、【→】、【↓】键移动光标位置。通过【0】~【9】键改变对具体项的设置。如果输入错误,可用【←】键删除光标前一个字符。修改完成一项设置必须按压一次【确认】键,使光标移到下一项,也可用四个方向键自由移动光标。

所有参数修改完毕,使光标移动到“确定”按钮,按压【确认】键或直接按压【设定】键,退出参数设置状态。若将光标移到“取消”按钮，按压【确认】键退出参数设置状态所有修改无效。有效输入完成后，“开车”指示灯点亮，并在屏幕的左上角显示始发站的车站名。

3. IC 卡输入：停车状态下，将写有运行揭示和参数的 IC 卡芯片一面向左，插入显示器 IC 卡座内，“IC 卡”指示灯点亮，否则应取出 IC 卡检查正确后重新插入。

按压【设定】键，装置将卡内的运行揭示和设定参数读出，自动弹出参数设定对话框，确认参数无误后将光标移到【确定】按钮，按压【确认】键，显示器将显示发送成功的提示信息，监控装置自动弹出揭示查询界面，提示乘务员对揭示进行查询和确认，按压【确认】键退出。如果卡内参数信息不符时，可按照手动输入参数的方法进行修改。

4. 参数设定注意事项：

(1)参数输入完毕须进行确认(包括对写入监控装置的运行揭示进行核对)。

(2)具有双套主机的机车，乘务员接车须确认两端监控主机版本号，设定主机参数并输入 IC 卡揭示信息。

(3)如果 IC 卡内有揭示信息，但是监控装置查询没有揭示信息，须插卡重新输入。

(七)查询操作

1. 进入查询状态：按压【查询】键，屏幕中央显示【查询选择】窗口，用光标键移动光标到需要查询的项目条上，按压【确认】键或按压相应数字键进行查询。查询完毕，按压【确认】键退出。

2. 工况查询：在曲线显示区域的右上角显示机车工况、各种压力、各速度通道速度值等，按压【确认】键窗口消失。

3. 设定参数查询：显示输入的交路号、车站号、司机号、副司机号、车次、编组等信息，按【确认】键返回。

4. 全部揭示查询：停车状态下显示监控装置内所有揭示。如果揭示信息较多，可用方向键【↑】、【↓】翻页，按【0】键返回。

5. 当前揭示查询：显示机车前方 3 000 m 以内的揭示，当没有揭示信息时，提示“禁止查询”。屏幕上的揭示显示，底色为白色的是正常的揭示，绿色的是已经越过的，红色的是已经解除的揭示。

(八)司机警惕功能操作

LKJ 警惕功能主要实现对执乘司机警醒状态的监测。

1. 警惕控制过程：LKJ 启动警惕控制后，显示屏弹出“警惕”提示窗口，并从 20 s 开始倒计时，倒计时到 10 s 时伴以“呜呜”报警声，若倒计时到 0 时则实施制动控制。

显示屏弹出“警惕”提示窗口后，检测到司机按压“警惕”按钮 1 次、或列车管压减压 50 kPa 及以上、或闸缸压力大于等于 50 kPa、或机车工况(零位/非零位)状态变化将终止本次控制过程(停止倒计时、提示窗口取消、停止报警)。

“警惕”报警状态及“警惕”按钮如图 6-7 所示。

2. 周期警惕：LKJ 在通常工作状态，列车运行途中，速度大于 5 km/h 时，LKJ 启动周期警惕功能；列车速度小于 3 km/h，终止周期警惕功能。

LKJ 启动周期警惕功能后，开始计时。计时过程中，检测到下列信息之一时重新开始计时：

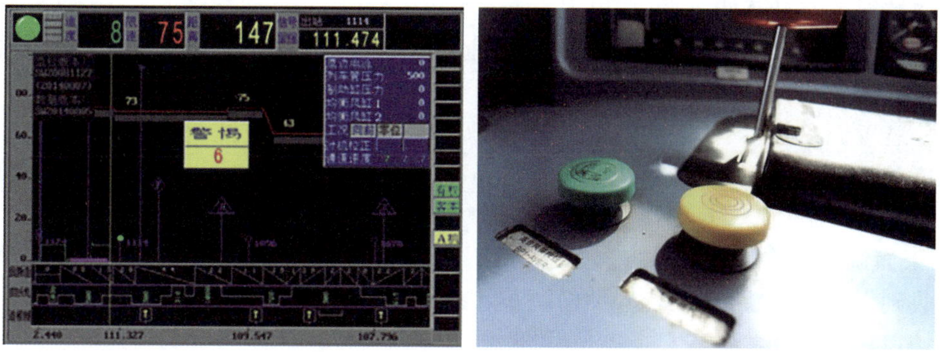

图 6-7　“警惕”报警状态及“警惕”按钮

（1）列车管减压 50 kPa 及以上。

（2）闸缸压力大于等于 50 kPa。

（3）机车工况（零位/非零位）状态变化。

（4）若计时达到 120 s，则启动“警惕控制过程”。

注意事项：LKJ 在通常工作状态，列车运行途中，当 LKJ 显示器显示的前方信号机为进站、进出站，且其次一信号机为出站或进出站信号机时，显示器语音提示“请确认信号”2 遍。在列车越过信号机前，司机要按压 1 次“警惕”按钮，否则，列车越过信号机后，LKJ 启动“警惕控制过程”。

“警惕”按钮为单独加装在司机台上供乘务员操作的按键，常压无效，通常情况下使用“警惕”按钮操作，故障后可临时通过按压 LKJ【定标】键代替。

（九）选择操作权

1. 监控装置开机后、降级、调车状态下两端均有操作权。

2. 降级状态，按压【开车】键，进入监控状态的操作端具有操作权。

3. 调车状态，按压【调车】键退出调车状态，进入监控状态的操作端具有操作权。

4. 有权端显示器右边“有权”标志亮，有权端显示器可进行参数的设定、修改，各种按键操作有效。

5. 无权端显示器右边“无权”标志亮，仅有查询操作功能。

二、运行中的操作

（一）出入库操作

机车在机务段、折返段、折返点库内运行，在速度为 0 时按压【出入库】键，进入“出入库”状态，“入段”灯亮。需退出时，停车状态下，再次按压【出入库】键，退出“出入库”状态，“入段”灯灭，进入“调车”状态。

出入库状态，监控显示限速 16 km/h，运行速度达到 13 km/h 报警，达到 14 km/h 卸载，达到 16 km/h 常用制动，达到 18 km/h 实施紧急制动。

（二）调车操作

停车状态下，按压【调车】键进入调车状态（监控状态下须在有权端，降级状态下两端均可）。显示器右边“调车”灯亮，限制速度窗口显示“41”，距离窗口显示“0”。

任何情况下，按压【调车】键均可退出调车状态。

调车作业，单机或牵引运行时，每次动车前，机车乘务员需确认进路正确，按压【定标】键后，方可动车。

监控装置调车状态下，显示器右边显示“调车”。调车状态监控装置显示限速 41 km/h，运行速度达到 38 km/h 时报警，达到 39 km/h 时卸载，达到 41 km/h 时常用制动，达到 43 km/h 时紧急制动。

1. 平面调车操作：监控装置进入调车状态，将调车接口盒上的开关打到正确位置，监控装置接收到平调信号后，自动转入平面调车状态。退出平面调车状态，只需退出调车状态或将调车接口盒上的开关置于相反的位置即可。

2. 调车灯显接口盒的操作：调车灯显接口盒提供了无线调车灯显设备与 LKJ 之间的接口，能够在调车时实现机车信号与无线调车灯显信息的转换，并使 LKJ 能够接收无线调车灯显信息而无需对 LKJ 进行改动，同时接口盒也为无线调车灯显设备提供稳定的工作电源。

如图 6-8 所示的是 SDJ-1 型调车灯显接口盒，在正线上运行，接收机车信号调车灯显接口盒上的“转换开关”应置于监控位，即零位，调车指示灯应灭灯，LKJ 接收机车信号；在站内调车，使用无线调车灯显设备进行调车作业，接收平调信号调车灯显接口盒上的“转换开关”应置于调车位，即Ⅰ位，调车指示灯应亮灯，LKJ 接收平面调车灯显信号。

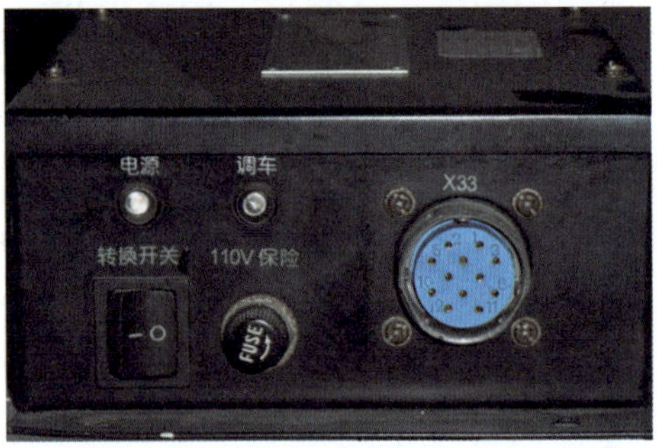

图 6-8　SDJ-1 型调车灯显接口盒

注意事项：正线上运行，只要调车灯显接口盒“转换开关”未转至监控位，而在调车位，就会造成 LKJ 无法接收机车信号，因此行车中应注意检查“转换开关”位置是否正确。

(三)开车前的监控设置

开车前由司机按照规定进行监控设置，机车副司机应监督司机正确进行“区段号”“车站号”“车次种类”“车次编号”“列车种类”“本/补”“车速等级”的设置，按照规定，机班共同执行运行揭示核对作业。

1. 运行揭示四核对四反馈：

(1)交付揭示与公布揭示逐条核对，在交付揭示对应限速条目的序号画“○”进行标注。

(2)在 LKJ 临时数据文件检验设备或联网的自助出退勤设备上核对写入 IC 卡的数据文件条数和命令号，并与交付揭示标注的运行揭示逐条核对。

(3)填写“机务派班室 LKJ 临时数据录入登记簿”，与出勤调度员核对后，双方签认。

(4)上车载入 LKJ 后，核对载入的 LKJ 临时数据文件条数和命令号。

2. 揭示超期的处置：

途中遇超运行揭示有效期时，LKJ 不能有效对前方线路限速进行控制，乘务员须提前向列车调度员(车站值班员)报告，根据列车调度员安排接收运行揭示调度命令，运行途中应按规定控速，严防超速运行。

(四)监控文件转储操作

乘务员退勤前，应及时将本人记录文件转入 IC 卡。

在停车状态下，将 IC 卡插入卡座中（芯片一面向左），“IC 卡”指示灯点亮，按压【转储】键后屏幕进入文件选择状态，可分别进行选择转储、全部转储和转储未转文件操作。

1. 选择转储操作方法：

（1）用【←】、【↑】、【→】、【↓】方向键移动光标到“选择文件”按钮，按压【确认】键，使光标移到文件目录区。

（2）用【←】、【↑】、【→】、【↓】四个方向键移动光标条到转储文件，按压【确认】键选中这个文件。选中后光标条自动移到下一个文件，同时选中的文件变成蓝色。如果想取消已经选中的文件，只需将光标条移到所选文件，再次按压【确认】键即可取消对这个文件的选择。

（3）文件选择完毕，用【←】、【↑】、【→】、【↓】四个方向键移动光标到“开始转储”按钮，按压【确认】键，进行文件转储操作。

2. 全部转储操作方法：

（1）用【←】、【↑】、【→】、【↓】方向键移动光标到“全部选择”按钮，按压【确认】键，选中全部的文件，目录所有文件变成蓝色。

（2）用【←】、【↑】、【→】、【↓】四个方向键移动光标到“开始转储”按钮，按压【确认】键，进行文件转储操作。

3. 转储未转文件操作方法：

按压【转储】键后屏幕进入文件选择状态，屏幕进入文件选择状态后，再次按压【转储】键，自动开始转储未转文件。

4. 注意事项：

（1）文件未转储完毕，禁止拔出 IC 卡。

（2）具有双主机监控装置的机车或动车组且两套主机均有本次乘务作业生成的监控文件，乘务员应全部转储。

（3）在转储过程中，弹出转储情况窗口，转储完毕会出现转储成功或失败的提示，按压【确认】键返回文件选择窗口，此时可以选择退出或继续进行转储。

第三节　机车综合无线通信设备运用

机车综合无线通信设备具备 450 MHz 无线调度通信、GSM-R 无线调度通信和 800 MHz 机车电台三种通信方式，用于铁路上的 GSM-R 和 450 MHz 无线列调系统，为机车和地面之间提供语音和数据的传输通道，能够实现无线语音通信、无线车次号校核信息、无线调度命令信息传输、列车尾部风压信息无线传输等功能。

熟练使用 CIR 是机车乘务员必知应会技能，一次作业过程中机车乘务员应严格执行车机联控用语，仔细核对 CIR 传送的调度命令、列尾风压等涉及行车信息，确保行车安全。

一、CIR 的基本操作

（一）开　　机

打开主机电源开关，电源指示灯点亮。大约 15 s 后，操作显示终端（以下简称为 MMI）根据上次关机时的状态进入 450 MHz 模式或 GSM-R 模式主界面。

开机后，两个 MMI 均处于副控状态，显示屏下方的设置按键上无文字显示，CIR 副控状态如图 6-9 所示。

按住任意一端 MMI 的【主控】按键 3 s，则此 MMI 成为主操作端。此时本端 MMI 可进行操作；另一个 MMI 只可同步显示，除复位、切换主控、呼叫主控外不能进行其他任何操作。若主机只接单个 MMI 时，开机后该 MMI 自动进入主控状态，无须进行人工切换。

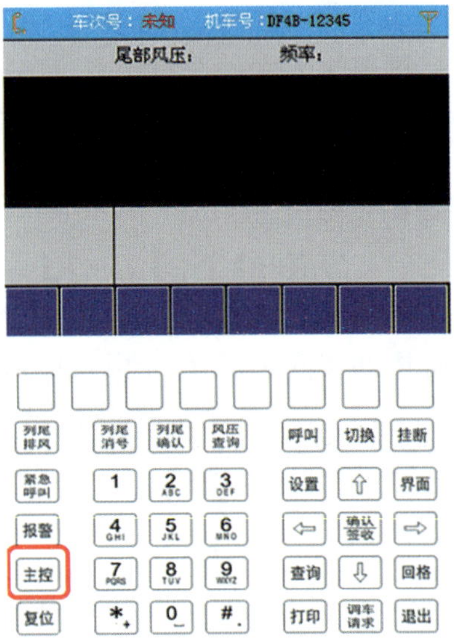

图 6-9　CIR 副控状态

(二)音量调整

音量调整分为扬声器和耳机两种音量调整。按【设置】键，选择“扬声器音量调整”并确认，通过【←】和【→】键可调节扬声器的音量；选择“听筒音量调整”并确认，通过【←】和【→】键可调节听筒的音量。

(三)双 MMI 直接通话

为了方便机车两端驾驶室之间联系，CIR 设备具有双 MMI 直接通话功能。在任意一端 MMI 摘机后长按【呼叫】键 3 s 即可实现对另一端进行呼叫；被叫方摘机后，双方即可进行通话。

(四)送(受)话器

送(受)话器上有两个呼叫按键，当 CIR 在 GSM-R 工作模式时，按键Ⅰ定义为“调度”，按键Ⅱ定义为“车站”；当 CIR 工作在 450 MHz 工作模式时，按键Ⅰ定义为“隧道车站”，按键Ⅱ定义为“平原车站”。

(五)调度命令接收与查询

CIR 支持 450 MHz 和 GSM-R 两种模式下的调度命令无线传送。两种模式下，调度命令功能操作方式相同。

1. 接收调度命令：CIR 接收调度命令后，在 MMI 上显示接收到的调度命令，同时发出阅读提示音，使用者阅读调度命令后按【确认】键发送手动签收信息。如果当前处于补机状态下，按下确认后将不会向地面发送手动签收信息。

2. 查询调度命令：调度命令查询如图 6-10 所示，在主界面下按【查询】按键进入调度命令查询界面。选择要查询的调度命令类型后按【确认】键，屏幕上即显示查询到的调度命令信息索引，将光标移动到要查看的条目上后按【确认】键即可查看该条调度命令的全部内容。

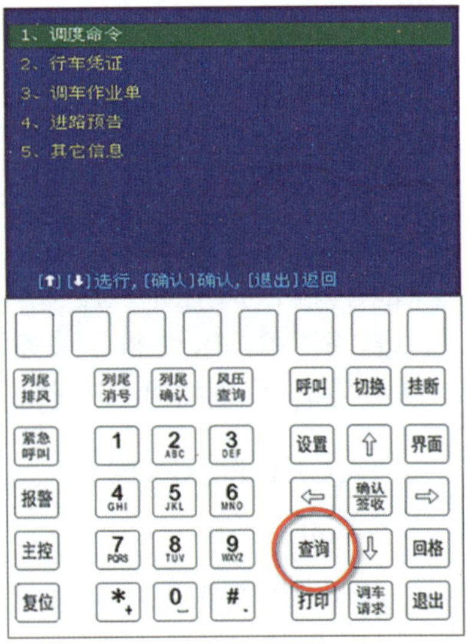

图 6-10　调度命令查询

3. 打印调度命令

在调度命令界面下，按【打印】按键，MMI 将控制打印终端打印当前显示调度命令的详细内容。只有签收过的调度命令才能被打印。

(六)工作模式切换设置

1. 自动切换：在 MMI 主界面按下【设置】按键，进入设置界面，在“运行区段”中，选择“自动模式”后按【确认】确定 CIR 工作在自动切换模式下。

在自动切换模式下，CIR 将根据 GPS 信息自动切换工作模式(GSM-R 工作模式或 450 MHz 工作模式)或在 450 MHz 工作模式下自动切换 450 MHz 工作频点，工作模式切换时，操作终端会有相应的语音提示。

注意事项：在自动模式下，无法确定唯一线路时，司机可按【切换】键调出线路选择界面，选择运行线路。当 CIR 设备自动转换的线路与实际运行线路不一致时，司机手动模式切换至正确的线路。

2. 手动切换：司机在主界面按下【设置】按键，进入设置界面，选择“运行区段”并确认，进入工作线路手动选择界面，屏幕上会列出所有的路局；根据运行区段选择对应的铁路局，进入工作线路选择界面。通过【▲】和【▼】键选择正确的线路后，按下【确定】键，即可转到相应的工作线路。

3. 线路交叉区段选择：当 MMI 发出语音提示“通信转换，请选择线路”时，司机可按【切换】键调出线路选择界面，按【▲】、【▼】键选择，并按【确认】键选择运行线路。

(七)列尾操作

450 MHz 列尾操作：450 MHz 列尾操作界面如图 6-11 所示，列尾功能操作如下。

(1)输号：当听到 MMI 发出提示音“××××列尾装置等待确认”，司机判断该列尾装置主机 ID 与本机一致时按下【列尾确认】键，听到“××××机车，确认完毕”表示输号成功。

(2)手动查询：按下【风压查询】键，可以主动查询当前列尾风压数据。查询后 MMI 提示“××××机车，风压×××”。

(3)排风：持续按下【列尾排风】键 3 s 以上，提示“××××机车，排风，排风风压×××”。列尾主机排风结束后，CIR 会收到一条风压数据，MMI 提示“××××机车，注意风压×××”。

(4)消号：持续按下【列尾消号】键 3 s 以上，消号成功时播放语音“××××机车，消号成功”。

图 6-11　450 MHz 列尾操作界面

二、CIR 报警操作

(一)列车防护报警(LBJ)

CIR 可以通过 LBJ(800 MHz 机车电台)发送和接收列车防护报警信息和列车防护报警解除信息，还可以接收施工防护报警信息、道口报警信息等其他报警信息。

当列车遇到塌方、道床冲空等危及行车安全的突发状况、列车被迫停车可能妨碍临线、列车在区间被迫停车不能继续运行时，应当使用 LBJ 进行防护。

1. CIR 发送报警信息方法有两种方式，根据实际任选一种。

第一种：按下 MMI 上的【报警】键并持续 3 s 以上，并在随后的 8 s 内，按下【确认】键。

第二种：持续按下主机面板【报警】按键 3 s 后，【报警】按键指示灯变为常亮，松开【报警】

按键；按以上操作后，CIR 发送列车防护报警信号，同时发出“间歇性的蜂鸣音”。

2. CIR 解除报警分为手动和自动解除两种方式。

手动解除报警方式：由 CIR 主机面板【报警】按键触发的报警，只能通过 CIR 主机面板的【报警】按键解除；由 MMI【报警】按键触发的报警，可通过主控 MMI【报警】按键解除报警，也可通过 CIR 主机面板的【报警】按键解除报警。

自动解除报警方式：发送列车防护报警信息时，如果 LBJ 可通过 TAX 装置（或 DMS 设备）获取到有效的速度信息，应对速度值进行判断，当速度值大于 5 km/h、连续运行时间大于 30 s 时，LBJ 应自动停发防护报警信息。当需要解除报警时，司机再次按下 MMI 的【报警】键。CIR 发送一次报警解除信息，同时发出“连续性的蜂鸣音”（持续 5 s）。

3. 接收列车防护报警信息

CIR 接收到列车防护报警信息时，MMI 屏幕上显示报警内容“注意，××××线路×××.×公里列车报警，注意运行！”，并每隔 5 s 发出一次提示音。司机可以按下【确认】键来停止提示语音。CIR 接收到报警解除信息时，MMI 显示报警解除信息的内容“×××次列车报警解除，注意运行”，并连续发出两次提示语音。

注意事项：

（1）CIR 接收到施工防护报警信息、道口报警信息等其他报警信息的处理方法与列车防护报警相同，只是 MMI 提示内容不同。

（2）非紧急情况下严禁发起列车防护报警。任何单位和个人未经批准不得擅自进行列车防护报警功能检查试验。

（二）组　呼

CIR 具有“210”“299”组呼功能，组呼功能属于铁路紧急呼叫，只能在铁路 GSM-R 网络覆盖区段使用，CIR 处于通话状态时，如果发起或接到紧急呼叫，CIR 退出正在进行的通话状态并优先发起或接听铁路紧急呼叫。

注意事项：非紧急情况下严禁发起“210”“299”等组呼。任何单位和个人未经批准不得擅自进行“210”“299”等组呼功能试验。为避免误触发报警，CIR 设备日常使用时，按键防护罩应处于关闭状态。发起“210”“299”组呼后，发起人必须按规定程序操作方可拆除（关闭）组呼，违规操作或关闭 CIR 电源均不能拆除（关闭）组呼。

三、应急处置

1. 按键操作失效：先检查 MMI 是否处于主控状态，如不在主控状态，按【主控】键 3 s 以上进行切换；如处于主控状态，按【复位】键 3 s 以上，对 CIR 整机进行复位重启，待 CIR 恢复正常后再尝试操作。

2. 工作模式不正确，不能进行正常通信。如果 CIR 操作、显示状态均正常，但无法进行正常的通信，请按以下步骤进行检查及操作。

（1）首先确认 CIR 屏幕显示的工作方式是否正确：当工作方式是“自动”时，如果机车上方无明显遮挡，说明卫星定位单元可能故障，请进入“运行区段”界面，手动选择正确的运行线路；如果机车上方有明显遮挡，如隧道、站房，司机无须处理，待列车通过遮挡区域后，CIR 应恢复正确的工作方式，如无法恢复或恢复后的工作方式仍不正确，则司机手动选择正确的运行线路。

(2)如果经过上述处理后,故障现象仍然存在,按【复位】键 3 s 以上,对 CIR 整机进行复位重启。待 CIR 重启恢复正常工作后正确设置 CIR 的工作方式、运行线路和工作模式,然后再尝试操作。

3. 进入 GSM-R 工作模式时,CIR 不自动注册车次号。如果列车在运行过程中,在 GSM-R 区段列车运行在监控状态,未能自动注册车次功能号,请按以下步骤进行检查及操作。首先确认 CIR 的工作模式:如果工作模式不是 GSM-R 模式,手动选择 GSM-R 工作模式;如果工作模式是 GSM-R 模式,则需要手动进行车次号注册。

4. GSM-R 工作模式时,车次号注册不成功。如果出现"车次号注册失败"的提示,请按以下步骤进行检查及操作。首先确认 CIR 屏幕左上角显示的车次号:如果车次号不正确,请输入正确的车次号并注册;如果车次号正确,请呼叫调度员并报告"×××次列车车次号注册失败",然后按调度员指示行车,同时机车乘务员应及时向维修人员报告。

5. GSM-R 工作模式时,可配置式功能按键不能正确显示车站名。如出现 GSM-R 工作模式时 CIR 屏幕下方的可配置式功能按键不能正确显示车站名,请按以下步骤进行检查及操作。确认 CIR 的线路名称是否正确:如果线路名称不正确(例如列车在胶济客线运行,但 CIR 显示的线路名称为"胶济货线"),请按【切换】键进入运行线路选择界面选择正确的运行线路,或者进入"运行区段"界面,选择正确的运行线路。如果 CIR 工作方式是"自动",但"自动"两字符闪烁,可能是卫星定位单元有故障。可通过查询"通讯录"选择需要呼叫的车站进行通话,也可按下【本站】键呼叫当前车站的值班员。

6. GSM-R 工作模式时,不能接收进路预告信息。如出现 CIR 未按预期接收到列车接车进路预告信息,请按以下步骤进行检查及操作。检查 CIR 的车次号是否正确,如不正确,请输入正确的车次号。检查机车号是否正确:如果机车号不正确,请呼叫调度并报告"×××"次列车 CIR 设备机车号不正确,当前机车号为"×××××"。如果机车号正确,请对 CIR 整机进行复位重启后再尝试操作。如果 CIR 复位重启后故障未消除,请呼叫调度并报告"×××"次列车不能接收进路预告信息,机车号为"×××××"。

7. MMI 未显示车次号信息。如列车进入正线运行后,CIR 屏幕左上方一直未显示车次号,请进入设置界面,输入正确的车次号。

8. MMI 显示错误的车次号信息。如列车正常运行中 CIR 屏幕左上方车次号显示错误,请检查 LKJ 显示的车次号是否正确:如果 LKJ 显示的车次号不正确,请操作 LKJ 输入正确的车次号;如果 LKJ 显示的车次号正确,请操作 CIR 输入正确的车次号。

第四节　列尾装置使用及基本操作

列尾装置作为列车标志,主要用于完成检测并反馈主风管压力、协助司机判断折角塞门的非正常关闭、接收列尾司机控制盒的排风指令打开排风阀对关闭折角塞门以后位的车辆主风管进行排风、控制闪光灯在夜间行车时自动闪烁等功能。

列尾装置由控制盒和列尾主机等组成,控制盒和列尾主机之间采用同频单工双向无线数据传输方式,通过本务机车的机车号码来建立首尾之间一对一的联系。司机按压控制盒确认、查询、排风等功能键,通过车载电台传送指令控制列尾主机并接收列尾主机反馈的风压、报警信息,由 MPU 控制语音合成器合成语音进行播放和数码显示风压值。列尾系统构成如图 6-12 所示。

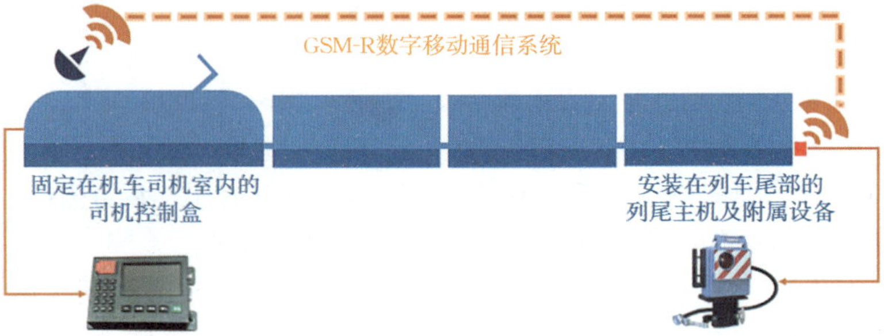

图 6-12　列尾系统构成

一、双模列尾装置

双模列尾装置具有 400 MHz 数字、450 MHz 模拟、GSM-R 通信模式，可根据需要选择工作模式及不同频率。

当列尾装置设置为“450 MHz 一对一模式”时(457.975 MHz 频率)，可以和 CIR 设备兼容，运用时两种设备都可查询本务列尾主机。机车乘务员通过 CIR 向列尾主机查询列车尾部风压信息，机车电台可直观显示结果并通过语音播报提示司机。

(一)基本操作

控制盒安装在机车司机室左手靠墙位置，列尾控制盒开机如图 6-13 所示，列尾主机开机后，列尾控制盒默认进入“Fn 界面(监听界面)”，根据提示按【Fn】键 3 s，即可进入控制界面。

1. 音量设置：在工作界面下，按控制盒左下角方向按钮可进行音量设置。【←】为减小音量，【→】为增大音量。

2. 屏幕亮度设置：在工作界面下，按【设置】键再按数字键【1】，进入“屏幕亮度调整”界面。此时按控制盒左下角方向按钮可进行亮度设置。【←】为减小亮度，【→】为增大亮度。

3. 时间设置：进入“维护界面”中按数字键【5】，可进行日期时间设置。根据提示输入时间后，再按【设置】键确认。正常情况下设备会通过 GPS 自动校准时间。

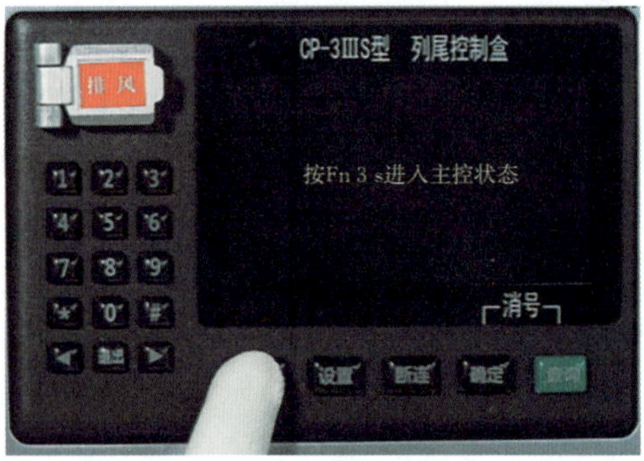

图 6-13　列尾控制盒开机

4. 工作模式设置：进入“维护界面”中按数字键【8】，可进行工作模式设置。设备内置了 5 种工作模式。

(1)400 MHz 单模。

(2)GSM-R 单模。

(3)400 MHz+GSM-R 双模。

(4)400 MHz+450 MHz+GSM-R 三模。

(5)450 MHz。

注意事项："450 MHz"模式为一对一模式，与当前司机控制设备一致；"400 MHz＋450 MHz＋GSM-R 三模"为数字兼容模拟模式，用于模拟向数字过渡阶段；如需设置为"450 MHz"须按数字键【5】再按【设置】键确认。

(二)运用操作

1. 输号、建立连接关系操作。

(1)列尾主机已输号情况：

始发站由车务作业人员提前为列尾主机输入机车号码。此时机车乘务员只需按控制盒【查询】键，列尾指令显示"查询"，语音提示"风压"，收到列尾主机反馈后，显示和播报风压数值，同时显示"已连接"和列尾主机 ID 号，列尾已输号界面如图 6-14 所示，此时表示连接关系建立成功。

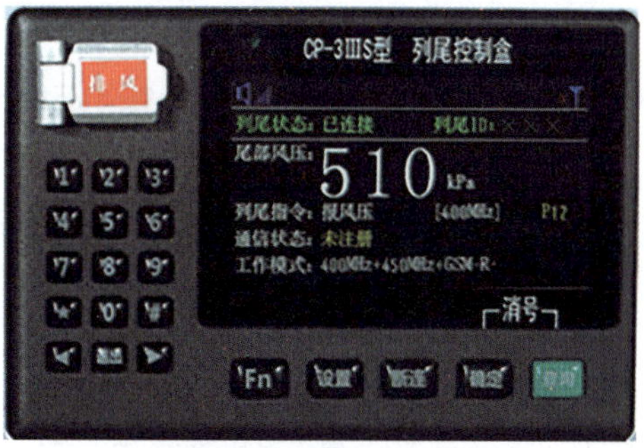

图 6-14　列尾已输号界面

(2)列尾主机未输号情况：

中间站：当机车电台收到列尾主机"输号请求"按【确认】键，机车电台自动填入列尾主机 ID 号，确认无误后再按【确认】键。建立连接关系后，机车电台状态显示"已连接"。

2. 查询操作。

按【查询】键查询列车尾部风压，机车电台语音提示"风压"同时显示"风压查询"。设备收到列尾主机反馈后，显示和语音播报风压数值。

在无任何操作的情况下，2 min 后系统会进入自动查询模式，显示"自动查询"，收到列尾主机反馈后，显示风压数值，无语音播报。

当列尾主机检测到传感器插头接触不良或传感器自身设备不正常(芯片故障或临时干扰)时，机车乘务员查询列尾主机风压，列尾主机会以"特定数据"反馈，提醒机车乘务员设备传感器出现故障。

——列尾主机反馈"820"：传感器模块接触不良。

——列尾主机反馈"821"：传感器模块故障。

在现场运用过程中，列尾主机反馈"820""821"特殊数据，只表示该列尾主机传感器故障。列尾主机依然正常挂装在列车尾部，列车还是保持完整。列尾主机其他部件依然正常工作，紧急情况下机车乘务员还是可以操作列尾主机进行排风制动。出现此情形，机车乘务员应立即检查机头风压和检查机车功率，若无异常则可以继续通行，然后通知车务列尾主机传感器故障，在具备作业条件的车站停车更换列尾主机。

3. 排风操作。

打开【排风】按键防护罩，再按【排风】键。语音播报"排风"并发出"排风"指令，依次显示"待排风""排风开始""排风中"，排风完毕后，列尾主机反馈"风压报警"和风压数值，并语音播报。

(1)CP-3Ⅲ型(450 MHz)列尾主机排风时间为 24 s，排风完毕反馈"排风完毕"。在排风过程中，再次按压【排风】键，排风时间按 24 s 累加。

(2)CP-3ⅢS-ZJ 型(400 MHz)列尾主机排风时间为 60 s。

4. 主风管风压不正常报警操作。

机车电台接收到主风管风压不正常报警信息时工作状态栏显示为“风压报警”，风压值和报警状态均为红色显示，语音提示“××××机车，注意风压×××”。此时，按【确认】键，对报警信息进行确认，列尾主机停止发送主风管风压不正常报警。

5. 电池电量不足报警。

当列尾主机电池电量不足时会发出电量不足报警。机车电台接收到电池电量不足报警时，工作状态栏显示为“电压报警”，报警状态红色显示，语音提示“××××机车电量不足”。此时，按【确认】键，对报警信息进行确认，列尾主机停止发送电池电量不足报警。

6. 解除连接关系。

列车需要更换本务机车或到达目的地时，解除连接关系有“断连”和“消号”两种方法，列车到达编组站时使用断连操作，当列车到达中间站时使用消号操作。

注意事项：断连仅清除机车电台内已置入的列尾主机号码，列尾主机内置入的机车号不被清除；消号不仅清除机车电台内已置入的列尾主机号码，同时也清除列尾主机内置入的机车号。

(1)断连操作：在“已连接”状态下，按【断连】键，控制盒显示“按确认键断连”，接着在 5 s 内按下【确认】键，断连成功后语音播报并显示“断连成功”。此时，机车电台变为“未连接”状态。

(2)消号操作：在“已连接”状态下，同时按【确认＋查询】按键，语音播报并显示“消号”，收到列尾主机反馈后，显示“消号成功”并语音播报“××××机车，消号成功”。此时，机车电台状态变为“未连接”。当机车电台消号时，列尾主机已消号，但未收到“消号成功”，此时再进行消号，将收到“已消号”。

二、客列尾操作

(一)建立连接关系

CIR 处于列尾未连接状态时，在主界面下按【设置】键，进入设置界面，将光标移动至“6. 输入客车列尾装置 ID”并按【确认】键，输入需要连接的列尾装置 ID 发起连接。MMI 主界面显示客列尾 ID 并提示“××××××列尾装置，连接成功”；如果连接不成功，MMI 会发出提示音“列尾装置连接失败”。客列尾连接成功如图 6-15 所示。

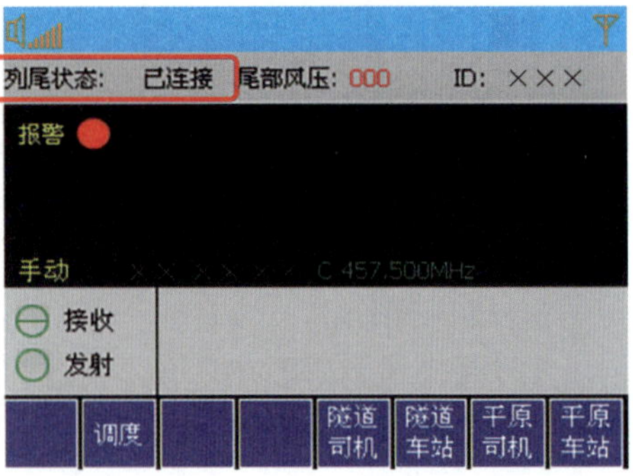

图 6-15　客列尾连接成功

(二)手动查询列尾风压

司机在 CIR 主界面下按【风压查询】键，查询到的当前列尾风压数值显示在 MMI 上并提示“××××机车，风压×××”。

1. 列车主风管风压不正常时(风压低于 560 kPa)，客列尾自动向 LBJ 发送风压自动提示信息，LBJ 收到后向 MMI 转发，MMI 发出声光提示：××××(机车号)机车注意，风压×××(风压值)。按下 MMI 上【列尾确认】按键向客列尾发送应答信息，客列尾收到后停止发送风压自动提示信息。

2. CIR每隔一段时间(随机120～130 s)自动轮询列尾风压1次，并在MMI上动态更新风压数据。当CIR与列尾连接失效时，CIR会进入列尾连接故障告警状态，每隔5 s发出一次提示音“列尾装置通信失效”。按下【列尾确认】键可以停止提示；如果CIR重新接收到风压信息，即恢复与列尾装置主机的连接。

(三)电池欠压操作

供电电压欠压时，客列尾每隔20 s自动向LBJ发送供电电压欠压自动提示信息，LBJ收到后向MMI转发，MMI发出声光提示：××××(机车号)机车，列尾装置电压不足。司机按下MMI上【列尾确认】按键，MMI通过LBJ向客列尾发送应答信息，客列尾收到后停止发送供电电压欠压自动提示信息。

(四)辅助排风制动操作

持续按下【列尾排风】键3 s以上，或按下【列尾排风】键后3 s内再按下【列尾确认】键，CIR向客列尾发送列尾排风制动命令并提示“××××机车，排风，排风风压×××”。

(五)解除列尾连接关系

第一种是进入列尾ID输入界面，输入六个0并按下【确认】键；第二种是按下【列尾消号】键并持续3 s以上。列尾连接关系解除后，MMI提示“××××××列尾装置，消号成功”。

第五节　机车6A系统使用

机车6A系统主要由车载主机、子系统和音视频显示终端构成，车载主机设置在机械间6A柜中，音视频显示终端是6A系统的人机交互装置，可以触屏或按键操作，能够查询各子系统设备状态、监测数据、提示信息和报警信息，主界面正常情况下只显示时间，发生报警后自动显示报警信息，并语音提示，司机可根据报警信息，选择查看相应子系统的详细数据。

本节以HXD_{3C}型电力机车为例，对机车6A系统使用进行说明。

一、基本操作

1. 音视频显示终端按键操作。

6A音视频显示终端如图6-16所示，在开机界面按下【设置】键，可以进入主界面，“F1”对应【主界面】，“F2”对应【监控数据】，“F3”对应【视频图像】，“F4”对应【故障记录】，“F5”对应【系统设置】，按下按键可以进入相应的下一级菜单，然后可以通过方向按键选择查看内容。

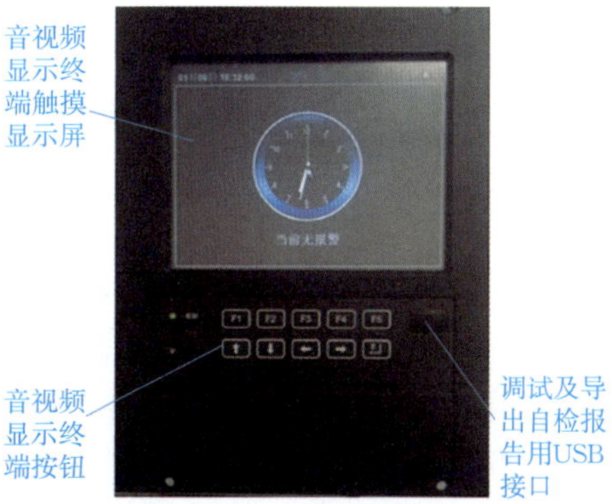

图6-16　6A音视频显示终端

2. 音视频显示终端音量调节操作。

当音视频显示终端处在开机界面或者主界面时，按下【↓】，显示屏上部将会出现音量调节菜单，按下【←】可以减小音量，按下【→】可以增大音量，当音量调节完毕之后，按下【↑】收起音量调节菜单。

3. 机车数据查看操作。

机车在 A 节司机室和 B 节司机室各有一个音视频显示终端，点击【监控数据】，会出现选择提示，点击可以查看相应的数据；点击【视频图像】，会出现选择提示，点击文字可查看相应的视频图像，机车数据查看终端显示如图 6-17 所示。

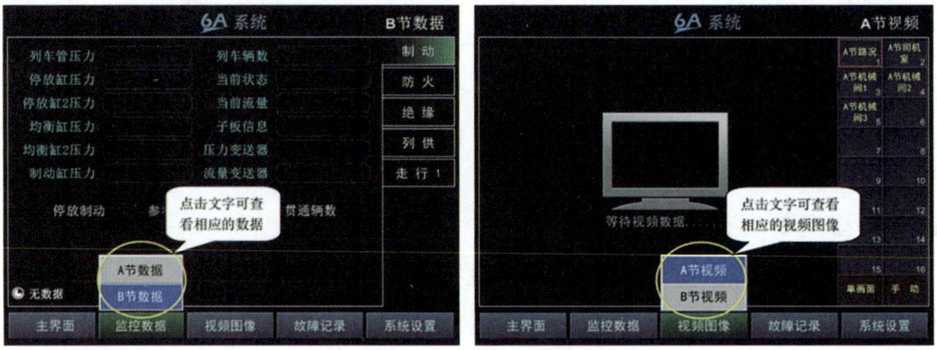

图 6-17　机车数据查看终端显示

4. 故障记录查询。

点击【故障记录】、【本次上电】/【历史全部】，可以查看本次上电后/历史曾经发生的故障信息。

5. 工作模式的进入。

点击【工作模式】，检查确认 6A 系统工作模式。

二、运用操作

（一）机车空气制动安全监测子系统

1. 空气制动监测。

点击【监控数据】、【制动】，进入机车空气制动监测界面。在此界面可以观测到运行速度、风管压力、列车贯通辆数等数据。使用中应观察 6A 音视频终端上显示的"列车辆数"是否与 LKJ 装置中输入的信息一致。

2. 停放制动非正常施加监测。

机车速度大于 5 km/h，停放缸压力小于 370 kPa，制动监测界面报告停放制动意外施加。机车速度降为 0，制动监测界面停放制动意外施加报警解除。

机车处于运行过程中，6A 系统出现停放制动异常施加报警时，下列两种情况下的处理办法：

（1）停放缸切断阀门（如 CCBⅡ制动机的 B40.06）已经切除（手柄位置垂直状态）。若能确认所有停放缸已手动缓解，则可忽略 6A 报警；若不能确认所有停放缸已手动缓解，需停车检查，确认已经手动缓解所有停放缸后，可忽略 6A 报警。

（2）停放缸切断阀门（如 CCBⅡ制动机的 B40.06）未切除（手柄位置水平状态）。若停放缸压力小于 370 kPa，则再次按停放缓解按钮，停放缸压力高于 370 kPa，6A 报警应消失；若停放缸压力仍小于 370kPa，6A 系统继续报警，则应停车，切除停放缸切断阀门（如 CCBⅡ制动机的 B40.06)，手动缓解所有停放缸。此时 6A 系统继续报警，可忽略报警，回段后检查停放缸及控制模块。

3. 折角塞门关闭监测。

(1)查看正常减压时列车的贯通情况：压力充至定压后，自阀减压(140 kPa 或 170 kPa)，音视频显示终端折关监测显示界面将显示折角塞门关闭监测模块判断出的贯通辆数。

(2)查看正常充风列车的贯通情况：自阀减压(140 kPa 或 170 kPa)后，再次充风至定压，音视频显示终端折关监测显示界面将显示折角塞门关闭监测模块判断出的贯通辆数。

(二)机车防火监控子系统

1. 点击【监控数据】、【防火】，进入机车防火监控界面。

此界面显示当前机车的防火探头种类、安装位置和关联视频通道。当防火探头故障时，界面上对应位置的探头图标变为黄色。

当发生火灾时，界面上对应位置的探头图标会变为红色，显示终端发出语音报警提示，并且自动将画面切换为与报警探头关联的视频通道上，司乘人员可以立即通过显示终端观察发生火灾位置的情况。

2. 防火系统火灾报警解决后，要进行防火复位，复位成功后，探头指示灯由常亮红灯，变成秒闪。

3. 复位方法。

(1)板卡复位：按压 6A 主机中机车防火监控系统板块上的“复位”按钮。

(2)软件复位：点击【系统设置】、【防火复位】。

(三)机车高压绝缘检测子系统

点击【监控数据】、【绝缘】，进入机车高压绝缘检测界面，此界面内可以观察到进行绝缘检测时，“检测类型”“检测结果”“电钥匙状态”“外网供电状态”“功率模块状态”“检测电压”和设置的“报警门限”。

1. 机车高压绝缘检测子系统使用方法：

(1)确认机车处于安全操作状态：即无论机车处于库内还是在线运用，必须确认机车处于降弓停车、主断路器断开、高压连接器连接状态，并必须确认机车车顶、地沟无人操作并锁闭车顶门，打雷、闪电等极端恶劣天气，不进行检测。

(2)拔下机车蓝钥匙(6 轴机车有一把钥匙，8 轴机车共有两把，A、B 节各一把，机车蓝钥匙如图 6-18 所示)，在 6A 主机柜中插入机车蓝钥匙并将开关置于开位，测试装置加电启动，进入自检状态，自检灯闪烁。若此时机车电钥匙连锁线(KEY)有电或未降受电弓，该装置电联锁将自动启动，相应故障指示灯常亮，显示屏显示故障状态，向 6A 系统发送故障信息，并有蜂鸣器报警。此时，检测装置不能进入测试状态，直到排除联锁故障后方可进行下一步，排除联锁故障的方法：1——降受电弓，2——关闭机车电钥匙。

(3)自检过程中，如本检测装置内部发生故障，则自检灯常亮，显示屏显示故障状态，并向 6A 系统发送故障信息。此时需要再次启动自检确认，如果检测装置还是不能进入测试状态，需要进行返厂维修。

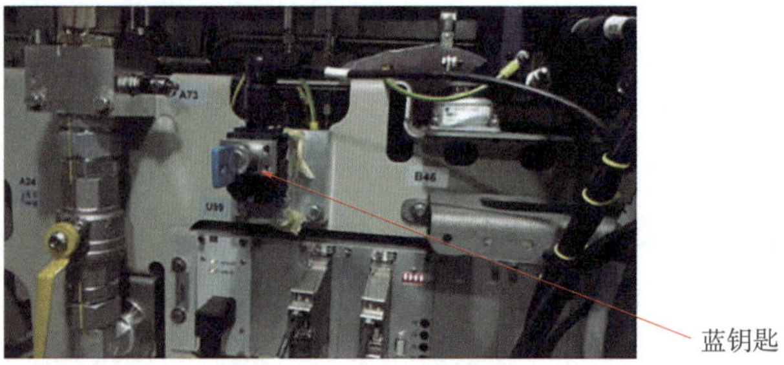

图 6-18　机车蓝钥匙

(4)若自检正常通过后，即第 2 步所提情况未出现或者已经排除，第 3 步的情况也未出现，则自检指示灯灭，显示屏显示自检完成。

(5)自检完毕后方可进行检测操作，机车出库前，按下“出库检测”；当机车在线运用时，按下“运行检测”。

按相应测试按钮后，听到“滴”一声后测试装置进入测试状态，绝缘检测指示灯闪烁，显示屏显示目前测得的电压，并向 6A 系统发送检测信息，检测完成后，若测试的电压值高于报警阀值，显示屏显示绝缘正常，绝缘检测灯熄灭；若测试的电压值低于报警阀值，显示屏显示绝缘报警，绝缘检测灯常亮，并有蜂鸣器报警。

注意事项：如遇到异常或绝缘报警，请将蓝钥匙打到关位，至少 5 s 后再重新将蓝钥匙打至开位，按照测试要求重新进行检测，以便确认检测结果；如最终确认绝缘低于报警阀值，绝缘检测装置处于报警状态，此时不得升弓。

(四)机车列车供电监测子系统

点击【监控数据】、【列供】，进入列车供电监测界面，供电检测界面如图 6-19 所示，显示列车两路供电的实时状态，包括漏电流、交流输入电流、交流输入电压、供电电压、供电电流、半电压以及使用电量。

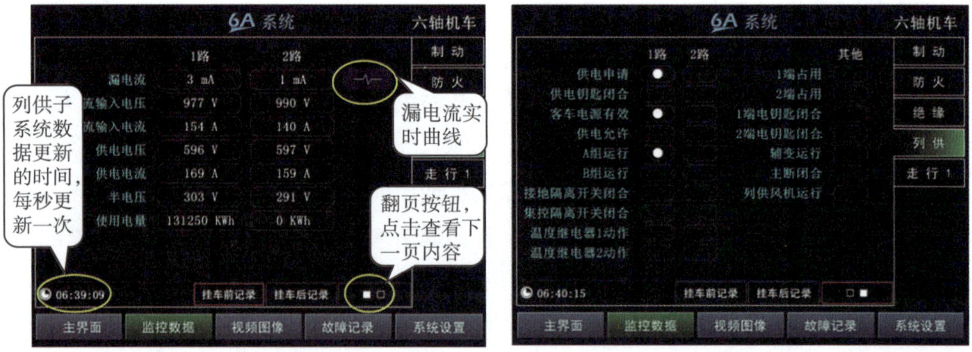

（a）列车供电监测界面第一页的内容　　（b）列车供电监测界面第二页内容

图 6-19　供电检测界面

司乘人员可以通过点击【挂车前记录】、【挂车后记录】，记录并查看比对“挂车前记录”和“挂车后记录”的数据，更准确地掌握列车供电状态。

查看漏电流记录可点击【故障记录】，然后再点击【漏电记录】，就可以查看机车的漏电记录了。

(五)机车走行部故障监测子系统

点击【监控数据】、【走行 1】，可进入机车走行部监测子系统监测界面。

界面显示所有安装了传感器的轴位的温度值和冲击振动情况。界面中小方框内的数字是对应传感器测量的温度值，文字是对应传感器状态，以及各测点（轴承、齿轮、踏面）的温度报警和冲击故障报警情况。

(六)机车自动视频监控及记录子系统

视频子系统属于辅助监测系统，不报警，只显示自检故障，点击【视频监控】，可以查看实时的视频监控图像。

第七章　机车乘务岗位技能与应急处置

第一节　机车副司机岗位操作技能

内燃、电力机车标准乘务班由机车司机和机车副司机组成，司机负责操纵列车，副司机全程辅助司机工作。在机务运用工作中，机车副司机是协助司机驾驶机车安全、正点、平稳地完成列车牵引和调车任务的重要岗位。

一、机车副司机岗位操作技能基本要求

（一）内燃机车副司机岗位

1. 掌握铁路劳动安全基本知识和机务专业安全知识，了解铁路基本知识和相关法律法规。

2. 掌握《铁路技术管理规程》《铁路机车运用管理规则》《铁路机车操作规则》《铁路交通事故调查处理规则》《铁路行车组织规则》《机车乘务员一次乘务作业标准》等相关知识。

3. 掌握机车钳工、机车电工基本技能，了解力学和机械基础知识、电工和电子基础知识。

4. 熟悉内燃机车主要参数、柴油机各部组成及作用、制动系统基本构造和控制关系，识绘简单的电气设备符号、电路图，能辨认内燃机车各仪器仪表的显示和状态。

5. 熟悉担当区段线路、站场设备、设施，能协助司机按要求行车。

6. 能正确核对、理解运行揭示、调度命令，会使用 IC 卡输入、转储有关数据。

7. 掌握列车运行监控记录装置、机车信号、列车无线调度通信设备、机车车载安全防护系统等行车安全装备使用的有关规定。

8. 掌握内燃机车常见故障处理方法和非正常行车应急处理办法。

9. 掌握行车安全防护用品和常用工具的使用方法。

10. 掌握内燃机车检查给油、电气动作试验程序及方法，了解制动机试验程序和方法。

11. 了解内燃机车操纵与运用保养知识，熟知机车防寒防火知识，能正确使用灭火器。

12. 掌握计算机基础知识和机车运用管理一般常识。

13. 熟知机车用油（脂）、水、砂的规格和使用质量标准。

（二）电力机车副司机

1. 掌握铁路劳动安全基本知识和机务专业安全知识，了解铁路基本知识和相关法律法规。

2. 掌握《铁路技术管理规程》《铁路机车运用管理规则》《铁路机车操作规则》《铁路交通事故调查处理规则》《铁路行车组织规则》《机车乘务员一次乘务作业标准》等相关知识。

3. 掌握机车钳工、机车电工基本技能，了解力学和机械基础知识、电工和电子基础知识。

4. 熟悉电力机车基本构造、制动系统基本构造和控制关系，识绘简单的电气设备符号、电路图，能辨认电力机车各仪器仪表的显示和状态。

5. 熟悉担当区段线路、站场设备、设施，能协助司机按要求行车。

6. 能正确核对、理解运行揭示、调度命令，会使用 IC 卡输入、转储有关数据。

7. 掌握列车运行监控记录装置、机车信号、列车无线调度通信设备、机车车载安全防护系统等行车安全装备使用的有关规定。

8. 掌握电力机车常见故障处理方法和非正常行车应急处理办法。

9. 掌握行车安全防护用品和常用工具的使用方法。

10. 掌握电力机车检查程序及方法，了解高低压试验、制动机试验程序和方法。

11. 了解电力机车操纵与运用保养知识，熟知机车防寒防火知识，能正确使用灭火器。

12. 掌握计算机基础知识和机车运用管理一般常识。

13. 熟知机车用油(脂)、水、砂的规格和使用质量标准。

机车副司机均要严格执行《铁路技术管理规程》《铁路机车运用管理规则》《铁路机车操作规则》《铁路交通事故调查处理规则》《铁路行车组织规则》《机车乘务员一次乘务作业标准》等有关规定，全面履行机车副司机职责，严格执行一次乘务作业标准，协助司机质量良好地完成列车牵引任务。

在值乘中要认真落实机车检查程序及方法，保证机车各部件油位符合标准，各润滑部件状态良好。能够及时处理机车故障，严格落实非正常行车要求；严格执行机车防火、防寒作业流程，能按规定使用灭火器、认真落实机车防寒工作要求，能在机车司机失去驾驶能力时进行应急处置。

二、一次乘务作业标准及呼唤应答规范

机车副司机要熟知一次乘务作业标准及呼唤应答规范，协助和配合司机，认真落实自控、互控要求，按作业标准高质量完成每次乘务作业，确保运输安全。

(一)待　　乘

夜班值乘交路必须按规定待班时间到段待乘室或公寓休息室待乘休息，待乘时不得做与休息无关的事，关闭手机，卧床休息时间不足 4 h 不准出乘。

(二)出　　勤

1. 出勤前要求。

(1)出乘前充分休息，严禁饮酒，确保精力充沛，按规定着装。

(2)携带证件及行车必备资料。

2. 出勤作业流程。

(1)按规定时间出勤，接受指纹影像识别、酒精含量测试。证件不全、未经酒测或酒测不合格者禁止出乘。

(2)机车乘务员应主动出示工作证、驾驶证等有关证件。

(3)认真阅读“上级文件电报及工作要求”“行车具体要求”，需记名式传达的阅读后必须及时签认。

(4)督促和协助司机按规范核对运行揭示。交付揭示与公布揭示核对；在模拟运行测试

设备(或 LKJ 临时数据文件检验设备)上核对写入 IC 卡的数据文件条数和命令号,并与交付揭示标注的运行揭示逐条核对;填写“机务派班室 LKJ 临时数据录入登记簿”。

机车乘务员出勤前按规定将 IC 卡交出勤机车调度员打卡、输入慢行揭示数据,进行四核对四反馈:

——交付揭示与公布揭示逐条核对,在交付揭示对应限速条目的序号画“○”进行标注。

——在 LKJ 临时数据文件检验设备或联网的自助出退勤设备上核对写入 IC 卡的数据文件条数和命令号,并与交付揭示标注的运行揭示逐条核对。

——填写“机务派班室 LKJ 临时数据录入登记簿”,与出勤调度员核对后,双方签认。

——上车载入 LKJ 后,核对载入的 LKJ 临时数据文件条数和命令号。

(5)出勤机班全员小组会。根据天、地、人、车、时及运行揭示等内容,开好出勤机班全员小组会,做好安全预想,制定行车安全注意事项及措施,并记录于司机手册。

(三)库内接车及调车作业

1. 本(外)段库内作业

(1)根据机务派班室安排,领取机车钥匙上指定机车,认真了解机车运用、检修情况,办理燃料、耗电、工具、备品等交接。

(2)接车后,将 U 盘插入转储接口。确认列车运行监控装置、机车信号、列车无线调度通信设备等行车安全装备合格证齐全、符合规定,合格证不齐全或不符合规定时严禁出库。

(3)核对电务公布的“LKJ 车载基础数据版本号”与粘贴在显示器上的“版本标签”及 LKJ 监控显示器显示的“LKJ 车载基础数据版本号”是否一致。

(4)督促司机转储运行揭示。将 IC 卡插入 LKJ 装置,进行有关参数的设定和 IC 卡数据的载入。在 CIR 上正确输入车次号。对输入行车安全装备的有关参数、IC 卡载入的 LKJ 临时数据文件条数和命令号、输入 CIR 的车次号等数据进行复核,确保准确无误。将 LKJ 转入出入库状态。

(5)副司机要主动与司机进行互控,汇报机车各部检查状态。电力机车升弓、合闸(内燃机车启动柴油机)前,人员应处于安全位置,乘务机班要执行互控确认,互控确认如图 7-1 所示,司机必须确认机车各安全保护装置及开关手柄在规定的位置,各仪表显示正常。电力机车静态升弓时,必须确认升弓状态。

图 7-1 互控确认

(6)需摘解机车时,摘开前应确认本机车制动作用良好,检查确认遗留第一位机车防溜措施有效。

(7)接班后第一次动车前,应先进行一次操纵端单阀的制动、缓解试验(首次换端后应进行一次试验)。确认防溜撤除,动车后速度不超过 5 km/h,距离不超过 20 m,机车上闸试验制动力。

(8)按《铁路机车操作规则》规定和集团公司制定的机车检查标准,进行机车检查,高、低压试验或电气动作试验,制动机试验。发现不良处所立即报修处理,并及时将有关信息反馈到机务派班室。

2. 出库作业

(1)多机重联牵引或附挂机车时,应在库内连挂妥当,并按规定进行制动机试验。

(2)附挂(重联)机车连挂妥当后,附挂(重联)司机按规定操作制动机、弹停装置、电气设备等,操作完毕、具备附挂(重联)运行条件后,通知本务机车司机。

(3)切除停放制动装置的机车附挂旅客列车时,必须进行滚动试验。

(4)多机重联牵引或附挂机车运行时,由行进方向的前部机车负责操纵。

(5)必须在运行方向的前端司机室操纵。非操纵端司机室门窗必须锁闭,与行车无关的各开关均应置于断开位并锁闭,取出制动机手柄或置于规定位置。

(6)机车整备完毕机班全员上车后,要道准备出段。用列车无线调度通信设备或鸣笛二短一长声的呼唤信号进行要道,列车无线调度通信设备的标准用语如下:

司机:××机务控制室,××道××型××号机车出库。

机务控制室:××型××号机车××道信号好了(××型××号机车×道等待)。

司机:××型××号机车××道信号好了(××型××号机车××道等待),司机明白。

(7)出库厉行确认呼唤(应答)如图 7-2 所示,机班共同确认调车信号或股道号码信号、道岔开通信号、道岔表示器显示正确。

库内走行时,在每条进路第一架信号机前 20～50 m 必须一度停车,机车库内走行期间必须全程开窗,夜间还应打开司机室照明灯。运行至段与车站分界点的出库闸楼或一度停车牌处,必须停车,在司机报单上签认出段时分;了解挂车股道和经路,执行车机联控。

图 7-2　出库厉行确认呼唤(应答)

3. 连挂作业

(1)机车进入挂车线执行“两停一挂”,距脱轨器、防护信号 10 m 前一度停车;无脱轨器、防护信号时,在警冲标(反方向出站信号机)内方一度停车;严格遵守“十、五、三车”距离信号的速度规定,距车列 10 m 前再次停车。

(2)连挂作业如图 7-3 所示。连挂时,司机确认防护信号已撤除、开窗确认连结手信号显示正确后,以不超过 5 km/h 的速度平稳连挂。连挂时可适量撒砂,连挂后,必须开窗确认试拉手信号显示正确后进行试拉,试拉结束后机车保持制动状态。

图 7-3　连挂作业

(3)列车连挂后,正确输入 CIR、LKJ 有关数据,确认 LKJ“开车”灯亮。采用微机控制制动系统的机车,核对制动机列车种类和相关功能设定正确。

(4)旅客列车根据车辆乘务员提供的客列尾 ID 信息联络卡,确认车站名、车辆乘务员姓名、联系方式、客列尾主机 ID 号码,填写司机姓名、联系方式,并妥善保存客列尾 ID 信息联络卡。

(5)联系用语:

司机(呼叫):"××××次车辆乘务员,××××××号列尾连接完毕,确认机车号。"

车辆乘务员(应答):"××××××号列尾,机车号××××。"

司机(应答):"××××次司机明白。"

4. 发车与准备发车

(1)列车起动前,必须确认行车凭证、出站进路(表示器)方向、发车信号显示正确,准确呼唤应答,执行车机联控,使用列尾装置检查尾部制动主管压力是否与机车制动主管压力基本一致,充风达到规定压力,具备发车条件后,鸣笛起动列车(非限鸣区段)。

(2)列车起动后,在规定地点按压 LKJ【开车】键。

(四)途中运行作业标准

1. 途中运行要求

(1)设有两端司机室的机车,必须在运行方向前端司机室操纵。

(2)严格遵守每百吨列车重量换算闸瓦压力的限制速度。

(3)严格按信号显示要求及列车运行图规定的时刻行车。

(4)列车运行中,机车乘务员要加强瞭望。

2. 联控用语

列车出发前、进站前、进入长大下坡道前,应使用列尾装置对制动主管的压力变化情况进行检查,列尾查询联控用语:

司机:"××次车辆乘务员,核对尾部风压。"

司机:"××次尾部风压××kPa,司机明白。"

3. 过分相作业标准

(1)通过分相绝缘器时,按"断""合"电标,断开、闭合主断路器。

(2)断开主断路器前,保持总风缸风压在 800 kPa 以上,牵引手柄必须回零位,断开主断路器后,闭合主断路器后,注意确认 110 V 控制电压正常。在困难上坡道分相前进行分相达速呼唤(应答)。

4. 侧线股道号以及支线号的输入

LKJ 显示屏上弹出进路号输出窗口,提示输入侧线号。按数字键×,输入侧线号×,之后按压【确认】键,设定×道进站。

5. 终到入库

(1)到达终点站后,摘解机车前不得缓解列车制动。若地面无列车制动机试验设备或该设备临时发生故障时,司机应根据检车员的要求,试验列车制动机。牵引制动主管定压 600 kPa 的货物列车到达机车换挂站后,应对制动主管实施最大有效减压量(减压 170 kPa)。

(2)将 LKJ 转入调车状态,机车摘头后,移动至脱轨器外方、信号机(警冲标)内方停车,厉行确认呼唤(应答),按调车信号显示运行,严禁后退。

在列车停妥后立即解除与列尾装置主机的通信连接。旅客列车解除连接后,主动联系车辆乘务员进行确认。

(3)到达站段分界点一度停车,将 LKJ 转入出入库状态。用列车无线调度通信设备或鸣笛二短一长声的呼唤信号进行要道,列车无线调度通信设备的标准用语如下:

司机:"××机务控制室,××次××型××号机车(或本务××号,附挂××号)入库。"

机务控制室："××型××号机车入库信号好了(××型××号机车等待)。"

司机："××型××号机车入库信号好了(××型××号机车等待)，司机明白。"

(4)按规定做好机车的保洁工作，使用 IC 卡转储本趟运行监控记录数据，拔取 U 盘，锁闭机车门窗。

(五)退勤作业

1. 退勤作业主要内容

退勤时，将 IC 卡交退勤调度员转储 LKJ 运行记录文件，交回运行揭示、调度命令、调车作业通知单、U 盘；向退勤调度员汇报本次列车运行情况及运行中发生的非正常情况，对 LKJ 检索分析的问题及超劳、运缓等情况做出说明；对本次列车的安全正点情况进行小结，交还列车时刻表、司机报单、司机手册、添乘指导簿，进行酒精测试，办理退勤手续。

2. 退勤作业流程

乘务机班退勤作业流程如图 7-4 所示。

图 7-4　退勤作业流程

(六)呼唤应答规范

1. 确认呼唤(应答)基本要求

(1)一次乘务作业全过程必须认真执行确认呼唤(应答)制度。

(2)确认呼唤(应答)必须执行"彻底瞭望、确认信号、手比眼看、准确呼唤"，并掌握"清晰短促、提示确认、全呼全比、手势正确"的作业要领。

(3)列车运行中必须对所有地面主体信号显示全部进行确认呼唤(应答)，自动闭塞区段分区通过信号显示绿灯，值乘速度 120 km/h 及以上客运列车时，只手比不呼唤(带有三斜杠标志预告功能的分区通过信号机除外)。

(4)遇有显示须经侧向径路运行的信号时，在呼唤信号显示的同时，必须呼唤侧向限速值。

2. 信号确认呼唤时机和手比姿势

信号确认呼唤时机应遵循"信号好了不早呼、信号未好提前呼"的原则，瞭望条件良好时，进站(进路)信号不少于 800 m；出站、通过、接近、预告信号不少于 600 m；信号表示器不少于 100 m。

手比姿势时机和规范如图 7-5 所示。

(1)信号显示要求通过(显示绿灯、绿黄灯)时：右手伸出食指和中指并拢，拳心向左，指向确认对象。

(2)信号显示要求正向径路准备停车(显示黄灯)时：右手拢拳伸拇指直立，拳心向左。

(3)信号显示要求侧向径路运行(显示双黄灯、黄闪黄)时：右手拢拳伸拇指和小指，拳心向左。

(4)信号显示要求停车(显示红灯，包括固定和临时)时：右臂拢拳，举拳与眉齐，拳心向左，小臂上下摇动 3 次。

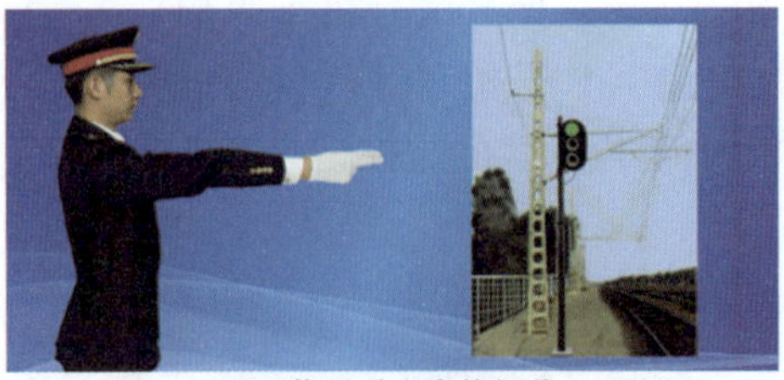

通过信号手比姿势规范

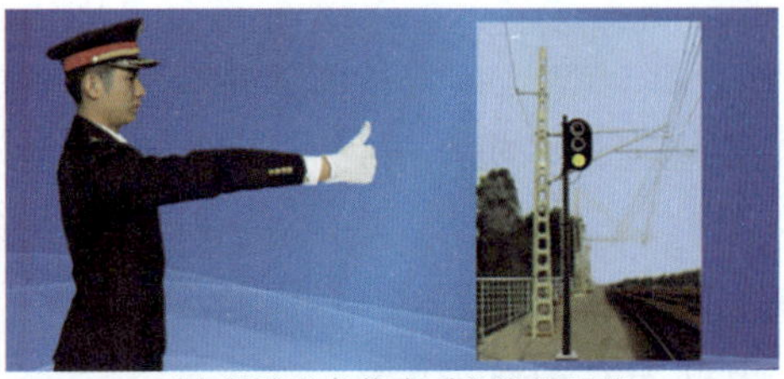

正向径路准备停车手比姿势规范

侧向径路运行手比姿势规范

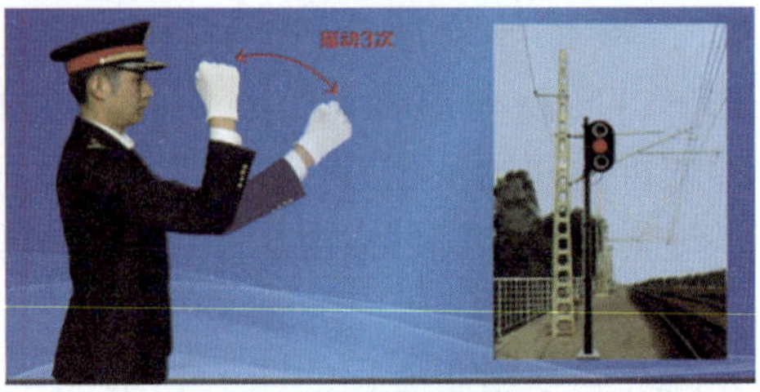

停车信号手比姿势规范

注意警惕运行手比姿势规范

确认仪表显示手比姿势规范

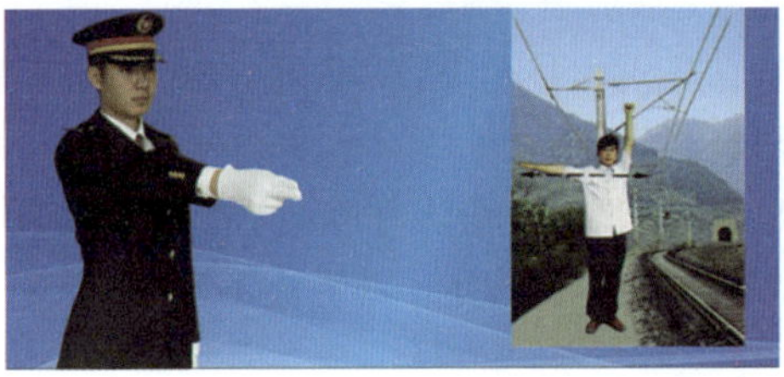

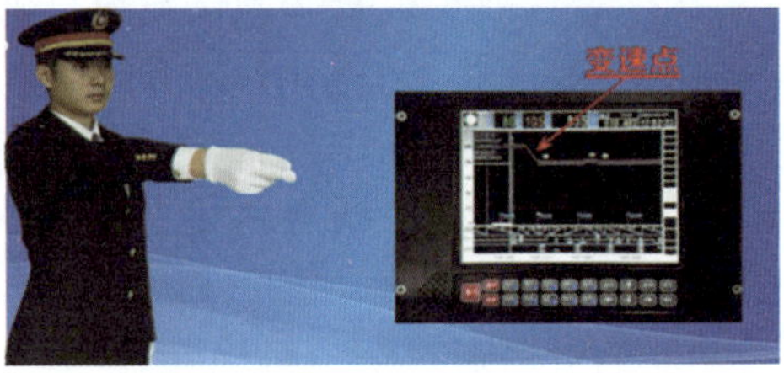

确认信号手比姿势规范

图 7-5　手比姿势时机和规范

(5)注意警惕运行时:右臂拢拳,大小臂成 90°,举拳与眉齐,拳心向左。

(6)确认仪表显示时:右手伸出食指和中指并拢,拳心向左,指向相关确认设备时。

(7)确认非集中操纵道岔、各类手信号、防护信号(脱轨器)时:右手伸出食指和中指并拢,拳心向左,指向确认的非集中操纵道岔、各类手信号、防护信号(脱轨器)。

(8)列车运行中,LKJ 提示前方列车运行限制速度有变化时,司机必须在变速点前,对变化的速度值及时进行确认呼唤;确认呼唤时,右手伸出食指和中指并拢,拳心向左,指向 LKJ 显示部位。

(9)手比以注意警惕姿势开始和收回,手比动作稍作停顿。

三、机车检查技能

机车检查是机车运行前乘务员了解机车运用状况的重要环节,是机车副司机必备技能。机车副司机应熟悉所使用的车型结构、部件名称、正常安装位置及状态,掌握该车型的运用特点以及容易出现故障的部件和关键部位，充分合理地利用检查时间。在检查机车时应以有条不紊的顺序、正确的姿势和适当的方法进行。

要求做到：顺序检查、不错不漏，姿势正确、步伐不乱；锤分轻重、目标明确，耳听目视、仔细周到；测试工具、运用自如，手触鼻嗅、灵活熟练。

在检查过程中，根据声音、颜色、形态、温度、气味等线索，准确及时地判断故障处所和故障程度，并采取适当的措施，不将“带病”机车出库，确保牵引运行安全。

(一)机车检查要求

1. 机车检查的一般要求

机车检查要确认机车各部件的安装状态良好，不应有歪斜、偏移、裂纹、变形等超限不良现象；各螺母、销子不能有松缓、脱落，各电气设备不应有断裂或虚接等不良现象；润滑、燃烧、冷却、制动、电机、电器及仪表等工作状态良好，其系统不应有漏损等不良现象。各电机换向器应无烧损，电刷接触面应良好密贴；各电器触指应接触良好、间隙符合规定。对于加铅封部件，观察是否良好，有无变动。各保护装置作用应良好，并不得任意改变其动作参数。

在检查中发现不良现象时，要及时处理，因故不能及时处理，而又不影响行车安全的则应做好记录，以便在中检或小修时处理。机车检查完毕后，各阀、开关、按钮、手柄等必须恢复规定位置；各防护网、罩及盖等恢复原状。

2. 机车检查注意事项

实施机车检查前必须遵守“先联系、后检查”的原则，并在操纵手柄开关等处，挂好禁动标志，二、五动轮打止轮器，做好安全防护工作。

机车检查要做到“五禁止”：

(1)禁止反方向锤击螺母及螺栓；

(2)禁止锤击带有压力的管子、细小管接头、M14 以下的螺母及螺栓；

(3)禁止用检查锤触、拨电器部件；

(4)禁止锤击光洁面摩擦部件；

(5)禁止用手触带电和运动部件。

机车检查中要防止异物落入电机、电器、风机、泵等装置内，机械动力间禁止烟火。

(二)机车检查方法

机车检查主要采用锤检、手检、目视、耳听、鼻嗅、测量、测试等七种方法来进行，同时应做到检查步伐、锤、灯、顺序动作等协调一致，由上而下，由里往外地检查机车。

机车检查方法的运用应根据机车不同部位、不同设备的运行状态进行选择，例如轴箱温度的检查，在机车运行中一般运用手检法(手背感温)测试判断温度即可，而在机车故障检修时，则需要用测温设备进行精确测量。

同样的检查方法还因机车类型不同而有不同的施行要求，例如：和谐型交流电力机车就要求对车钩牵引装置、部件安装螺母无防缓锁紧垫片及穿销、弹簧装置须进行锤检，其他部件安装螺母带防缓锁紧装置的只须进行锤触并确认呼唤即可；直流电力机车安装螺栓超过 M14 以上则须按检查作业方法规定进行锤检。

1. 锤检法的使用

机车检查使用的是检点锤，机车检点锤如图 7-6 所示。

检点锤的使用方法主要有锤击、锤触和锤撬三种方式。

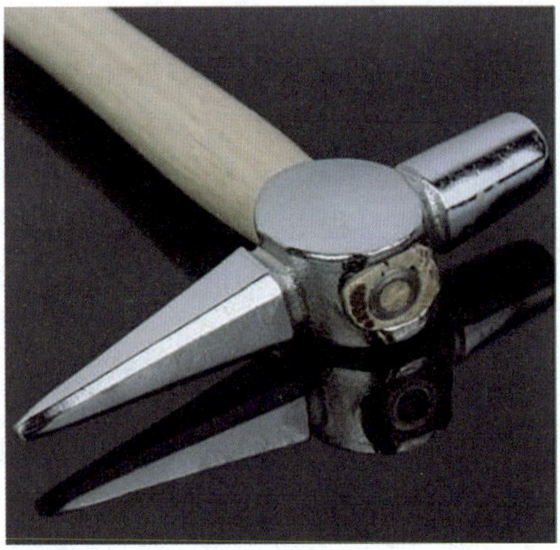

图 7-6 机车检点锤

(1)锤击:靠检查锤敲击零部件时发出的音响及手握锤柄的振动感觉,来判断螺栓的紧固程度或部件是否发生断裂。

锤击时要准确,不准反敲或重复敲;锤击适用于 M14 以上的紧固螺母及螺栓、弹簧装置以及适宜用锤击判别的容易发生断裂的部件。不准锤击带有压力的管接头,不准摩擦工作面和表面粗糙度要求较高的部件;M14 及其以下螺栓禁止锤击。

(2)锤触:主要适用于一些较细的管子、卡子以及一些脆弱部件,也适用于 M14 以下的螺栓,看是否松缓或裂损。

(3)锤撬:用锤柄或锤尖拨动、撬动一些零部件,用于查看跳动量、横动量及间隙等。

2. 手检法的使用

手检法是机车检查、检修中常用的方法,主要有手动检查和手触感受两种方式。

(1)手动检查:对不适宜锤检的部件应用手动检查。

手动检查包括晃、拍、握、拧等手法,适用于较细小的螺栓、管接头、各种阀门及仪表、电器等。采用"晃动看安装、手拧看松漏"的方法,检查是否有松缓、泄漏、安装不牢固等现象,判断各油管路、风管路阀门开闭位置是否正确,例如对机车蓄电池接线状态的手动检查。

(2)手触感受:主要适用于检查有关部件的温度、管路的振动、高压油管的脉冲等。

在运行中不能进行检查的部件,应在停车后马上进行。手触时,应先用手指感觉温度,再用手背判断温度。手背触及部件表面的持续时间与相应温度见表 7-1。

表 7-1 手背触及部件表面的持续时间与相应温度

热　别	相应温度	辨别方法	热　别	相应温度	辨别方法
平热	40 ℃上下	能长时间手触	激热	150 ℃上下	变色
微热	70 ℃上下	手触能持续 3 s	烧热	150 ℃以下	生烟
强热	90 ℃上下	不能手触	—	—	—

3. 目视法的使用

在使用锤检和手检的同时也要进行目视,对仪表及其他装置的运行状态进行目视检查,应做到手、眼、锤、灯的配合协调,动作一致,机车检查手、眼、锤、灯的配合如图 7-7 所示。

目视检查范围包括:

(1)各仪表指针的位置,检验日期的确认;

(2)各紧固件螺栓平垫及弹簧垫片状态;

(3)油管路的漏泄程度,各油位的确认;

(4)电机火花等级的判定;

(5)机车零部件的变形、裂纹、丢失、脱落、歪斜、折损、擦伤、剥离、堵塞、泄漏、卡滞、磨耗、缺油、拉伤、发热、火花、变色程度;

图 7-7　机车检查手、眼、锤、灯的配合

(6)油、水、砂储量,工具,备品,消防器材。

4. 耳听法的使用

耳听法是凭听觉(或借助锤柄、听棒等)判断机件运转不正常现象和故障的方法。

5. 鼻嗅法的使用

根据气味来判断部件及电器装置发热、烧损的方法称为鼻嗅法。

在进行走廊巡视时,机车副司机要充分且熟练运用目视、耳听、鼻嗅方法来判断机车各设备部件的运转、运用情况,及时发现故障并进行对应处置,是确保行车安全的重要手段。

6. 测量法的使用

使用塞尺、直尺、卷尺及专用工具测量有关部件的正常间隙、距离、行程的各限度尺寸。

注意事项:在机车检查程序中相同的尺寸限度只标注一次。

7. 测试法的使用

测试法是利用检测设备、工具对机车部件进行动态检测,用于判断部件是否符合机车运行要求的一种方法。常见的包括使用万用表测试电压、电阻、电流的数值;使用比重计测试蓄电池电解液的相对密度;使用试灯测试电路中的断路、虚接故障等。

(三)机车检查作业安全

机车检查作业是机务运用的重要工作项目,无论内燃机车还是电力机车,凡是停在接触网下,在未与电调取得联系和挂好接地线前,不论何种原因,绝对禁止登上机车车顶,并严格遵守以下机车检查作业注意事项:

1. 当电力机车受电弓升起时(内燃机车柴油机启动后),禁止进入高压室、变压器室和开启防护高压用的护板、外罩及电机整流子孔盖,禁止检查与修理机车车体下面的电气设备;

2. 在检查中,若发现有杂物时,应及时进行清扫,不得留有异物;

3. 发现机车上安全设备有缺陷或故障,应立即报告值班员,并记入行车日志,及时提票反馈处理;

4. 禁止敲击有压力的管子、管堵、塞门、阀、风动器具和其他风动装置;

5. 进行各种机能试验时,应严格按照规定程序进行,并执行呼唤应答制度;

6. 严禁跳越地沟。

(四)机车检查范围与标准

各型机车检查范围与技术标准有所不同,但同系列机车检查顺序基本相似,以 DF4B 型内燃机车、SS3B 型电力机车为例,机车副司机应在机车检查中严格按照规定的检查顺序,对照机车检查范围与标准,配合和协助司机认真完成出库检查作业、继乘站检查作业和运行途中的巡检作业。

1. DF4B 型内燃机车

机车全面检查是对机车机械和电气全部设备部件作静态检查,DF4B 型内燃机车全面检查顺序如图 7-8 所示(其他内燃车型可参考执行)。

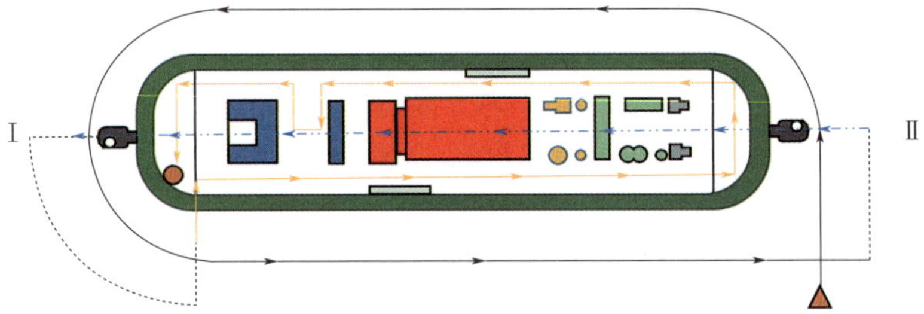

图 7-8　DF4B 型内燃机车全面检查顺序

按照《中国铁路成都局集团有限公司普速机车乘务员一次乘务作业标准》,机车乘务员日常机车检查作业要求如下。

(1)出库检查作业。

出库检查作业包括机车检查作业、机能试验、行车安全装备检查试验三项。

检查顺序可参考机车全面检查顺序,DF4B 型内燃机车检查作业范围与标准见表 7-2,DF4B 型内燃机车机能试验范围与标准见表 7-3,DF4B 型内燃机车行车安全装备检查、试验程序标准见表 7-4。

表 7-2　DF4B 型内燃机车检查作业范围与标准

序　号	检查部位	检查内容及要求	检查方法	非单司机	单 司 机
1	油、水、砂位	停机状态下检查柴油机机油在中刻线及以上、水位 2/3 以上,调节器油位在油表刻线±5 mm、空压机油位 1/2～2/3 之间、静液压油位 2/3 以上,砂箱砂位不少于 2/3	目视	√	√
2	头灯、标志灯	机车头灯及标志灯作用良好	目视	√	√
3	列车管	折角塞门在关闭位、无漏泄。 列车管校验标签及连接器胶圈无丢失	目视	√	√
4	车钩及缓冲装置	1. 车钩扁销止退销螺母无松动,开口销完好无丢失。 2. 车钩三态作用良好,无抗劲;车钩摆动灵活	手检 锤检	√	√
5	排障器	机车排障器安装牢固,扫石胶皮距轨面高度(25±5) mm	目视 锤检	√	√

续上表

序　　号	检查部位	检查内容及要求	检查方法	非单司机	单 司 机
6	基础制动装置	闸瓦不偏磨、无金属镶嵌，厚度不小于 20 mm（不带凸台铸铁闸瓦）或磨至凸台为止（带凸台铸铁闸瓦）。 各销及开口销完好，闸缸行程 74～123 mm，闸瓦与轮箍踏面缓解间隙 6～8 mm	目视	√	√
7	人力制动机	缓解状态良好	手动	√	√
8	轮对	检查防缓标记清晰，轮箍无弛缓，踏面擦伤深度不超过 0.7 mm，踏面上缺陷或剥离长度不超过 40 mm，深度不超过 1 mm	目视	√	√
9	砂箱	砂箱、砂管安装牢固，砂管距轨面高度 35～60 mm	目视 锤检	√	√
10	蓄电池箱门及防跳装置	蓄电池箱门锁闭良好，防开插销应插牢	目视	√	√
11	齿轮箱	检查紧固螺栓安装牢固，无明显甩脂、泄漏	目视 锤检	√	√
12	抱轴油盒	检查紧固螺栓安装牢固，无明显漏泄	目视 锤检	√	√
13	牵引电动机	牵引电机检查孔盖安装牢固，牵引电机吊杆穿销及开口销状态良好	目视 锤检	√	√
14	机车信号接收器防撞磁铁感应器	机车信号接收器、防撞磁铁感应器安装牢固，安装支架无开焊	目视	√	√
15	安全防护用品及消防器材	响墩、火炬、信号旗、短接线等安全防护用品齐全（有专用备品箱仅需检查箱门铅封良好）；消防器材配置齐全，铅封不破损	目视	√	√
16	备品、工具	行车备品、工具齐全	目视	√	√

表 7-3　DF_{4B} 型内燃机车机能试验范围与标准

序　　号	检查部位	检查内容及要求	检查方法	非单司机	单 司 机
1	柴油机及传动装置	甩车无油水甩出，启机后各缸无异音、窜气，油水气管路无明显泄漏。各传动装置工作无异音	目视 手动 耳听	√	√
2	制动机试验	操纵端按机车制动机试验程序标准进行试验，风表仪表显示正常（非操纵端进行大、小闸制动、缓解试验）	目视	√	√
3	电器动作试验	故障励磁、固定发电、柴油机转速试验	目视	√	√
4	走车试验	进行两端司机室前后走车试验	目视	√	√

表 7-4　DF_{4B} 型内燃机车行车安全装备检查、试验程序标准

序　　号	检查部位	检查内容及要求	检查方法	非单司机	单 司 机
1	LKJ	1. 电务车载设备合格证有效； 2. IC 卡数据输入、各项参数数据输入正常	目视	√	√

续上表

序　　号	检查部位	检查内容及要求	检查方法	非单司机	单 司 机
2	机车信号	机车信号上电显示	目视	√	√
3	列车无线调度通信设备	列车无线调度通信设备通话正常	目视 耳听	√	√
4	列尾装置司机控制盒	外观无破损、显示正常	目视	√	√

(2)继乘站检查作业。

站接继乘因时间因素，需要接续机车乘务员在有限时间内快速完成机车检查，因此，需要机车乘务员牢固掌握机车检查作业范围与标准、机能检查试验范围与标准，并认真落实，确保行车安全。

DF4B 型内燃机车继乘站机车检查作业范围与标准见表 7-5。

表 7-5　DF4B 型内燃机车继乘站机车检查作业范围与标准

序　　号	检查部位	检查内容及要求	检查方法	非单司机	单 司 机
1	水位	柴油机水位 2/3 以上	目视	√	√
2	列车管	检查机车间及机车与车辆制动管连接状态良好	目视	√	√
3	车钩	检查机车间及机车与车辆车钩连接状态应良好	目视	√	√
4	基础制动装置	闸缸缓解制动正常。闸瓦无异常(非高站台侧)	目视	√	√
5	轮对	外观检查轮箍无弛缓，防缓标记正常(非高站台侧)	目视	√	√
6	轴箱	检查轴箱温度无明显异常(非高站台侧)	手触	√	√
7	异常设备交接	对交班司机反映的异常设备、部件进行检查(含行车安全装备)	按部位	√	√

DF4B 型内燃机车继乘站机能检查、试验范围与标准见表 7-6。

表 7-6　DF4B 型内燃机车继乘站机能检查、试验范围与标准

序　　号	检查部位	检查内容及要求	检查方法	非单司机	单 司 机
1	柴油机及传动装置	检查各缸无异音、窜气，油水气管路无明显泄漏。各传动装置工作状态良好，无异音	目视 耳听	√	√
2	制动机试验	按《铁路机车操作规则》进行列车自动制动机试验，并符合要求	目视	√	√

(3)运行途中巡检作业范围与标准。

运行途中巡检作业指的是机车机械间及走廊巡视检查，由机车副司机负责。

巡视时机：始发列车出站后；内燃机车(外走廊式机车除外)在列车运行中一般每 30 min 进行一次；发生异音、异状时(其他要求各机务段自定)。

DF4B 型内燃机车运行途中巡检作业范围与标准见表 7-7。

表 7-7　DF4B 型内燃机车运行途中巡检作业范围与标准

序　号	检查部位	检查内容及要求	检查方法	非单司机	单 司 机
1	电器	电器柜各电器装置外观无明显异常、无异味	目视	√	—
2	电机	机车上部各电机无明显异状	目视	√	—
3	柴油机及传动装置	检查柴油机无异音、窜气，油水气管路无明显泄漏。各传动装置工作无异音	目视 耳听	√	—
4	冷却系统	冷却单节、静液压系统各管路无漏泄，膨胀水箱水位正常	目视	√	—
5	仪表	动力间及非操纵端各仪表指示压力、温度正常	目视	√	—

(4)机车入库检查作业。

机车入库后，要对途中行车安全装备不良的情况，应及时预报，并按相应规定进行应急处置。按照标准填好机车运行日志，按规定进行交接，做到三交清：机车预报修理项目交接清、机车质量交接清、机车防护用品、备品、工具(含钥匙)交接清。

2. SS3B 型电力机车

SS3B 型电力机车的全面检查包括车下机械部分检查、车内检查和车顶检查(其他电力车型可参考执行)。

SS3B 型电力机车车下机械部分检查顺序如图 7-9 所示。

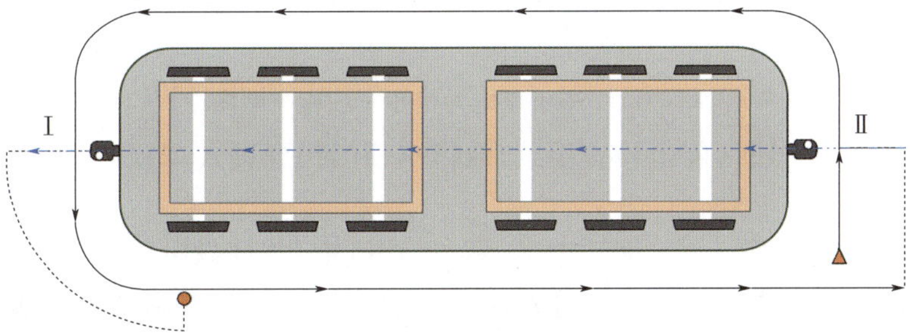

图 7-9　SS3B 型电力机车车下机械部分检查顺序

车下机械部分全面检查由Ⅱ端车体前部开始，由上至下、由左至右、由里至外对机车外观和相关设施、部件进行检查：Ⅱ端车体前部——车体及二转向架右侧——车体及第一转向右侧——Ⅰ端车体前部——车体及第一转向架左侧——车体及第二转向架左侧——机车底部及第二转向架(地沟)——车底中部——机车底部及第一转向架(地沟)——Ⅰ端司机室门(地面)。

SS3B 型电力机车车内检查顺序如图 7-10 所示。

机车内部全面检查由Ⅰ端司机室开始，分别对机车电气部件、行车安全装备、电器设备等进行静态检查：Ⅰ端司机室(辅台)——Ⅰ端辅助室左侧——Ⅰ端低压电器柜——Ⅰ端高压室背面——制动电阻柜——制动风机——控制电源柜——电子控制柜——变压器左侧——Ⅱ端高压柜——Ⅱ端辅助室左侧——Ⅱ端司机室——Ⅱ端辅助室右侧——Ⅱ端低压电器柜——Ⅱ端高压室背面——制动电阻柜——制动风机——电空制动柜——变压器右侧——

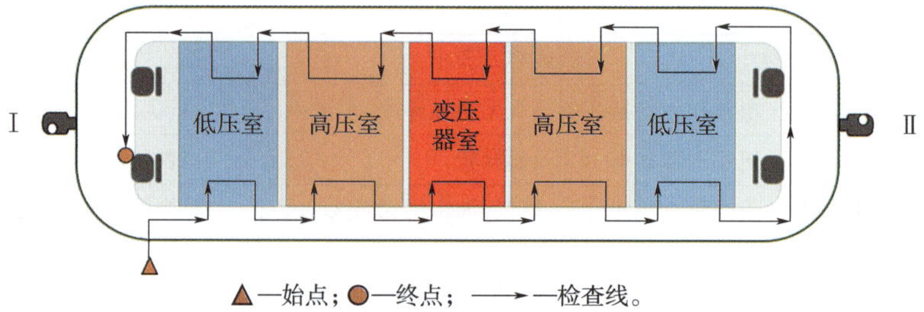

图 7-10　SS3B 型电力机车车内检查顺序

Ⅰ端高压柜——Ⅰ端辅助室右侧——Ⅰ端司机室(操纵台)。

机车车顶检查须在无电区或按规定申请接触网停电且挂好接地线的情况下进行。由当机车内部全面检查到变压器右侧车顶门处时开始,如不具备停电状态,可不进行该项检查,SS3B 型电力机车车顶检查顺序如图 7-11 所示。

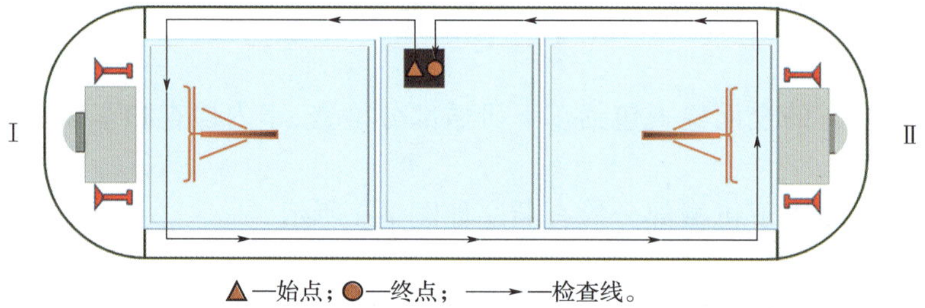

图 7-11　SS3B 型电力机车车顶检查顺序

机车顶部全面检查履行停电检查手续,取得车顶门钥匙进入车顶后,沿着右侧走板依次检查:

车顶门——主断路器——Ⅰ端受电弓——Ⅰ端风笛和前照灯——Ⅰ端制动电阻通风百叶窗——导电杆——Ⅱ端受电弓——Ⅱ端风笛和前照灯——Ⅱ端制动电阻通风百叶窗——回到车顶门结束。

电力机车乘务员在本段出乘接车时,应对以下各室部件做重点检查:

司机室:司机控制器、制动机、风笛、撒砂阀、仪表、前后照明灯、机车"三项设备"。

辅助室:灭火器、劈相机、压缩机组、辅机保护装置、低压电器柜正面各继电器、接触器。

高压室:电流传感器、两位置转换开关、控制电源柜的输入、输出自动开关、电子控制柜转换开关、制动电阻、制动柜的各阀及各风管接头、各塞门是否在正确位置。

变压器室:主变压器阻容保护装置、电流传感器、主断路器下部。

走行部:前后车钩、制动软管、排石器、左右砂箱、砂管、缓冲装置、轮对弛缓标记、闸瓦及穿销检查,总风缸排水阀,确认人力制动机缓解状态。

随着交流电力机车的普及运用,电力机车乘务员还应掌握新型电力机车操纵和日常检查范围、项点,现以 HXD1C 型电力机车为例,其机车日常检查工作要求如下。

(1)出库检查作业。

HXD1C 型电力机车检查作业作业范围与标准见表 7-8,HXD1C 型电力机车机能试验范围与标准见表 7-9,HXD1C 型电力机车行车安全装备检查、试验程序标准见表 7-10。

表 7-8　HXD1C 型电力机车检查作业作业范围与标准

序　号	检查部位	检查内容及要求	检查方法	非单司机	单 司 机
1	头灯、标志灯	机车头灯及标志灯作用良好	目视	√	√
2	列车管	1. 折角塞门在关闭位、无漏泄。 2. 列车管校验标签及连接器胶圈无丢失	目视	√	√
3	车钩及缓冲装置	1. 车钩扁销止退销螺母无松动，开口销完好无丢失。 2. 车钩三态作用良好，无抗劲；车钩摆动灵活	手检 锤检	√	√
4	排障器	机车排障器安装牢固，扫石胶皮距轨面高度25～35 mm	目视 锤检	√	√
5	基础制动装置	1. 闸片安装良好无裂纹，闸片卡簧良好，闸片厚度不得小于 5 mm。制动盘无裂纹及明显变色。 2. 单元制动缸间隙调整器作用良好，闸片与制动盘缓解间隙 3 mm。 3. 单元制动缸作用良好，能正常制动、缓解	目视	√	√
6	弹停装置	作用良好，指示器显示正确	目视	√	√
7	轮对	踏面擦伤深度不超过 0.7 mm，踏面上缺陷或剥离长度不超过 40 mm，深度不超过 1 mm	目视	√	√
8	轴箱	轴温贴片无 71 ℃以上温度点变色	目视	√	√
9	撒砂装置	撒砂管支架无裂纹、安装螺栓无松动。砂路畅通，砂量(不少于 1/2)及撒砂量正常。撒砂管距轨面高度为 35～60 mm	目视 锤检	√	√
10	驱动装置	1. 齿轮箱箱体无裂纹、漏油。齿轮箱合口螺栓、安装螺栓无松动。 2. 抱轴箱无漏油或甩油，轴温贴片无 71 ℃以上温度点变色	目视 锤检	√	√
11	电机悬挂装置	悬挂装置安装螺栓紧固良好	目视	√	√
12	空压机	1. 螺杆式空气压缩机外观检查各部，无漏油，润滑油油位应正常(1/2～2/3 之间)。运转检查无异音和异常振动。 2. 辅助压缩机启动试验，性能良好	目视	√	√
13	主变压器及主变流器	确认主变压器油温及主变流器水位正常	目视	√	√
14	脱扣开关	检查系统柜、辅助控制柜各脱扣开关在正常位	目视	√	√
15	机车信号感应器、过分相装置	安装牢固，功能良好	目视	√	√
16	安全防护用品及消防器材	响墩、火炬、信号旗、短接线等安全防护用品齐全(有专用备品箱仅需检查箱门铅封良好)；消防器材配置齐全，铅封不破损	目视	√	√
17	备品、工具	行车备品、工具齐全	目视	√	√

表 7-9　HXD1C 型电力机车机能试验范围与标准表

序　号	检查部位	检查内容及要求	检查方法	非单司机	单 司 机
1	制动机试验	操纵端按机车制动机试验程序标准进行试验，风表仪表显示正常（非操纵端进行大、小闸制动、缓解试验）	目视	√	√
2	电器动作试验	进行紧急停车按钮试验、警惕装置试验、撒砂试验、受电弓升降试验、机车连挂模式试验、机车紧急运行模式试验、主断路器试验、空压机试验	目视 耳听	√	√
3	各交流辅机	运转时检查有无异常声响、振动	耳听	√	√
4	牵引试验	进行两端司机室前、后牵引试验	目视	√	√

表 7-10　HXD1C 型电力机车行车安全装备检查、试验程序标准

序　号	检查部位	检查内容及要求	检查方法	非单司机	单 司 机
1	LKJ	1. 电务车载设备合格证有效； 2. IC 卡数据输入、各项参数数据输入正常	目视	√	√
2	机车信号	机车信号上电显示	目视	√	√
3	列车无线调度通信设备	列车无线调度通信设备通话正常	目视 耳听	√	√
4	列尾装置司机控制盒	外观无破损、显示正常	目视	√	√

（2）继乘站检查作业。

交流机车因具备直供电、弹停制动等功能，在站接继乘时，要求接续机车乘务员除在有限时间内快速完成机车继乘交接工作，还应有针对性地对重点部位、设备进行检查，确保行车安全。HXD1C 型电力机车继乘站机车检查作业范围与标准见表 7-11，HXD1C 型电力机车继乘站机能检查、试验范围与标准见表 7-12。

表 7-11　HXD1C 型电力机车继乘站机车检查作业范围与标准

序　号	检查部位	检查内容及要求	检查方法	非单司机	单 司 机
1	列车管	检查机车间各连接软管，机车与车辆制动管连接状态良好	目视	√	√
2	车钩	检查机车间及机车与车辆车钩连接状态应良好	目视	√	√
3	基础制动装置	检查单元制动器缓解、制动正常，制动盘无明显变色（非高站台侧）	目视	√	√
4	主变压器及主变流器	确认主变压器油温及主变流器水位正常	目视	√	√
5	轴箱	轴温贴片无 71 ℃以上温度点变色	目视	√	√
6	异常设备交接	对交班司机反映的异常设备、部件进行检查（含行车安全装备）	按部位	√	√

表 7-12 HXD1C 型电力机车继乘站机能检查、试验范围与标准

序号	检查部位	检查内容及要求	检查方法	非单司机	单司机
1	各交流辅机	运转时检查有无异常声响、振动	目视 耳听	√	√
2	制动机试验	按《铁路机车操作规则》进行列车自动制动机试验,并符合要求	目视	√	√

(3)运行途中巡检作业范围与标准

交流机车车内设备大量采用模块化组装,在巡检中应严格按照各机务段规定的交流机车巡检径路和要求进行,严禁随意破封。HXD1C 型电力机车运行途中巡检作业范围与标准见表 7-13。

表 7-13 HXD1C 型电力机车运行途中巡检作业范围与标准

序号	检查部位	检查内容及要求	检查方法	非单司机	单司机
1	各交流辅机	运转时检查有无异常声响、振动	目视 耳听	√	—
2	脱扣开关	检查系统柜、辅助控制柜各脱扣开关在正常位	目视	√	—
3	机械室其他部件	外观无明显异常	目视	√	—

无论何种类型机车,机车副司机在运行中进行走廊巡视检查时,均应严格执行作业范围与标准,运用好眼看、耳听、鼻嗅技能,对各重点设备针对性检查。

眼看:仪表是否正常、电器柜有无放电现象;开关、管路、塞门是否在正常位。

耳听:各机组运转是否正常、有无异音、有无泄漏、通风机通风状态、机械间温升是否过高。

鼻嗅:机车各室内是否有过热烧焦绝缘的不正常气味。

走廊巡视要求动作迅速,判断准确,处理果断。不要用手触及高压导电部分。遇有危及行车安全时,应当采取断开措施。

四、运行途中应急备品的使用

机车运用中因各种客观因素和受外部气候、环境的影响,可能会导致非正常情况发生,机车副司机应掌握必要的应急处置技能来协助和配合司机应对列车被迫停于区间后的处置,如短接轨道电路、设置响墩防护、电气化区段挂接地线处置弓网故障等。

(一)短路铜线的使用

《技规》第 335 条规定:单机、自轮运转特种设备在自动闭塞区间紧急制动停车或被迫停在调谐区内时,司机须立即通知后续列车司机、向两端站车站值班员(列车调度员)报告停车位置(具备移动条件时司机须先将机车移动不少于 15 m),并在轨道电路调谐区外使用短路铜线短接轨道电路。

短接轨道电路使用的短路铜线有鳄夹式和磁吸式两种,目前广泛采用的是带有强磁的磁吸式短路铜线,磁吸式短路铜线如图 7-12 所示。

图 7-12　磁吸式短路铜线

1. 使用时机

使用短路铜线短接轨道电路的时机：

(1)单机在自动闭塞区间使用紧急制动停车后不能移动时(由于机车踏面与轨面被砂层隔开)。

(2)全长小于 29 m 的单机被迫停在调谐区内不能移动时。

(3)运行中发现邻线有影响行车的障碍物时，如倒伏大树、滑坡侵道等(按规定还需进行响墩防护)。

2. 作业步骤

短路铜线放置于机车备品柜内(各型机车备品柜设置地点不同，机车副司机必须要知晓所值乘机车备品柜位置，接车时对清物品清单)，需破封取出。其作业步骤如下：

(1)破封取出短路铜线，确认铜线无断损，磁吸状态良好。

(2)在来车方向，避开调谐区，将轨面擦拭干净(机车撒砂留下的薄砂层)，轨面应光亮、无锈蚀。

(3)将短路铜线两端磁吸头分别放置于两条轨面短接轨道电路，检查磁吸头是否吸牢，钢轨间无异物。

单机被救援后，应及时收回短路铜线。

(二)响墩的使用

响墩是一种铁路紧急信号装置，通过机车车辆轮对的碾压产生巨响，提醒司机紧急停车，从而达到防护目的的铁路专用用品，响墩如图 7-13 所示。

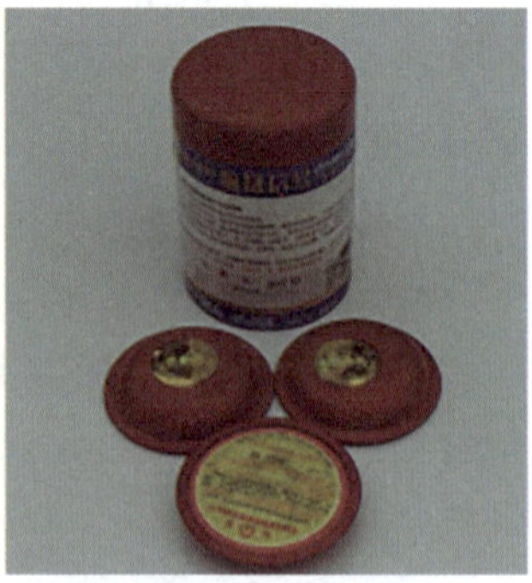

图 7-13　响墩

1. 使用时机

(1)已请求救援时，从救援列车开来方面(不明时，从列车前后两方面)，距离列车不小于 300 m 处防护。

(2)一切电话中断后发出的列车，应于停车后，立即从列车后方按线路最大速度等级规定的列车紧急制动距离位置处防护。

(3)对于邻线上妨碍行车地点，应从两方面按线路最大速度等级规定的列车紧急制动距离位置处防护，如确知列车开来方向时，仅对来车方面防护。

(4)列车分部运行，机车进入区间挂取遗留车辆时，应从车列前方距离不小于 300 m 处防护。

防护人员设置的响墩待停车原因消除后可不撤除(运行动车组列车的区段除外)。

2. 作业步骤

响墩放置于机车备品柜内，需破封取出使用。具体放置步骤如下：

(1)按照司机指令，破封取出响墩，确认状态完好。

(2)与司机做好安全互控，携带好信号旗(灯)、响墩、手持台、穿戴好反光背带等备品开门下车。

(3)三个响墩为 1 组，在距防护对象(指停车列车，妨碍行车地点等)的规定距离处，顺来车方向的左侧钢轨轨面中间放置 1 个，然后向远离防护对象方面隔 20 m 在右侧钢轨上放置 1 个，再隔 20 m 在左侧钢轨上再放置 1 个(左 2 右 1)，响墩的放置如图 7-14 所示。防护人员持红旗(灯)进行防护(应站在距防护对象最近的一个响墩的内方 20 m 处)。

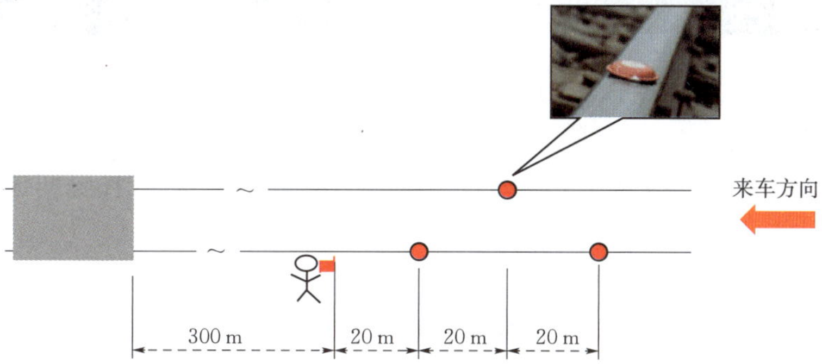

图 7-14　响墩的放置

3. 使用注意事项

(1)不得将响墩放置在道岔、隧道、桥梁、道口、钢轨连接处。

(2)防护人员设置的响墩待停车原因消除后可不撤除(运行动车组列车的区段除外)。

(3)机车入段后做好备品交接(机车工具柜内响墩、火炬等备品使用数量，其他工具的数量及使用情况)。

(三)接地线的使用

1. 使用时机

接地线是在机车发生弓网故障后，须上车顶处理故障时使用。其作用是保护故障处理人员，可防止接触网突然来电发生对人体的高压电伤害。挂好接地线是确保应急处置的一道安全屏障，是维护故障处理人员的生命线。

运行途中弓网故障车顶处置流程如下：

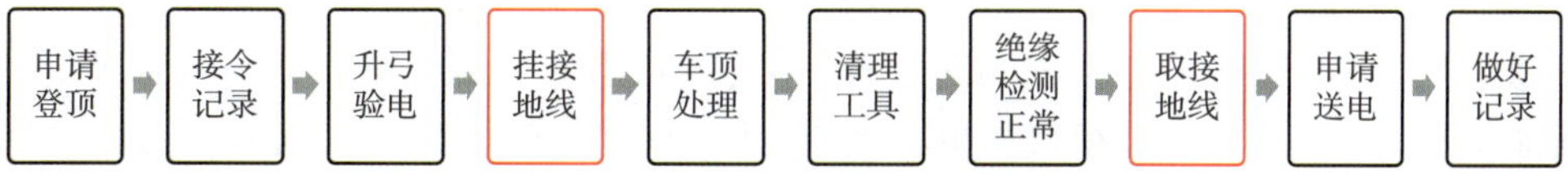

2. 使用方法

挂接地线由副司机实施，在与司机进行互控、升弓验电确定接触网无电后，从机车(一般挂在机械间走廊侧墙上)上取下接地杆,并组装接地线,确认挂钩、接地线、高压绝缘棒良好后,实施挂接地线作业。

(1)挂接地线:

确定接触网无电后,从送电方向先将接地线的一端可靠固定在钢轨上,站在列车所在线路的外侧(脚不准踩钢轨),再将接地线(杆)挂在接触网腕臂上(无接触网腕臂的线路可挂在接触网导线上)。接地线的挂接如图 7-15 所示。

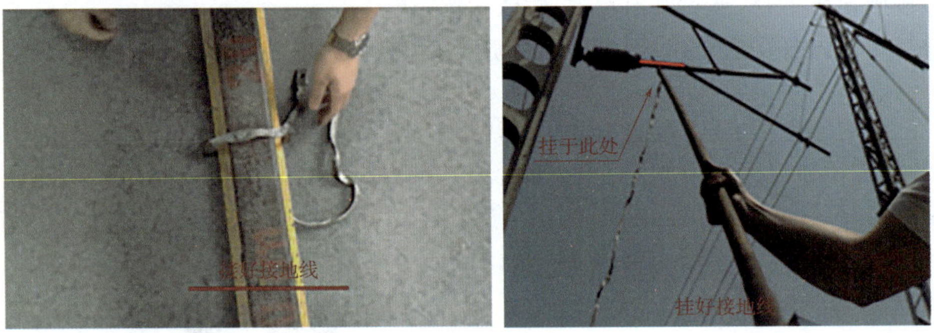

图 7-15　接地线的挂接

(2)取接地线:

待车顶故障处理完毕,确认人员撤离后,先将挂在接触网腕臂(或接触网导线)上的接地线(杆)一端取下,再取下固定在钢轨上的一端。整理收取接地线(杆),放回机车上备品定置点。

第二节　机车副司机保养技能

为了保证机车的技术状态良好,减少机破、机故、临修,除了对机车进行定期的修理之外,还应对机车进行日常的保养工作。机车副司机应知晓机车基本保养知识,掌握所运用机型的基本保养要求和相关技能。

一、内燃机车主要部件的保养

(一)柴油机的保养

柴油机是内燃机车的心脏,所以在正常工作中,要经常检查,精心保养。

根据季节变化,使用规定牌号的机油和燃油。

机油的油位、燃油油标、膨胀水箱水位应满足运用要求。

机车修理或日常运用中发现油、水异常时,要及时正确地接取油、水样送化验室化验,不合格时要立即更换,并要查明原因。

启动柴油机前,要确认油、水、气系统各管路的阀堵是否处于规定位置。机车停放时间较长时,要先接通启动机油泵电源,向柴油机各摩擦表面供油,进行预先润滑。对长时间停留或检修之后的机车,除进行预先润滑之外,还要进行甩车,彻底排除气缸内油、水等污物。

柴油机启动时,应有人监视机械间各部情况,如有异状时,应立即停机处理。当启动困难或不能启动时,要查明原因,在故障未消除前,禁止盲目强迫启机。柴油机启动后,应立即仔细倾听柴油机运转声响和检查各运动件状况。仪表显示不正常时,要判明原因并及时处理。

1. 国产内燃机车柴油机油、水温度规定：

(1)柴油机启动时，机油和冷却水的温度均不得低于 20 ℃，当温度偏低时，必须进行加温。

(2)柴油机加载时，机油和冷却水的温度不得低于 40 ℃。

(3)机车运用中，油、水温度一般在 70～80 ℃之间，最高不得超过 88 ℃。

(4)正常情况下停机时，柴油机应空转 3～5 min，使油、水温度控制在 50～60 ℃之间。

(5)柴油机需要放水时，冷却水温应降至 50 ℃以下方可放水，当环境温度低于 5 ℃时，放水温度应控制在 35 ℃以下。

(6)柴油机在运用中，应避免因冷却水温度剧烈变化，进而影响柴油机各零部件的使用寿命。

2. 国产各型内燃机车柴油机运转中机油压力规定见表 7-14。

表 7-14　国产各型内燃机车柴油机运转中机油压力规定

机　　型	机油压力(kPa)/最低转速(r/min)	机油压力(kPa)/最高转速(r/min)
DF_4 型内燃机车	≮120/450	≮250/1 000
DF_5 型内燃机车	≮80/400	≮160/730
DF_{7C} 型内燃机车	≮250/430	≯900/1 000
DF_{8B} 型内燃机车	≮90/400	≮480/1 000
DF_{11} 型内燃机车	≮90/400	≮480/1 000

柴油机运行中，要经常注意差示压力计的显示状态。当差示压力计起作用使柴油机停机后，应查明原因，原因不明时，禁止盲目打开曲轴箱检查孔盖。故障未消除时，禁止启动柴油机。

柴油机运转中，其转速应注意避开共振区和喘振区。主手柄应逐位移动，避免柴油机转速急剧变化。

冬季停机后，要关闭所有门窗及百叶窗，挂好防寒被注意保温。空转加温时，柴油机转速应控制在 700 r/min 以内，禁止高转速强迫加温。

根据机车不同的运用条件，及时对各种滤清器进行清洗或更换，以保持滤清器的良好性能。

严禁私自调整加有铅封的部件和切除油温、水温及油压、水压的传感器和继电器。严禁不按规定切除具有柴油机卸载、降功、停机、防爆等安全保护装置。

机车长期停放不用时，停留时间不超过 15 天，需要每隔两天用启动机油泵向柴油机泵油 1～2 min，盘车 2～3 圈。停留时间超过 15 天时，则要按柴油机防腐处理规定进行日常保养工作。

(二)静液压系统的保养

1. 由于静液压系统油箱位置低，容量小，油管路又比较长，因此向静液压系统油箱加注工作油时，应分几次注入，并甩车几次，直至油位达到规定值为止。

2. 应经常检查静液压系统有无漏泄，工作油有无变质。若工作油出现乳化现象，多为热交换器内部泄漏，应修复或更换静液压油热交换器，并彻底更换液力工作油。

3. 变速箱及轴承盖温度不应超过 80 ℃，静液压泵及发动机温度不应超过 70 ℃，静液压系统工作油温度应在 15～65 ℃之间。

4. 机车正常运用中，不得随便调整温度控制阀的调节螺栓。

5. 检查各部油、水管路有无漏泄，油箱油位符合规定。

6. 静液压系统工作油应保持清洁，机车每走行 40 000～50 000 km 时，更换新油。

7. 百叶窗开关油缸与静液压发动机油路沟通，在风扇工作之前，百叶窗应先打开，在风扇停止工作时，百叶窗依靠弹簧作用自才子关闭，应注意观察油缸作用是否正常。

(三)联合调节器工作油的更换

工作油的质量直接影响联合调节器的正常工作，故当联合调节器工作不良时，应更换工作油。

1. 在柴油机停止工作后，打开中间体下部的放油堵，放出全部工作油，并从加油口加入清洁柴油。联合调节器工作油更换如图 7-16 所示。

图 7-16　联合调节器工作油更换

2. 柴油机启动后，司机控制器主手柄在零位工作 3～5 min，清洗联合调节器内部。然后停机，放出柴油，向联合调节器注入新工作油。

3. 再启动柴油机，司机控制器主手柄零位工作 3～5 min 后停机，放出加入的新油，再次注入新工作油。

4. 在任何时候，向联合调节器加入工作油或柴油时，均须用绸布进行过滤。

5. 联合调节器开始工作时，司机控制器主手柄在零位，将针阀拧松 2～3 扣，使柴油机转速在不稳定的情况下，工作 3～5 min，以排除联合调节器油路中的空气，然后再调整针阀，直到柴油机转速稳定为止。

6. 联合调节器针阀的最后调整工作，应在柴油机热态下进行，一般情况下针阀应在拧紧位置松开 1/4 扣。

二、电力机车主要部件的保养

(一)主变压器的保养

1. 主变压器在运用中，必须保证正常的油量，以保证正常良好的冷却作用和绝缘性能。当发现变压器油量不足时，必须及时按规定的加油方法补充合格的同型号变压器油(因为型号不同，技术参数也不一样。例如国产 25 号变压器油，其凝固点为零下 25 ℃，而 45 号变压器，其凝固点却为零下 45 ℃，另外，型号相同的变压器油，但由于产地不同，一般也不能混用）。

2. 经常检查变压器油的温度，当环境温度为 25 ℃时，变压器油的最高温度为 55 ℃。随着环境温度的变化，变压器油的温度应控制在 75 ℃以下。机车运行中，副司机要加强走廊巡视，密切观察变压器油的温度变化，发现异常就要检查，如检查各蝶阀是否打开，潜油泵转向是否正确，风机运转是否正常等。

3. 变压器各部分电气接触应保持良好。若有接头发热等不正常的现象时，应及时处理。

4. 绝缘瓷瓶应经常保持清洁，无裂纹、放电痕迹及其他现象。确保瓷瓶绝缘性能良好。若瓷瓶碰伤、灼伤面积超过 3 cm^2 以上时，必须更换新瓷瓶；若面积不足 3 cm^2 可涂绝缘漆处理。

5. 变压器刚开始投入运行、长期停放或检修后投入运行时，必须仔细检查它的外部状态，并对变压器的各绕组及油进行绝缘强度试验，确认合格后，方能投入运行。

6. 定期检查和校验油温温度计，确保其指示准确。

7. 检查吸湿器的颜色应符合要求，主变压器吸湿器如图 7-17 所示：

吸湿器用的是变色硅胶，是经过氧化钴溶液浸过的。硅胶在干燥时呈蓝色，吸收潮气后呈粉红色。因此当硅胶呈粉红色，并超过三分之二时，需要进行干燥处理或更换。受潮的硅胶在 140 ℃温度下，焙烘约 8 h（或 300 ℃温度下，焙烘约 2 h）后便可完全变成蓝色。

8. 对变压器经常进行清扫，以提高变压器的耐压强度。

9. 经常检查变压器通风机状态。叶片有无折损，油堵、油管是否齐全，油路是否畅通。定期对通风机进行压油，压油时应使用同一牌号的润滑脂。

10. 经常检查潜油泵端盖及各接头，应无松漏，接线不松动。

图 7-17　主变压器吸湿器

（二）牵引电机的保养

1. 定期使用干燥的压缩空气吹扫牵引电动机，清扫整流子、瓷瓶上的炭粉和灰尘。经常保持电机内外清洁、干燥、无油水。要根据机车运用情况，确定合理的轴承补油周期和给油量，避免缺油和给油过多，补入的润滑油应与电机轴承内原有的油脂牌号相同，禁止不同牌号的润滑油脂混合使用。

2. 机车在运用过程中，牵引电动机的电压、电流和转速都必须控制在其允许的范围内，以确保电机安全、可靠地运行。因为工作电压过高，会使电机换向困难，并容易发生环火（运行中，一旦控制线路发生故障，电机端电压超过 1 650 V，司机应及时采取措施，降低端电压，维持运行）。

3. 开盖检查电机前，首先清除容易落入电机的内部灰尘、油垢。检查电机时，禁止用有油的手去触摸整流子表面与碳刷的工作表面。

牵引电机盖内部如图 7-18 所示，开盖后，应仔细检查下列部件：

图 7-18　牵引电机盖内部

(1)换向器工作表面应经常保持清洁。换向器表面有油垢时,可用白布沾酒精擦拭干净。整流子、滑环表面有油污及黑痕时可用棉丝或绸布沾酒精擦去,必要时可用 00 号砂纸打磨,打磨后要吹扫干净。

(2)经常注意观察换向器的工作表面。当换向器表面出现异常状态后,应及时找出故障原因和部位,并进行处理。

(3)检查刷架圈、刷杆、刷握等固定件是否可靠,刷架圈的定位件是否开焊,定位座作用是否良好,刷杆表面应经常保持清洁。

(4)经常检查电刷压指动作是否灵活,压指弹簧有无折断、锈蚀等不良现象。

(5)检查电刷与刷盒孔的间隙要符合规定。间隙不能太大,也不能太小,一般圆周方向应保持在 0.05～0.24 mm 之间。

(6)检查电刷的高度是否合适。同一排电刷的高度差不能太大,以免由于电刷高度差产生较大的压力差(同刷架两副电刷高度差不能大于 10 mm)。

(7)更换电刷时,要注意同一电机不能使用不同牌号的电刷。要保证电刷和换向器表面的接触面积达到 85%以上。

(8)检查牵引电动机各绕组可见部分的绝缘漆膜有无变色,各绑线是否牢固。

4. 在对牵引电动机进行检查时,如果发现电机内部有断线、变色、烧损、松动、裂纹、开焊、甩油、尖端放电及换向器工作表面出现异常现象时,要立即提报“机统—6”,检修人员根据故障现象,认真查找出原因和部位,并及时进行处理,以免事故扩大,造成更大的损失。

5. 机车在运用中,应经常检查牵引电动机电枢轴承的温升,其值不应超过 55 ℃。

6. 要经常检查牵引电动机通风道帆布罩的工作状态。并定期对其进行清扫,检查其安装螺栓的紧固情况,发现松动,必须马上予以紧固,以确保牵引电动机具有良好的冷却通风条件。

7. 机车运行中,当主回路发生接地故障时,在未查明原因以前,禁止加负荷(查找故障时除外)。为处理电机故障而切除电机运行时,要防止其他电机过载。

8. 在任何情况下,严禁在机车未停稳以前就换向加负载。机车无动力回送、附挂或重联时,严禁反向器位置与本务车运行方向相反。

(三)辅助电动机的保养

辅助机组启动时,应按规定操作程序依次启动,严禁同时按下各辅助机组启动扳钮,以防造成启动过载,不利于电机保养。同时注意观看辅助回路电压表的波动情况,并注意监听启动运行声音和观察信号指示灯的显示是否正常，发现异状要立即停机检查。

各辅助电动机日常保养要求如下：

1. 经常检查各辅助机组的机座、端盖应无裂纹、变形，油管、油堵应齐全、畅通。

2. 接线板应清洁、无裂纹，检查各接线柱应无松动，接线柱间及对地绝缘电阻应符合规定。

3. 各辅助机组的轴承应转动灵活，无异音，运用中轴承温升不超过规定值（允许温升不超过 55 ℃）。

4. 各辅助电机的轴承内、外圈与轴、孔的配合及端盖与机座的配合不得松旷。

5. 定期对各辅助机组的轴承补给适量的润滑油脂，不同牌号的润滑油脂严禁混用。

6. 经常检查各辅助电机的过载信号电阻，发现该电阻接线开焊或折断以及电阻烧损时，应立即处理。运行中可暂时关掉该辅助电机，维持运行，待停车后再行处理（注意运行时间不宜过长，以免其他部件受到影响，从而扩大事故损失）。

（四）制动电阻柜的保养

要正确执行电阻制动的操作程序，当风速继电器因故障被隔离，进行电阻制动时，由于暂时失去风速继电器的保护作用，故应特别注意必须先开启制动风机后，再投入制动电阻，否则将发生电阻带烧损的严重事故。日常保养应做到：

1. 经常观察和检查电阻柜上的车顶百叶窗，看是否能灵活开闭，做到在制动时能灵活开启；停止制动后又能灵活关闭。

2. 保持电阻柜清洁、无杂物。若机车运行环境恶劣，例如：线路面上积有导电尘埃、铁屑等杂物（内燃、电力和蒸汽机车混合运行的地区情况较为严重），此杂物常被风吸入电阻柜内，沉积在挡风板上，引起连接线对地绝缘降低，影响机车正常运行，应经常做清洁处理。

3. 在使用电阻制动过程中，若发生主回路接地时，副司机应加强走廊巡视，防止火灾事故的发生。

4. 机车使用电阻制动后，严禁马上关闭制动风机，须确保制动电阻的彻底冷却。

（五）受电弓的保养

受电弓是电力机车重要设备，必须高度重视保养工作，车顶受电弓如图 7-19 所示。机车运行回段进行整备作业时，整备作业人员应仔细检查受电弓各部状态有无异状，发现滑板有断裂、偏磨或磨耗到限时，应及时修复或更换，并检查滑板紧固螺栓有无松动或丢失，发现松动或丢失时，应立即予以紧固或配齐，确保受电弓工作状态优良。

1. 滑板平整，不允许出现凸台衔接。对于已磨损到限的滑板，除应及时更换外，还应注意更换后使滑板顶面保持平滑状态。

2. 受电弓框架机构的底架、下臂杆、上框架、推杆、平衡杆等均应无变形、开焊和裂纹。所有铰链部分的滚动轴承应油润良好，转动灵活，动作可靠。各油嘴齐全、油路畅通，并按规定补油周期压入适量的润滑油脂。

3. 各轴销、铰链座、螺栓无松动，软编织导线无破损、毛刺，连接可靠。

4. 升、降弓弹簧无裂纹、断裂、脱落，作用良好，升降弓时间符合规定。

5. 支持瓷瓶应保持无裂纹、放电痕迹，安装螺栓应紧固无松动。发现瓷瓶烧损或破损面积超过规定值（一般规定为 3 cm^2）时应更换新瓷瓶。用毛巾或白布擦拭受电弓支持瓷瓶，

图 7-19 车顶受电弓

当瓷瓶受油垢污染而又擦不掉时，应用瓷洁精擦除，一定要保持瓷瓶表面光洁、干净。

每次出库前，机车乘务员应检查受电弓外观状态，升、降弓作用良好，状态不良应立即提报处理。

(六)主断路器的保养

机车每次入段进行整备作业时，要仔细检查主断路器各部件，应保持无异状。发现问题，应及时提报处理。主断路器日常保养应做到：

1. 所有固定螺栓均不得松动；瓷瓶应无裂纹、放电痕迹，并经常保持干燥、洁净状态，主断路器橡胶密封圈应无裂损、变形、老化和脱落。

2. 隔离开关应无松动、烧损，接线无破损、脱落，手动应作用良好，并定期给隔离开关闸刀接触面涂抹工业用凡士林润滑油脂，以减少磨损，当触指磨损到限时，应及时更换新品。

3. 各阀杆、传动杆件、定位机构、弹簧不得折损、变形，并作用良好。

4. 分、合闸电磁阀线圈，阀杆及低压联锁接线应无松动，低压联锁触头在主断路器分、合闸状态下的接触状态应保持良好。严禁在无压缩空气或气压较低(小于 400 kPa)时操作主断路器，以防止线圈烧损。当压缩空气压力在 400～900 kPa 范围内时，手动分、合闸电磁阀阀杆，主断路器应分、合正常。

5. 转动齿轮应无裂纹、断齿现象，转动应灵活，油润应良好，并定期补给润滑油。

6. 经常保持气路洁净。

7. 防止主阀卡位。机车运用过程中，储风缸空气气压低于 400 kPa 时最好不要操作主断路器，因为气压过低，使关闭主阀阀门的力太小，容易引起主阀阀门关闭不严而泄漏。

8. 经常检查转动轴固定销子是否松动，以免脱落后，造成主断路器闭合不上。

9. 机车运行中应避免在高负荷下断开主断路器，有利于主断路器的保养，从而提高运用效率。

(七)两位置转换开关的保养

机车在运用中，未起动前，乘务员必须首先确认两位置转换开关是否与机车行驶方向一致，若相反，司机应将开关进行转换(注意：因两位置转换开关接于机车主电路中，工作电流可达 500 A，由于开关本身无灭弧装置，属于不带电转换开关，特别是两位置牵引换向开关只能在机车处于零位、机车速度为 0 的情况下进行转换，否则会造成开关的严重烧损以及牵引电动机环火，严重时也会烧损牵引电动机，擦伤机车动轮）。

机车在运行中，车未停稳，严禁将换向手柄打到和机车运行方向相反的位置上，否则将会造成和上述同样的结果。

（八）蓄电池的保养

1. 机车降弓停留（无交流高压电）时，不宜长时间使用前照灯和车内照明设备，以免引起蓄电池亏电。

2. 平时机车在运用中，一定要多加观察蓄电池组的浮充电情况，以免长期利用蓄电池电压，从而引起亏电。

3. 机车在运用一段时间后，当蓄电池电压低于终止电压（对于碱性蓄电池，如以标准放电率 8 h 率放电，其终止电压规定为 1.1 V）时，蓄电池不宜继续放电，应及时充电，并须补充蒸馏水或电解液。

（九）各电器柜电器装置的保养

1. 对各电器柜的电器装置进行日常维护保养时，首先要切断电源。

2. 保持电器的清洁是保持电器绝缘良好、可靠接触和分断的必要措施。因此需经常用干燥、清洁的棉布或毛刷擦拭电器表面的灰尘、油污、金属粉粒，禁止用掉毛的刷子或棉布进行擦拭，以防刷毛或布纤维挂在电器上，也可定期用清洁干燥的压缩空气（200～350 kPa）吹扫电器。

3. 由于电器接点经常分断电弧，因此应经常检查各塑料绝缘件有否烧伤、炭化、裂纹。有烧伤、炭化者应予打磨并刷上绝缘漆，有裂纹者应予更换。各弹簧若因电弧烧灼而出现热变形、断裂、弹性过弱等现象时应予更换。

4. 为保证电器正常动作，应经常检查各紧固件有无松动，接线是否良好，操作各电器的可动部分应无卡滞或晃动现象。卡滞现象一般都是由于摩擦阻力增大，或灰尘、油垢、金属及塑料磨损时粉末的堆积、零件磨损、锈蚀等引起。零件磨耗过量、裂损或紧固件松动时会引起晃动现象，此时应进行清理或整修，及时消除卡滞或晃动现象。对于影响继电器保护整定值的紧固件松动时，应重新调整其动作参数。软连线的断面不应超过总截面积的 10%，超过时应更新，应防止断线头散开以免影响电器各相间的绝缘。

（十）机械走行部主要部件的保养

1. 轮对的保养

（1）机车在段进行整备作业或中间站停车的时间较长时，应检查轮箍标记线有无错位现象。

（2）机车运用中，应经常检查轮箍与轮心镶装部分的漆皮及状态是否产生裂翘现象（现场俗称“透锈”，是判断轮箍是否弛缓的重要标志）。

（3）机车运行中，每个区间应不少于两次瞬间缓解空气制动阀，以防止机车自然制动。

（4）机车运行中，应尽避免空转和滑行的产生，以免造成轮箍弛缓或踏面擦伤。

（5）机车运用中，必须保证轮缘喷油器作用良好，运行中，不准随意关机停用，同时应经常清扫轮对踏面油垢，保持踏面干燥、清洁。

（6）机车运行途中，发生轮箍弛缓时，应测量其外窜距离，若外窜量超过 30 mm 以上时，禁止继续牵引列车，应与调度员联系，限制速度放单机回段扣修。

(7)接班乘务员应认真确认人力制动机的状态全缓解后才能出段，以免造成轮箍弛缓。

2. 轴箱及抱轴承的保养

(1)轴箱的保养：

①段内接班后，应仔细检查轴箱端盖、轴箱拉杆和电机悬挂吊杆是否紧固良好。可用检查锤顺时针方向敲击轴箱盖上的紧固件，听其声音判断紧固状态。

②机车运用中，机车乘务员和地勤检查人员应经常注意检查轴箱盖下方有无漏油现象，发现漏油或其他异状应及时处理。

③机车运行中在站停车后，乘务员应下车检查轴箱温度（利用手触法检查，可以长时间手触时，其温度一般在 40 ℃左右）。如发现温度过高或局部温度过高时，应打开轴箱端盖，检查润滑油脂是否过多或不足及变质，润滑油脂是否清洁或混入有砂、污物以及其他颗粒性物质，轴箱内的轴承组装间隙是否过小，轴承零件是否损坏或拉伤等，并根据情况，予以消除。

(2)牵引电动机抱轴承的保养：

①抱轴油盒油位高度应经常保持在上下刻线中间。

②抱轴承润滑油应定期更换，当更换润滑油时应取出全部毛线，并在洁净的抱轴油中洗净并挤干，如发现毛线折损应更换。

③更换新毛线时，必须用抱轴油浸泡 24 h 后才能上车组装，旧毛线清洗甩干后，亦必须浸泡后才能上车组装。

④抱轴轴承在工作中其温度不应超过 70 ℃，如温度过高或冒烟时，禁止用油、水进行人工冷却，以免轴颈产生裂纹。为了避免车轴弯曲，故必须让机车在线路上慢慢移动，直到温度恢复正常为止。

3. 轮缘喷脂器的保养

(1)轮缘喷油器各系统必须安装牢固、性能可靠、作用良好、无漏泄。

(2)经常检查分配油泵，所有螺钉应紧固，外观及油漆无损伤，活塞动作应灵活无卡滞。

(3)喷嘴喷出的油脂应呈雾状锥形，准确地喷在轮缘根部，严禁喷在轮箍踏面上。

(4)机车运用中，副司机在走廊巡视时，应检查喷脂器电空阀是否工作，若不工作应将电控箱上工作开关从运行位移至试验位，继续工作，试验位喷脂时间间隔应保持在 3.6～15 s 范围内，喷脂时间为 2 s。

(5)机车进行整备作业时，应将电控箱工作开关放试验位，一面喷脂一面检查，发现喷嘴不喷脂、喷脂较少或位置不对时，均应及时提票处理。

(6)所有入段机车均应加足牌号正确、洁净的润滑油脂。

三、机车给油

了解机车油脂使用范围和需求，及时给油，保持机车各机械部件油润状态，是机车保养的重要工作之一。

(一)机车常用油脂

机车常用油脂、使用范围及给油方式如下：

1. 变压器油：主要用于电力机车主变压器(提壶加注)。

2. 压缩机油：空气压缩机用油（提壶加注）。

3. 齿轮箱油：主要用于各传动齿轮箱（提壶加注）。

4. 轴油：

（1）牵引电机抱轴轴承（提壶加注）。

（2）基础制动装置传递摩擦面（油壶点式）。

（3）车钩及各滑动接触面（油壶点式）。

5. 锂基脂：

（1）各滚动轴承、旁承、电机轴承及悬挂装置、各转动件机械摩擦裸露部分（涂抹）。

（2）牵引电机转动轴承、牵引杆、轴箱拉杆等机械连接处油堵（油枪压注）。

（二）电力机车给油

1. 电力机车日常给油处所

（1）车钩部分，包括钩舌销、钩颈摩擦板、车钩复原弹簧导框、钩提杆与钩锁铰链处，钩提杆各座销处。

（2）基础制动装置的传动杆件铰链处以及闸瓦穿销处。

2. 电力机车定期给油处所

（1）受电弓各滚珠轴承和摩擦处所，升弓风缸及其传动杆件的连接处。

（2）主断路器分断开关的动静触头和传动部分的摩擦处所。

（3）各电机轴承。

（4）制动百叶窗传动件连接处。

（5）人力制动机各传动零部件连接和摩擦处。

（三）内燃机车给油

1. 内燃机车日常给油

（1）内燃机车日常要检查燃油箱油位，观察柴油机油底壳，喷油泵、调速器的机油液面高度是否有不正常的增高或下降现象，并检查油质状况，必要时添加机油。

（2）检查变扭箱、车轴齿轮箱、风扇齿轮箱、空压机的油位，并观察油质状况。

（3）检查车钩、转向架旁承、轴箱导框、传动铰链销轴应保持油润状态，保持清洁。

2. 内燃机车定期给油

内燃机车定期给油润滑见表 7-15。

表 7-15　内燃机车定期给油润滑

序　号	加油部位	使用油类	检查日期	给油限期与要求
1	柴油机油底壳	40CD 级柴油机机油	每次启动前检查油位	每 500 h 更换或视机油品质适时更换
2	喷油泵	40CD 级柴油机机油	每次启动前检查油位	每 250 h 更换
3	调速器	40CD 级柴油机机油	每周检查油位	每 250 h 更换
4	喷油泵齿轮联轴器	3 号石墨锂基润滑剂	每月检查一次	每 250 h 加注入螺堵孔内
5	水泵动静环结合表面	“7903”密封润滑剂	—	每 3 000 h 加注
6	液力变扭器	6 号液力传动油	每日检查油位	每 3 000 h 更换或视机油品质适时更换

续上表

序号	加油部位	使用油类	检查日期	给油限期与要求
7	风扇齿轮箱	6 号液力传动油	每日检查油位	每 3 000 h 更换或视机油品质适时更换
8	空压机	压缩机油夏 19 号、冬 13 号	每日检查油位	每 500 h 更换
9	车轴齿轮箱	40CD 柴油机	每日检查油位	每 1 500 h 更换
10	旁承	40CD 柴油机	—	日常给油
11	制动拉杆销套	40CD 柴油机	—	日常给油
12	百叶窗销套	40CD 柴油机	—	日常给油
13	转动轴	锂基润滑油脂	—	每 250 h 加注

(四)机车各部给油量

1. 牵引电机每个轴承压入约 200～300 g，大的辅助电动机每个轴承压入约 20～30 g，小的辅助电动机轴承和受电弓上各轴承可适量压入。

2. 变压器、压缩机、抱轴承及齿轮箱可根据油位显示，适量补油，使之不低于最低油位和不高于最高油位。

四、内燃机车防寒

当外界气温持续在＋5 ℃以下时即认为进入冬季，内燃机车的防寒期一般为每年 11 月 15 日至次年的 3 月 15 日。

内燃机车过冬应做好的准备工作：配齐机车打温人员，在防寒期到来之前对机车有关部分进行一次整修，组织有关人员进行过冬防寒知识的学习，对机车有关处所包扎防寒设备，更换冬季牌号的机油、润滑脂、燃油等。

(一)入冬机车的检查与整修

入冬前应对机车下列部件进行检查与整修：

1. 机械间各百叶窗及其传动装置作用良好，百叶窗关闭时应严密。

2. 司机室、机械间各门窗及顶部各孔盖应完整、严密。

3. 司机室取暖设备(热风机、通风机百叶窗、侧壁暖水管)应作用良好，管路无漏泄。前窗玻璃加热器作用良好。

4. 配齐并加挂冷却室防寒棉被及各通风口防寒罩。

5. 燃油循环预热系统的各管路、止阀及热交换器应严密无漏泄，作用良好。

6. 检查蓄电池，液面高度要符合要求，充电之后，相对密度应达到 1.27 以上。运用中应保持在 1.26～1.27，蓄电池单节电压应不得低于 1.85 V，并经常擦拭蓄电池外表灰尘及溢出的电解液，疏通蓄电池排气孔。

(二)入冬机车的使用

冬季使用机车应注意下列事项：

1. 侧百叶窗均应挂上防寒被，并根据外界温度调整防寒被的通风面积。

2. 及时排放总风缸及油水分离器的存水。

3. 机车在正常使用过程中，柴油机停机时间不应过长，如油、水温度不能维持在 20 ℃以上时，需入库停机，需采取暖机措施。

4. 当外界温度低于 0 ℃时，柴油机应改用“－10”号冬季柴油。

5. 当机车某些部件和管路冻结时，可采用库内保温或浇以热水的方法进行解冻。但在任何情况下，均不得用火烤的方法进行解冻，并且，对解冻后的部件应进行全面检查。

6. 长时间露天停放的机车，应将油、水放净，如再使用机车时，应将机车推进库内保温一段时间，待柴油机等大部件温度回升到＋5 ℃以上时，才允许向机车内加水加油。

(三)入冬前应进行防寒包扎的部件及包扎方法

1. 应进行防寒包扎的部件

(1)空气系统的油水分离器、远心集尘器、总风管、各截断塞门及各排水阀。

(2)柴油机放油管、放水管及止阀。

(3)燃油箱输油管和回油管。

(4)司机室取暖水管。

2. 包扎方法

(1)各管均以毡条包扎缠紧，然后用麻袋条包扎，再用铁丝缠紧，铁丝间距 20～30 mm，然后涂上防腐油或防腐漆。

(2)油水分离器、远心集尘器各排水阀均应防寒包扎，但要保持排水阀开关灵活。

(四)冬季运用机车对电气部分防寒注意事项

1. 经常检查蓄电池(免维护的除外)相对密度、电压和液面高度，相对密度低于 1.23 或容量低于额定容量的 75％时应充电。

2. 机车进入有暖气的库房时，应在牵引电机处于热态下进入，以免换向器凝霜。长时间停留的机车进库时，应启动柴油机以小电流走车，提高换向器温度后再进库。进库后应检查电机，发现凝霜应立即吹干擦净。

3. 遇大风、雨、雪天气时应及时将牵引电机通风机改为内通风，以防尘土、雨、雪进入牵引电机内，并防止柴油机空转。

4. 长期停留的机车，在整备作业中应彻底检查牵引电动机，若电机内有积雪或水珠时应及时擦净，并启动柴油机，采用小电流走车，待烘干换向器后方可牵引列车。

5. 运行中，非操纵端司机室门窗关严，开放暖气和热风机。

(五)内燃机车冻结后的解决方法及注意事项

1. 机车部分部件和管路冻结时，可采用库内保温或浇以热水的方法进行解冻。

2. 遇冷却器部分单节或通路冻结时，可打开冷却间侧门，利用机械间的温度解冻。

3. 严格禁止用火烤解冻，以防损坏部件和引起火灾。

4. 为防止冻裂和泄漏，解冻后的部件应进行全面检查。

第三节　机车常见故障处置方法

作为列车运行牵引设备，机车在铁路运输组织中发挥了巨大的作用。为提高运用效率，减少在修时间，延长使用寿命，更好服务运输，除了提高机车本身的设计水平和制造质量外，还要进一步提高机车乘务员对机车的维护保养能力，尤其是对机车常见故障的分析与处理能力。

对机车在运用中的常见故障能够正确判断并及时排除，不仅能减少机破事故的次数，也能降低事故的危害程度：及时得当地故障处置，不但能够防止更大事故的发生，而且还能把事故的损失降低到最低。因此，掌握相关机车故障分析与处理方法，是机车乘务员岗位必备技能。机车副司机要配合司机完成列车运行牵引任务，也必须具备一定机车故障分析与处理知识和技能。

一、机车故障分析与处理概述

机车装配的部件一般可分为不可修复和可修复两大类。

不可修复部件是指部件发生问题后不进行维修直接报废换新。这种部件一般存在以下特征：在技术上不便于进行维修，一旦产生故障只有报废，如头灯灯泡等；有的是价格低廉的消耗品，维修不经济，如空气滤清器滤芯；有的仅是一次性使用，不存在维修问题，如机车上的轴承、活塞环、油封及部分电气元器件等。

可修复部件是指针对"失效"部件的修复。"失效"一般指"某个产品丧失其规定功能的现象"，尤其是指产品因丧失功能而处于不正常的工作状态。对于可修复部件来讲，通常把这种可恢复功能"失效"情况称为"故障"，"故障"强调的是对部件丧失功能后的可修复性。部件发生了故障，必然导致失效，而某种失效情况却不一定马上发生故障，但却是故障发生的前奏。

机车装备的设备部件大多属于可修复范畴，在使用过程中若偏离了它的正常工作状态或规定的技术指标范围时，都可以通过修复或者更换新的零部件来恢复其原有的使用性能。所以，我们把机车某项或多项技术指标的不正常状态，在规定使用条件下不能完成其规定功能的事件，称为机车故障。

机车作为机电产品，特别针对其机械部分，机车故障的形式一般为三种情况：

1. 完全不能工作。

机车重要部件出现"永久失效"状态，必须重新更换失效零部件，并且相关受损零部件也同时被修复后，才能恢复正常功能。

2. 性能恶化，超过技术指标规定。

当机车设备某一个或几个技术性能参数恶化时，设备会趋向于不经济地工作，甚至不安全地工作，这也是一种失效。这种失效的出现，预示必须对该部件某些零部件进行维修或更换，否则将会导致故障发生，甚至会导致危险的事故发生。

3. 失去安全保护能力。

这种失效形式也经常发生在机车设备上，例如：内燃机车曲轴箱安全孔盖不能按规定的压力打开，致使燃气突然窜入曲轴箱时无法及时将高压气体释放到曲轴箱外，引起曲轴箱爆炸等恶性事故；电力机车门联锁阀故障，高压室门关闭不良，可能导致巡检时造成劳动人身伤害。

机车故障发生后，需要及时对失效或故障原因进行分析，提出处理对策和预防措施，减少同类事件的重复发生，以提高该故障部件质量和运用安全可靠性。这个过程就是机车故障的分析和处理，如不重视这项工作，掌握和运用正确的应急处理方法，任由其故障存在和发展，就极可能导致事故的发生。

（一）故障分析与处理的目的

1. 预防故障的发生和防止事故的扩大。

当我们掌握了故障的分析与处理方法后，便可及时发现某些故障的前兆，预防故障的发生和防止事故的扩大。例如发现柴油机机油压力时有时无时，就应检查主机油泵及其传动装置是否出现故障，而不应抱着侥幸心理盲目短路油压继电器，强行开车，否则就可能发生因轴瓦缺油而造成曲轴断裂的重大事故。

2. 正确进行应急处理，减少机破事故。

当机车在运用中发生故障时，一定要认真、全面地掌握故障现象，并通过现象分析，准确查找出故障的真正原因，才可以下手处理。如 SS_{4G} 型电力机车发生控制回路接地故障，两节车控制回路灯亮，接地自动开关 616QA 跳开，就需要先判断是哪一节接地，如果断哪一节的蓄电池自动开关 601QA，另一节故障消失，即为该节接地，再施以对应处理方法甩开故障节维持运行，而不是简单恢复接地自动开关继续运行。故障处理后，在运行中还应加强对有关仪器、仪表的观察，如发现异常，应立即采取果断措施，切不可抱有盲目、侥幸心理，以免扩大故障，造成更大的损失。

3. 认真分析故障原因，明确责任，吸取教训。

正确地进行机车故障分析，准确找出事故的原因，是确认事故责任的重要依据。在分析事故原因时，应本着科学的、实事求是的原则，客观、公正地确认事故责任。机车乘务员作为事故当事者，切不可避重就轻、就事论事、敷衍塞责。若对造成事故的原因分析不准，或因立场不同而互推责任，既会引起纠纷，更不利于今后吸取教训，从而杜绝类似事故发生。准确分析出事故原因，找出事故的真正责任者，才能引起有关人员的重视，也能给有关领导部门提供决策依据，制定预防同类事故重复发生的措施，有利于提高运用效率。

（二）机车故障分析与处理的基本要求与方法

机车乘务员应秉承实事求是的科学态度和正确的指导思想，具备良好的专业技术知识，培养敏捷的逻辑思维来对待机车故障分析与处理工作。作为机车副司机，要努力提高机车故障分析与处理能力，应具备以下基本要求：熟悉机车主要部件系统的结构原理、相互的控制关系，熟悉机车主要部件系统的有关参数要求，掌握必备的机车运用知识和故障检查判断方法。

对机车运用中的各种故障进行检查判断的方法：

1. 直观判断法

不需要借助于仪器、仪表和其他检测工具，仅通过眼睛观察现象、耳听声音、鼻子嗅闻各种气味或手触感觉，来判断机车设备运转是否正常，这种方法常能取得立竿见影的效果，是以检查判断者的经验为主，综合考虑诸如常见、易发、薄弱环节及故障前后的电器动作部位等来辅以判断。

要具备直观判断故障的能力，除了在实践中不断总结和积累经验外，还要从以前取得的经验教训中不断探索、研究、学习，不断地提高自身的技术业务知识。

2. 间接判断法

借助于仪器、仪表和其他检测工具反映出来的各种信息和数据,判断机车工作状态是否正常,或者由仪表及检测装置显示的故障部位、故障的原因等项数据进行综合分析,来判断机车的工作状态。这种通过仪器和检测装置来反映和监视机车运用中出现的各种故障的方法,是目前比较常见的方法之一,由于这种方法具有较强的科学性,准确率较高,但要求检查判断者必须了解、掌握各种仪器、仪表及检测装置的使用方法、检测手段,检测部位与故障部位的相互关系等知识,才能做到准确无误。随着科学技术的不断发展,内燃、电力机车控制系统自动化、智能化程度越来越高,当前新型内燃、电力机车均采用了先进的微机控制系统和故障自动检测装置,已能辅助机车乘务人员进行故障分析判断和检查处理。

3. 综合判断法

综合判断是指既要根据仪器、仪表的指示数值和故障、报警信号的显示,又要凭经验来分析、判断各种故障。这种方法在机车自动化程度还不是很完善的情况下,是比较普遍采用的方法。它既能减少经验不足造成的错觉,又能弥补仪表的局限性。

无论直流机车,还是交流机车,由于电气控制复杂,联锁电路冗余,各种管道互控密切,发生的各种故障并不是孤立的,往往相互影响和相互渗透,甚至产生连锁反应。因此,在判断故障时应依据现象综合分析、逐项检查,对凡是可能引起故障的因素和部位都要考虑到。

二、直流机车典型故障处置

(一)直流电力机车典型故障处置

以 SS_{4G} 直流电力机车为例,电力机车常见故障集中在电气部分,其典型故障判断及处理如下:

1. 受电弓升不起

换弓运行,若两架受电弓均不能升起则按以下方法处理。

(1)确认:两节车高压室门、车顶门锁闭到位,受电弓自动开关 602QA 闭合良好。

(2)反复断合几次电钥匙 570QS,手动检查两节车门联锁电空阀 287YV(位置:气阀柜内电动放风阀旁)是否吸合,如不吸合将其固定在吸合位。

(3)若 287YV 吸合,但某节门联锁阀杆仍不能伸出,则将正常节本节升弓合闸开关 588QS 置故障位,甩故障节,维持运行。

2. 主断路器不闭合或主断路器断不开

发生主断路器不闭合时,确认调速手柄在零位,“零位”灯亮,劈相机扳键在断开位,567KA 释放;145 塞门开放,控制风缸或总风缸压力在 500 kPa 以上。

处理:

(1)重新合“主断”,仍不闭合则确认受电弓降下,570QS 断开,人为闭合。

(2)过分相时,调速手柄回零,关闭各个辅机扳钮,降弓过分相。

发生主断路器断不开时,若两节车都断不开,则检查操纵节机车主断路器自动开关 603QA 及“主断”扳钮,处理不良者处所;降弓过分相,注意加强仪表观察及走廊巡视,发现异常立即降弓,过分相绝缘时采用降弓的方法通过,回段后进行处理。

3. 压缩机系统故障

(1)如 517KF 故障,使用强泵风,维持运行,注意观察总风缸的显示。

(2)闭合405SK,辅助回路灯亮,此时217QA如仍跳闸,为203KM或压缩机本身故障切除该压缩机,用一台压缩机维持运行,注意观察总风缸压力显示。

(3)空气压缩机打风时,电动排泄阀排风口排风不止,其处理办法为关闭对应塞门,维持运行。

4. 牵引时无流

(1)非操纵节570QS在闭合位,在非操纵节司机控制器不在零位。

(2)"预备"灯不灭,预备没完成。

(3)检查678KA常闭联锁接触是否良好。

(4)确认线路接触器是否吸合,如吸合无流,则为电子柜故障;将电子柜A组转B组(注:两节车均为A组和B组),维持运行。

(5)如线路接触器不吸合,则检查532KT是否吸合,如不吸合时人为闭合532KT,若532KT吸合,确认10QP、60QP状态在运行位。(注意:人为闭合532KT,绝对不能错打反向器。)

(6)若司机控制器故障,将另一节车的控制器换到操纵节或用辅台操纵维持运行。

(7)以上处理无效时,甩掉该节车维持运行。

5. 换向手柄置前或后,"预备"灯不灭

(1)确认两位置开关转换到位,与手柄位置相符,主断闭合,劈相机工作正常,不良时作相应处理。

(2)若556KA不吸合,在确认各通风机工作正常,两位置转换开关位置正确时,可人为闭合。

注意:动车前必须启动牵引风机,运行中加强走廊巡视,若进行工况或方向转换时,必须使556KA释放。高级位时556KA不吸合,在确认各通风机工作正常时,可将573QS或574QS置故障位,仍不吸合,将530KT固定在吸合位,运行中加强走廊巡视。

6. 牵引风机不启动或启动不良

确认接触器无焊接,有焊接则撬开,装好灭弧罩;严重焊接时拆除三相接线,包好绝缘,将相应隔离开关置故障位,切除两台牵引电机(必须打开高压柜切牵引电机闸刀),若自动开关跳闸断开时,重新闭合即可,如合上又跳,则同上处理,若使用电阻制动,则断电降弓,将该风机所冷却的两台电机闸刀置下合位。

7. 制动风机烧损或启动不良

确认接触器无焊接,有焊接则撬开,装好灭弧罩;通过将相应风机故障隔离开关位置故障位,断电降弓,关断570QS,打开高压柜,将相应牵引电机隔离开关位置下合位,维持运行。

8. 变压器风机或油泵故障时变压器风机或油泵之一故障时

确认接触器无焊接,有焊接则撬开,装好灭弧罩;油泵故障将584QS打故障位,变压器风机故障将599QS打故障位,维持运行,加强走廊巡视,注意观察主变压器油温上升不可超过75 ℃,副油箱油位上升不可超过极限。

9. 机车发生给级位窜车

(1)查N105、N106插座无松脱,非操纵节司机控制在零位。

(2)用辅台操纵,不行则转B组。

(3)若某一架电流上窜,则拔掉该架整流柜75、77或76、78插座,若还不行,切除该节车。

10. 切除故障节机车，单独维持运行方法

(1)切除非操纵节(后节)：

第一步：确认非操纵节主断路器在断开位后，将 236QS、586QS 均置故障位。

第二步：将非操纵节 668QS 置重联位，电子柜选择开关置零。

第三步：确认后节车两位置开关位置正确，将 575QS、576QS 置故障位。

(2)切除操纵节(前节)：

第一步：确认操纵节主断路器在断开位置，将 236QS、586QS 均置故障位。

第二步：将操纵节车 668QS 置重联位。

第三步：确认前节车两位置开关位置正确，将 575QS、576QS 置故障位之后，将操纵节 242QS 置试验位；将操纵节 556KA 固定在吸合位。

11. “主接地”灯亮，主断跳闸的应急处理

(1)重新合闸一次；仍动作，转换 LCU“A、B”组，重合闸一次(无 LCU 的机车，不进行此转换操作)。

(2)仍跳，则检查哪一台转向架主接地继电器动作，将对应转向架高压柜内牵引电机故障闸刀至中间位后，重合闸。

(3)仍跳，则甩单节维持运行。

12. 单元制动器抱闸

若检查、判断后，无法调整处理时，立即请求救援。

(1)检查、判断前准备工作

①情况下，机车是牵引列车状态，将大闸制动后置中立位，下压小闸手柄单缓机车制动缸压力至 0。

②车情况下，机车是单机状态，做好机车防溜措施(放置止轮器)后，将大、小闸置运转位，机车制动缸压力缓解至 0。

(2)检查、判断方法

①制动器闸瓦是否贴轮，闸瓦和轮箍表面是否有明显过热变色现象，同时用手背轻微触轮箍表面，表面温度过高无法触碰，则该位单元制动器发生抱闸故障，应进行应急处置。

②闸瓦和轮箍表面应无明显过热变色现象，但手背轻微触碰轮箍表面，温度较其他位轮箍略高，单元制动器缓解状态下能摇动闸瓦托，则该位单元制动器属于闸瓦间隙小贴轮，运行途中可维持运行至前方站停车检查处置。

(二)直流内燃机车常见故障处置

以 DF_{4B} 型内燃机车为例，内燃机车运行中的故障一般集中在柴油机、电气控制和制动机上，机车副司机要熟悉所值乘机车构造和设备布置情况，当机车发生故障后能迅速协助司机进行判断和处置。

1. 柴油机典型故障

(1)主手柄升位、柴油机转速不升。

主手柄升位，柴油机转速不升，致使机车功率不能满足牵引要求，从而影响列车的正常运行。导致此故障的原因包括柴油机调控系统的机械和电气故障两个方面。

电气方面的原因：步进电机驱动器故障，步进电机接线不良或有断线、短路现象，司机控制器 SK 的第 7 号、8 号触指接触不良。

机械方面的原因：配速系统的主、从动锥形齿轮或配速活塞杆卡滞、抗劲；控制机构及供油拉杆抗劲、犯卡或有异物及零部件脱落使其卡住，以及喷油泵柱塞或供油齿条犯卡；燃油压力太低或有空气；联合调节器动力活塞卡死。

根据上述故障原因，应作如下检查和处置：

①将主手柄置保位，关掉第一套步进电机驱动器面板上的开关 K，更换插头，用第二套驱动器，将其面板上的开关 K 闭合，若柴油机转速能正常升速，为第一套驱动器故障。

②若换上第二套驱动器后柴油机转速仍不升，应检查步进电机接线是否良好，有无断线、短路现象并处置。正确接线：821→A，822→B，823→C，824→D。

③在步进电机接线良好的情况下，则应检查 SK 的第 7 号、8 号触指状态。

④若上述检查一切正常，需检查配速系统的主、从动锥形齿轮及配速活塞有无卡滞和抗劲。若配速系统有卡滞抗劲，致使其阻力过大，步进电机带不动时，可采用应急措施，即断开面板上驱动器开关 K，改用手动步进电机调速手轮进行升速，维持运行。

⑤若配速系统无故障，则应检查供油拉杆及供油齿条的状态。若是喷油泵柱塞卡死，可拔出夹头销，停止该泵的工作，但必须将夹头销固定好，以防脱落卡住供油拉杆而导致柴油机“飞车”。

⑥若供油拉杆及喷油泵都正常，且各喷油泵齿条已拉到较大供油位，则是燃油系统的故障，可更换燃油泵或检查截止阀的开度，如均正常则进行系统排气。

⑦若供油拉杆无卡滞，喷油泵无卡死，而供油齿条拉不到最大供油位，使柴油机转速下降，则可能是动力活塞卡死。此时，采用人工撬动供油拉杆，控制给油量，如撬动困难时将弹性拉杆与花键轴传动臂间的连接销拔出，使二者脱开，根据转速要求人工控制给油量(最好在弹性拉杆靠联合调节器侧撬拉，以防人工操纵不当，导致柴油机飞车)，维持运行。

(2)主手柄升位，柴油机转速升至 730 r/min 以上，但机车功率没有明显变化。

故障原因：柴油机在负载运行时，其转速达到 700 r/min 以上，恒功率调节起作用，联合调节器油发动机功调电阻 Rgt 滑动触点刚离开减载极限位，投入恒功调节，即随柴油机转速的升高、功率的增大，Rgt 减小，使牵引发电机的输出功率随之增大，柴油机功率得到充分发挥。当柴油机转速升高而机车功率没有明显变化时，说明功率调节系统有故障，Rgt 不能自动调节，而在减载极限位不动，使柴油机欠载或机车辅助装置发生故障，使阻力增大，引起辅助功率增加，而牵引功率减小。

判断与处置如下：

①将主手柄置升位，使柴油机转速升高，观察主发电机电流、电压表的显示，如没有明显变化时，检查功调电阻指针(小白点)的位置，若仍在减载极限位不动，则是油发动机卡死。此时，可闭合 9K，采用故障励磁维持运行，回段处置。

②若 Rgt 能随柴油机转速变化而移动，但始终在减载极限位附近移动，此时，检查供油齿条刻线，如已拉到较大供油刻线且与柴油机转速相符，说明柴油机没有欠载。而是辅助功率较大引起牵引输出功率的减小，应及时检查辅助装置的状态。

③若辅助装置状态良好，便有可能是柴油机内部故障。如发生“抱缸”等，使摩擦功增大，输出功减小，此时应注意观察机油压力和油、水温度，倾听柴油机的运转声音是否正常，并可采取甩缸的方法，停止该缸工作，维持运行。

(3)运行中柴油机突然停机。

运行中柴油机突然停机的原因很多,有机械、电气和辅助系统的故障,也有可能是保护装置作用引起的柴油机停机,但一般主要原因:燃油系统及其燃油泵电机控制电路故障,极限调速器动作,DLS 故障或联合调节器故障,差示压力计 CS 动作,1YJ～2YJ 故障。

判断与处置如下:

①燃油压力是否正常,若无压力时,首先确认燃油泵是否工作,联轴节状态是否良好,如均良好时进行系统排气。

②若燃油泵不工作时,确认 RBC 是否吸合。若吸合则检查 3DZ(4DZ)是否跳开或其接线有无开路。若不吸合时,则检查 RBC 线圈回路有无开路、烧损,如没有时间查找故障,可顶死 RBC 维持运行,另行处置。

③若燃油压力正常,应检查复原手柄状态,确认极调是否作用,未动作时,检查 DLS 是否吸合,若吸合且联合调节器内工作油位正常,则是联合调节器内部故障,如滑阀、动力活塞漏油,齿轮油泵损坏,传动轴不良等。这时联合调节器失去自控能力,应采取人工控制给油,实行故障励磁的办法维持运行。若 DLS 未吸合,检查 4ZJ 状态,确认 CS 是否作用。若 DLS 本身故障时,可将其顶死,维持运行。

④若 DLS 良好,可重新启动柴油机,观察机油压力,如机油压力低于 80 kPa,是 1YJ～2YJ 释放。此时应检查机油滤清器前后压差及系统有无漏泄,并予以合理处置,若油压正常,则是 1YJ～2YJ 本身故障,可短接 1YJ～2YJ,维持运行。

(4)运行中柴油机突然卸载。

运行中柴油机突然卸载也较为典型,最可能是走车电路故障或是保护装置动作,其主要原因:走车控制电路故障;水温超高,WJ 动作;3YJ～4YJ 动作或故障;主电路接地,DJ 动作;主电路过流,LJ 动作。

遇机车运行中柴油机突然卸载,应进行下列检查与处置:

①若柴油机发生卸载,卸载灯 7XD 亮,而其他保护装置的信号灯没有亮,且仪表显示正常,则是 LC 和 LLC 线圈电路开路或其本身故障,此时可按下 9K,看 9XD 是否亮,若不亮,是 16DZ 跳开,可恢复;若亮,可检查 LLC、LC 是否吸合。若 LC 未动作,则是 1C～6C 常开触点不良,此时可将 1GK～6GK 分别置故障位,来确认是哪个触点不良,并做相应处置或短接,若 LLC 和 LC 均未动作,则为 LJ、TJ 或接线排 19/1 等触点不良或断线,进行相应处置,当 LC 或 LLC 线圈烧损时,可采取人工强行闭合的办法维持运行。

②若在 7XD 亮的同时,水温信号灯 2XD 亮,则是水温继电器 WJ 动作使柴油机卸载,应做如下检查处置:

检查两端水温表,若两端水温一致,并未超过 88 ℃时,则是 WJ 误动作(或调整不当),可短接 301～302 间的 2ZJ 常闭触头,维持运行。

若水温超过 88 ℃时,观察冷却风扇转动是否正常,如转速不够时,应检查静液压系统油量及其状态是否良好,若静液压泵和静液压发动机无故障时,则为温度控制阀故障,此时采取人工调节温控阀的办法,以控制冷却风扇的运转来调节油水温度。

若温控阀已关闭旁通油路而冷却风扇仍然不转或转速不够,则是安全阀卡死在开启位,此时可敲击安全阀,使其复位。

若风扇运转正常,检查水位是否正常,缺水补之。如果因水泵或静液压泵发生故障,水温降不下来时，可临时短接 2ZJ 常闭触点，在低负荷下维持运行。

③柴油机卸载，7XD 亮，可观察机油压力，若低于 160 kPa 为 3YJ～4YJ 动作，应检查系统状态，如没有时间处置时，可在 730 r/min 以下维持运行。若油压在 180 kPa 以上时，是 3YJ～4YJ 自身故障，可在 X5/10、X5/11 间短接运行。

④若在 7XD 亮的同时，接地灯 4XD(或过流灯 5XD)亮，则是接地继电器 DJ(或过流继电器 LJ)动作，此故障参见主电路接地或过流故障的检查与处置。

(5)运行中增压器发生喘振。

运行中增压器出现强烈振动并发出特殊声响，即称增压器喘振。喘振会使空气出口压力、流量急剧变化，进气管压力不稳而造成柴油机转速不稳，使增压器振动甚至造成增压器破损。

①柴油机突然卸载或突降转速时增压器喘振：这是因为高速旋转的增压器转子惯性很大，其转速不能很快随柴油机转速而下降，此时造成增压器的供气量大于柴油机的用气量而喘振，但它是短期的。因此，在运行中应尽量避免和防止柴油机突降转速(回手柄过急)或突然卸载。

②柴油机降转速时增压器喘振：这主要是柴油机转速回落较快。如减载针阀开度过大、步进电机驱动器降速脉冲信号频率太高等，造成增压器短时喘振，此时应对其进行适当的调整(降速时间不小于 18 s)。

③柴油机在某转速下增压器喘振：在此转速下柴油机严重过载或负载波动过大，联合调节器功率整定或增、减载速度针阀调整不当，增压器与柴油机的匹配有差异。此时，应避开喘振转速维持运行，回段处置。

④柴油机在运转中增压器突然发生喘振：这主要是柴油机和增压系统发生某种故障或外界大气条件及操纵不当等引起。主要原因：外界气温过低，空气密度大，使供大于需；中冷器效率低(水温高)；联合调节器转速失控，使其波动过大；进气阻力过大(滤清器脏、中冷器堵、帆布罩漏或其刚性不好而吸瘪等)；配气系统故障，如进排气门弹簧卡死断裂、气门间隙不当使气门关闭不严、横臂脱槽使气门打不开等。

运行中遇有增压器喘振时，应根据以上情况作合理处置。

(6)主手柄退回零位，柴油机停机。

主手柄退回零位，柴油机停机是一种常见故障，它对列车的正常运行影响很大。

原因一：最低转速止钉脱落。

在主手柄退回零位时，步进电机获得降速脉冲(负脉冲)而反转，放松调速弹簧，当配速活塞上升使最低转速止钉碰到从动锥形齿轮下方的调整螺钉时而停止，以保证柴油机在最低转速下启动。若最低转速止钉脱落，使配速活塞无限制而继续上升，造成调速弹簧伸张到无预紧力状态，而使柴油机停机。

原因二：转速调节系统灵敏度太差或补偿系统作用不良使转速波动太大，而引起柴油机停机。

因为转速调节系统灵敏度太差，调节动作迟缓，减油过量，使转速降至最低转速以下时，还不能及时增加给油量，柴油机停机。另外，柴油机转速超调太多，导致主机油泵转速太低，使机油压力下降，引起 1YJ～2YJ 动作，使 DLS 失电，柴油机停机。

原因三：1YJ～2YJ 动作，使 DLS 失电，柴油机停机。

1YJ～2YJ 动作的主要原因：柴油机转速下降幅度太大，导致机油压力降低，使 1YJ～2YJ 动作；机油稀释或机油温度太高，黏度降低，在降转速至最低转速时，各部润滑间隙泄油过快，使机油系统末端压力低于 80 kPa，1YJ～2YJ 动作；1YJ～2YJ 整定值过高或发生故障，在转速降至最低转速时油压偏低而动作；主轴瓦或主机油泵磨损间隙增大，泄油严重，在柴油机低转速时机油压力难以建立。

针对该故障，在运行中的检查处置：

①若停机后再启动时，柴油机只转而不发火，且供油拉杆拉不到供油位为故障 1。

②若停机后再启动时，柴油机能启动，但发火后转速上升幅度较大为故障 2。

③若再次启动后，当松开启动按钮 1QA，柴油机又停机，当短接 X5/15，X5/16 两点，再启动后，柴油机不停机为故障 3。

(7)运行中差示压力计 CS 动作。

运行中，差示压力计 CS 动作，柴油机停机，1XD 亮。引起 CS 动作的主要原因：

①活塞裂顶(体、套松脱)、烧穿。

②活塞环口未错开(应相错 90°或 120°)，磨损严重或断裂而失去弹性。

③缸壁裂纹、拉伤或磨耗过限。

④呼吸管油气分离器堵塞。

⑤大气条件的影响(本项要特别注意通气孔连接管的状态。在 DF_4 型内燃机车上采用了稳压式方案，且差示压力计显示正压)。

⑥冲击引起的误动作。

机车乘务员要高度重视 CS 动作引起的柴油机停机，掌握判断和处置方法：

差示压力计 CS 动作，4ZJ 将得电并自锁，柴油机停机。柴油机停机后，首先应确定是差示压力计 CS 误动作还是曲轴箱压力超高而动作。此时，可打开机油加油口盖或在呼吸管口处观看是否有烟气冒出，但严禁盲目打开曲轴箱检查孔盖进行检查，以防柴油机着火。在检查时，若有烟气冒出，则为原因①、②、③、④所致；若无异状，则一般为误动作，为原因⑤、⑥所致。

如果是由于漏燃气而致使差示压力计 CS 动作，那么就有必要进一步确定是哪一缸，而后甩掉。甩缸务必按要求进行。其判断方法可采取逐缸停油检查差示压力计 CS 液面是否有显著变化(降低)来确定。

注意：在柴油机空载时，也可采用逐缸增油的方法来检查 CS 液面的显著变化(升高)来确定，但一定要注意安全；CS 动作后，在未判明原因的情况下，严禁盲目切除，以防造成严重的机破事故。

(8)运行中柴油机“飞车”。

运行中柴油机“飞车”，一般发生在回手柄降转速或柴油机突然卸载的情况下，主要原因有两个：

原因一：联合调节器故障。

①调速系统的滑阀、柱塞拉伤或抗劲，致使在降速时不能及时打开 6 孔排泄动力活塞下方的油。

②动力活塞、补偿活塞拉伤或抗劲，致使给油量不能及时减少。

以上两种情况，均在回手柄降速时，联合杠杆以固定的伺服发动机杆为支点而顺转，油发动机逆转减载，致使柴油机给油量远大于外界负荷所需给油量，使转速飞升造成“飞车”。

③补偿系统调整不当。如补偿针阀无开度，储气筒缓冲腔充满油，使补偿活塞上方无法吸入补充油，其真空度不能消除，滑阀在追踪运动后不能及时形成对动，在柱塞下移后，便将6孔让开，高压油进入动力活塞下方，而使其上行增加给油量，使转速飞升而引起“飞车”。

以上故障发生后，只要超速停车装置作用良好，不会造成严重后果。

原因二：控制机构故障。

①供油拉杆卡死。

②甩缸不当，使夹头销脱出而卡死。

以上故障均使供油拉杆不能拉动而减小给油量，在降负荷时引起“飞车”。

③超速停车装置失灵。若柴油机发生“飞车”，当转速超过 1 120～1 152 r/min 时，极限调速器不能及时动作使柴油机停机而造成“飞车”。

柴油机“飞车”并非不可防止，只要处置得当是完全可以避免的，其方法如下：

当回手柄降速时发现柴油机转速不但不降反而上升，这时一定要冷静，应将主手柄再提起来恢复到原来位置，若转速继续上升，可迅速关闭 4K，使燃油泵停止工作，提主手柄增加柴油机负荷，用负荷压转速，千万不能将主手柄回零位使柴油机卸载。因为柴油机在带载的情况下油耗较大，很快将管路中的剩余燃油烧尽而停机。凡是回手柄使柴油机降转速时，都是机车处于减速或将要停车状态而不需要牵引力，即要求柴油机空转，若这时柴油机发生“飞车”，再断开 4K，提手柄加载后，为防止机车超速或影响停车距离，可施加空气制动来调节机车速度或使机车停车。这是不得已情况下的应急方法。

柴油机发生“飞车”后，应对柴油机和辅助装置作认真检查，确认无问题后，方可重新启动。

(9)运行中柴油机进、排气阀横臂脱槽或导杆折断。

横臂脱槽：由于定位螺钉松缓或磨耗，气阀不能正常开启和关闭，影响柴油机正常工作。

横臂导杆折断：主要是由于两个同名气阀与横臂两端的间隙不一致和导杆压装不到位、导杆松动以及疲劳折损等原因所造成的。

故障一：排气横臂导杆折断。

排气横臂导杆折断后，排气阀不能开启，废气不能排出，造成该缸燃气在进气阀开启时向稳压箱以及进气系统逆窜，影响其他气缸的工作，使增压器喘振，柴油机出现严重异音，其主要现象：

①柴油机出现有节奏的、沉闷的击鼓声响。

②柴油机两侧进气道软连接帆布通道随上述异音一张一收有节奏的鼓动。

③柴油机排气总管发红、冒黑烟甚至冒火团。

④柴油机压转速。

⑤如故障的缸盖垫不严时，则该缸的缸盖垫处漏油冒烟。

故障二：进气阀横壁导杆折断。

进气阀横壁导杆折断后，进气阀不能开启，新鲜空气不能进入气缸而影响正常工作，其故障现象：

①故障缸发出刺耳的敲缸声音。

②排气支管以及总管发红。

③排气冒黑烟，严重时冒火团加黑烟。

④柴油机功率受影响，转速也有所下降。

在运行中若发生进、排气阀横臂脱槽或导杆折断时，首先根据音响处所打开示功阀，确定故障缸，然后甩缸维持运行。

2. 电气故障处置办法

(1)牵引电动机环火。

现象：接地信号灯 4XD 亮，过流信号灯 5XD 亮，卸载灯 7XD 亮，接地继电器 DJ 动作，过流断电器 LJ 动作，机械锁闭，LLC、LC 失电而使柴油机卸载。

其原因：轮对发生空转，使电机电枢电压升高；牵引电动机电流的突变。

发生牵引电机环火后，司机将主手柄回零位，DJ、LJ 手动解锁，停车检查牵引电动机换向器状态来确定环火电机，通过 1GK～6GK 牵引电机故障开关由运位转故障位，将环火的牵引电动机在电路中切除。

根据牵引电动机切除台数，采用不同的维持运行办法(牵引电动机电流不得超过 800 A)。切除一台牵引吨数不减吨，维持运行。切除二台减吨运行，减少原定吨的 1/3，切除三台不允许牵引，只可单机回段。操纵上注意产生环火的因素。

(2)主电路接地。

现象：4XD、7XD 亮，柴油机卸载。DJ 动作，机械锁闭，主手柄回零位，DJ 手动解锁。

试将主手柄提 1 位，DJ 是否动作，不动作时可继续运行，DJ 仍动作可将 DK 接地开关打故障位，再提主手柄试验，有两种情况：

第一种情况，DJ 不动作说明接地点在负端，可继续运行(当正端再发生接地 DJ 仍会动作)，回段处置。

第二种情况，DJ 动作说明接地点在正端。用 1GK～6GK 的故障位，检查牵引电动机电枢端是否接地，将 1GK～6GK 全部打到故障位，提主手柄 1 位，DJ 不动作，接地点在牵引电动机，分别转 1GK～6GK 的运位，当哪个开关打运位而 DJ 动作，这台牵引电机接地。故障开关放故障位，将电动机切除，维持运行，回段处置。

如果接地点不在牵引电动机，那就在牵引发电机或主整流柜上，途中没时间查找，将 DK 打零位、DJ 切除无保护的情况下，将列车由途中低速牵引至前方站，运行中加强走廊巡视(电路中有一点接地无任何现象，有两点接地会发生电器、线路烧损)。

(3)过渡装置故障。

现象：磁场削弱不能自动进行，机车速度受到限制。

采取人为手动磁场削弱开关 XKK 的办法维持运行，根据速度表显示的机车速度，转换 XKK 开关，以提高机车速度。具体方法如下：

①速度上升达 38～43 km/h，XKK 由零位转Ⅰ位(Ⅰ级上)Ⅰ级磁场削弱状态。速度上升达 49～55 km/h，XKK 由Ⅰ位转Ⅱ位(Ⅱ级上)Ⅱ级磁场削弱状态。

②进入坡道速度下降至 39～45 km/h，XKK 由Ⅱ位转Ⅰ位(Ⅱ级下)进入Ⅰ级磁场状态。速度下降至 30～35 km/h，XKK 由Ⅰ位转零位(Ⅰ级下)进入全磁场状态。

由平道、上坡进入下坡，主手柄回零，XKK 亦转零位。

(4)电压调整器 DYT 故障。

现象：2 V 辅助电压表显示蓄电池电压 96 V。3 A 充放电流表显示放电状态。

电压调整器 DYT 的故障，会使启动发电机 QF 不能输出 110 V 恒压。此时应改用固定发电工况(主要解决空压机打风)，闭合 8K，GFC 得电，柴油机转速 n=1 000 r/min，调节 Rgf 电阻，使 QF 电压为 110 V。

空压机打风控制改为手动：将 10K 断开，由 2QA 手动按钮控制。断开 2K 机控板钮，柴油机转速达 1 000 r/min，QF 电压 110 V，按下 2QA 按钮，空压机打风，风压 900 kPa，松开 2QA 打风停止，风压降至 750 kPa，重复以上操作过程。

(5)功调电阻 Rgt 故障。

现象：2 A 电流表 IF 电流、1 V 电压表 UF 电压波动大，柴油机时而欠载时而过载。牵引发电机直流功率 RF 不能自动调节为恒功率。

使用故障励磁维持运行。按下 9K，GLC 得电 IOXD 亮(故障励磁工况)，QF 向 CF 的励磁电路通过电阻 Rgl1 使励磁电流恒定，牵引发电机直流功率 RF 兰州地区为 1 650 kW。故障励磁是在柴油机欠载工况，故障励磁的直流功率 PF 为 1 700×85%=1 445 kW，以免发生过载情况。直流电流，IF 与直流电压 UF 近似地随串励电动机的自然特性反比变化。

(6)蓄电池的放电状态。

现象：2 V 电压表显示 96 V，3 A 电流表向下指示放电状态。

QF 处于固定发电状态，1 000 r/min 时 QF110 V，柴油机转速下降，QF 电压随之下降，当 QF 电压小于蓄电池电压时，UQF＜VxDc，蓄电池呈放电状态。

运行中的处置需要掌握好时机：下坡道惰力运行，柴油机空转，转速为 1 000 r/min，QF110 V 进行充电，为平道上坡由于 QF 电压低于蓄电池电压，蓄电池放电打好基础。同时尽量减小蓄电池负载，夜间运行关闭汞氙灯，用左右照灯，各室灯均关闭，减小放电电流，可延长放电时间，保证故障下维持运行。

(7)运行中柴油机卸载。

现象：运行中柴油机卸载，但只有 7XD 卸载灯亮，2 A 电流表、1 V 电压表无显示。说明保护装置未动作，为电路中控制点接触不良。

若只有 LC 失电则为 1C～6C 常开接触不良。此时可断开 2DZ 自动开关，闭合 2K，主手柄 1 位进行试验，1GK～6GK 故障位来判别、确定不良处所，用短接线短接，恢复故障开关运位，维持运行。

如 LLC、LC 均失电，则需断开 2DZ 自动开关，闭合 2K，主手柄 1 位进行试验。

用短接法短接控制点查找故障。短接 X5φ10 与 LLC 线圈正端 328，确定 2ZJ 常闭状态。短接 X5φ10 与 X5φ11，确定 3ZJ 常闭状态。短接 X7/3 与 X7/2，确定 TJ 常闭状态。短接 X7φ3 与 X3φ3，确定 LJ 常闭，1HKf、2HKf 向前闭合状态。短接 X7φ2 与 X5φ11，确定 DJ 常闭、1ZJ 常闭状态。

主手柄 1 位，LLC、LC 得电，降保升位，LLC、LC 又失电，为 LLC 常开不良。柴油机转速 750 r/min 以上，LLC、LC 失电，3YJ、4YJ 不良，在油压保证 180 kPa 以上(注意机油压力表)可短接油压继电器接线，维持运行。确定接触不良的故障部位，将其短接，维持运行至前方站再行处置。

当保护装置短接时，注意信号灯的显示，及时将主手柄回零。

(8)时间继电器 1SJ、2SJ 故障。

1SJ 故障现象：

柴油机启动时，启动前打滑油不止。1SJ 动作 45～60 s。

人为控制。通过 2 点与 3 点的短接来控制打滑油时间（由 1QA 按下开始计时间到 45～60 s，短接 2 点与 3 点）。Qc 得电，启动完毕后断开 1QA，Qc 失电，将短接线取下。停机再行启动时，重复上述办法。

2SJ 故障现象：

6XD 长亮不灭，降压电阻发红。2SJ 动作 2～3 s。

6XD 由亮到灭的时间（降压电阻加入时间）。

断开 10K 用 2QA 控制。由 2QA 按下 YC 得电开始计时 2～3 s，将 2SJ 的 2 点与 3 点短接，YRC 得电全压运转，断开 2QA，YC、YRC 失电，短接线取掉。再启动打风时，重复上述办法。时间允许可将 3SJ 代替 2SJ（动作值相同，不用调整）。将 2SJ 的 2 点与 3 点同 3SJ 的 2 点与 3 点的接线连在一起，具有水温继电器 WJ 控制 2ZJ 的作用。

(9)牵引发电机直流功率 P1 小。

现象：机车牵引力 FK 小。兰州地区 Pf 为 1 580～1 680 kW。

CF 向 L 的励磁电路故障：

①1ZJ 常开接触不良，使 Rwq 电阻加入电路，励磁电流减小，将 1ZJ 常开短接（牵引工况运行中）。单机运行时，短接线取掉。

②CF 传动皮带松弛，转速降低，CF 电压低，励磁电流小。调节皮带松紧合适。

QF 向 CF 的励磁电路故障：

①ZC 常闭接触不良，使 $RLcf1$，电阻增大，励磁电流减小，将 ZC 常闭短接。

②$RLcf2$ 电阻断，使电路电阻增大，励磁电流减小，使用故障励磁。

(10)柴油机停机（电气故障）。

电气故障造成的柴油机停机原因：

①15DZ 总控自动开关跳，控制电路失电。

②3DZ 跳，1RBD 停转，无燃油压力。

③4DZ 跳，2RBD 停转，无燃油压力。

以上检查 15DZ、3DZ、4DZ 开闭状态，手动向上闭合。

④4ZJ 常闭接触不良。RBC 线圈失电，RBD 停转。DLC 线圈失电，联合调节器停止工作。将 4ZJ 常闭短接维持运行（注意 1XD 状态）。1XD 显示立即断总控 1K，采取停车措施。

⑤DLS 线圈烧损或 RDLS 断线，联合调节器停止工作。将 DLS 衔铁人为压下维持运行。

⑥1YJ 或 2YJ 常开接点不良。将接点短接。1H 接线盒 X50φ3 与 X50φ2 短接 1YJ 常开接点。X50φ2 与 X50φ4 短接 2YJ 常开接点。

3. 制动机常见故障

(1)变向阀柱塞卡滞。

分配阀变向阀柱塞卡滞在单作管侧时，自阀制动有效，单阀制动无效；柱塞卡滞在作用风缸管侧，单阀制动有效，自阀制动无效，但自阀制动后移回运转位时，主阀排气口排气正常。

单作管变向阀柱塞卡滞时，自阀制动有效，单阀一端制动有效，另一端制动无效。

处理方法：将制动阀手柄移至制动无效时的作用位置，然后轻轻敲击故障变向阀体，一般情况下故障便能自行消失。

(2)换端后制动管不充风。

该故障一般发生在正向连挂列车妥当后，司机直接将自阀手柄移至取柄位，取出后换端。这是一种不正确的操纵方法。

原因：连挂列车后这样换端，当在另一端将手柄由取柄位移回运转位时，机车分配阀中紧急放风阀口将自动开启。此时若将制动软管连结妥善，并恰好开放列车和机车制动管折角塞门时，制动管容积立即增大，制动管充风速度降低，不能强行将紧急放风阀口关闭，于是造成空气压缩机泵风不止，制动管由中继阀充风的同时，又由紧急放风阀口直接排向大气，致使制动管始终不能增压。

处理方法：自阀手柄移至紧急制动位，待紧急放风阀口自行关闭后，再将手柄移回运转位即可。

(3)自阀放风口排风不止。

一般发生在自阀施行紧急制动后缓解，原因为有异物将自阀的放风口卡住。

因自阀制动管上未装设有管道滤尘器，连挂车列在运行中施行紧急制动时，由于车列中制动管内存在有的煤渣、锈斑等异物便向自阀的放风阀运动。当异物的当量直径与放风阀口开度大致相同，并运动至放风阀口处时，便会将放风阀口卡住，造成放风阀口不能关闭。

放风阀口一旦被卡住后，可将自阀手柄在过充位及紧急制动位反复移动几次，同时轻轻敲击放风阀体。若仍不能使异物自行排出时，可将司机室地板下方自阀制动管上的塞门关闭后换端操纵；或解体清扫自阀的放风阀。

(4)运行中空压机不工作。

现象一：闭合 10K，YC、YRC 不吸合，而按下 2QA，YC、YRC 吸合。

故障处所：YK 故障。

应急处置：采用 2QA 手动风泵。

现象二：按下 2QA，YC 不吸合。

故障处所：YC 线圈烧损或接线不良。

应急处置：人为闭合 YC，强制泵风。

现象三：按下 2QA，YC 吸合，YRC 不吸合。

故障处所：YRC 线圈烧损或接线不良或 2SJ 故障。

应急处置：在 YC 接通 3 s 后，人工闭合 YRC 使空压机工作。

现象四：YC、YRC 吸合，但空压机不工作或只有一组空压机工作。

故障处所：4RD、5RD 烧损或其中一个烧损，YC 接触不良。

应急处置：①更换 4RD、5RD(350 A)。②强行接通 YC 主触头。③暂时利用一台空压机工作，维持运行。

三、交流电力机车典型故障处置

交流电力机车因大量采用模块化装置和部件，因此其典型故障处置方法需要按照标准流程来进行处置判断和操作。

以下为较为典型故障处置：

(一)交流电力机车受电弓无法升起处置步骤

交流电力机车受电弓无法升起处置步骤见表7-16。

表7-16　交流电力机车受电弓无法升起处置步骤

步　骤	方　法
1. 微机复位	按压司机室“微机复位”按钮复位，按压时间大于1 s
2. 确认升弓条件是否满足	依次按压显示屏【主要数据】→【封锁条件】→【受电弓】按键进入“受电弓状态”界面，根据信息提示进行处理
3. 大复位	断开司机室“控制电源开关”进行大复位，断开时间>10 s
注意：当某个TCU连续出现3次保护性分主断后，机车会采取降弓保护；此时需要人工操作给升弓指令后重新升弓	

(二)交流电力机车主断路器无法闭合处置步骤

主断路器无法闭合(允许合、已合上、条件不满足)时，交流电力机车主断路器无法闭合处置步骤见表7-17。

表7-17　交流电力机车主断路器无法闭合处置步骤

现　象	步　骤	方　法
1. 自动过分相时，主断路器图标呈灰色，但不能自动闭合	人工操作合主断	将调速手柄调至大零位
		操作“主断路器”扳键开关先“分”再“合”
2. 主断路器图标呈黄色	微机复位	按压“微机复位”按钮复位，按压时间>1 s
	确认合主断条件是否满足	依次按压显示屏“主要数据”→“封锁条件”→“主断状态”按键进入“主断状态”界面，根据信息提示进行处理
3. 途中机车故障合不上主断	微机复位	按压一次“微机复位”按钮复位，按压时间>1 s
	自动隔离	连续按压三次“微机复位”，系统自动隔离
	TCU或电机隔离解锁	确认故障消除后，在显示屏“主界面”按压“隔离解锁”按键解除锁定故障锁复位
	大复位	停车，断开司机室“控制电源开关”进行大复位，断开时间>10 s
注意：①一般故障是不需要进行“大复位”的，所以大复位前确保操作“微机复位”三次、“隔离解锁”无法后再进行。②“隔离解锁”操作尽量选择在下坡或平道上进行，避免隔离无效(故障存在)影响机车运行速度。③途中经常会出现高网压或低网压故障，此类故障机车会根据保护逻辑自动复位(低网压保护时，分主断，并封锁2 min；高压保护时，分主断，并封锁20 s)。④人工操作过分相(目自动过分相)前，应提前回调速手柄减流，避免带电流分主断		

(三)交流电力机车牵引力发挥异常处置步骤

交流电力机车牵引力发挥异常处置步骤见表7-18。

表7-18　交流电力机车牵引力发挥异常处置步骤

现　象	步　骤	方　法
1. 全车无牵引力	微机复位	按“微机复位”按钮复位，按压时间>1 s
	确认牵引条件是否满足	依次按压显示屏【主要数据】→【封锁条件】按键进入“牵引封锁”界面，根据信息提示进行处理
	大复位	停车，断开司机室“控制电源”开关进行大复位，断开时间>10 s

续上表

现　　象	步　　骤	方　　法
注意:①总风缸压力不得低于 650 kPa。②牵引变流器冷却水压不得超出 1.8～3.3 bar 范围。③机车运行中,应经常通过显示屏温度界面,观察牵引变流器水压、水温、柜体温及电机温度等参数		
2. 某节、架或电机隔离无牵引力(牵引足时,建议维持运行或进站内处理)	故障查询	在显示屏“主界面”按压上方按键,确认是否存在“三相开关断开”或“MCB 打开”等故障,如果有,在低压柜上恢复相应开关
	隔离解锁	确认故障消除后,在显示屏“主界面”按压【隔离解锁】按键解除锁定故障锁复位

(四)空转或卸载

预防机车发生空转或卸载应人工勤撒砂,增加机车轮对与轨面的摩擦力。

当机车在平道中出现长时间空转时,可适当缓慢降低调速手柄级位控制给定力矩略大于实际力矩,当实际力矩稳定不再卸载时,及时逐渐提升调速手柄以最大限度发挥机车牵引力,同时注意:

1. 手柄不宜回零;
2. 在长大坡道上或坡起时手柄级位不宜降低。

当轨面黏着不好时,机车起车或坡道提速过程中调速手柄应逐渐缓慢进级;调速手柄进级时不宜过快。如果是非空转原因的牵引力卸载,请关注网压、水温等引起的降功保护。

(五)辅逆变故障

遇辅逆变故障,可采取交流电力机车辅逆变故障处置步骤方法进行处理,见表 7-19。

表 7-19　交流电力机车辅逆变故障处置步骤

步　　骤	方　　法
1. 微机复位	按压司机室“微机复位”按钮复位,按压时间>1 s
2. 在显示屏“主界面”按压上方按键,确认是否存在其他辅逆变负载故障	伴有“主压缩机故障”时,在机械间低压柜中将“主压缩机”三相电源开关打至断开位。 注意:此时机车只有一个压缩机能正常工作,司机应时时观察总风管风压的情况,必要时人工操作压缩机起“强泵”
	伴有“空调故障”时,关闭空调,或在机械间低压柜中将“空调”三相电源开关打至断开位
	伴有“充电机故障”时,在机械间低压柜中将“充电机”三相电源开关打至断开位。 注意:此时蓄电池不能充电,应将机车维持运行前停车检查
3. 辅逆变冗余切换	在机械间低压柜中依次断开“辅变到主变电压传感器=34-Q20”“辅变到主变电压传感器=34-Q21”三相电源开关,隔离故障架辅逆变。 注意:①冗余模式下机车只有一个压缩机能正常工作,司机应时时观察总风管风压的情况,必要时人工操作压缩机起“强泵”。②请勿断开“辅助系统控制 1”“辅助系统控制 2”开关,这样会引起整节机车隔离

(六)交流电力机车复位方法及注意事项

1. 微机复位

俗称小复位,在交流机车发生电气故障,无法在短时间内进行判断处置时优先使用。

(1)消除故障:调速手柄回零位,按压“微机复位”按钮1次,时间大于1 s;

(2)隔离故障设备:若故障一直存在需要隔离故障设备时,则连续按压“微机复位”3次,每次按压间隔时间为2 s(可以在运行中进行)。

2. 隔离解锁

使用时机:当故障消除、确认无异常,需要使微机隔离的设备重新投入工作时使用。

使用方法:在主断路器断开、调速手柄回零位的情况下,按压显示屏上的【隔离解锁】按键1次,时间大于2 s。

3. 大 复 位

使用时机:在微机复位、隔离解锁无效时使用。

在机车停车的条件下,降受电弓、分主断、调速手柄回零位后,断开司机室“控制电源”开关20 s(监控系统30 s、制动系统60 s)以上再闭合。进行大复位时机车将自动实施停放制动。

(七)惩罚制动缓解说明

惩罚制动实施以后,若需对其进行缓解,此时只需将方向手柄回零,CCU将取消送给BCU的惩罚制动请求信号,之后可通过将大闸置抑制位1 s回运转位缓解惩罚制动。

(八)蓄电池充电机组故障

观察机械间充电机监视器,若报“充电过流”或“* *模块故障”时,观察蓄电池充电电压和电流显示确认充蓄电池充电是否正常。若充电不正常时(输出电压<110 V,电池电流为负值)可对充电机复位——同时按压充电机监控模块的小屏幕上的【+】和【—】按键,保持10 s后充电机重置。如无效则维持到前方站停车后大复位处理。

第四节　非正常情况下行车时的应急处置

非正常情况下行车是指行车过程中遇铁路信号、联锁、闭塞等行车设备故障,或受气候、地质灾害情况影响设备不能按通常模式工作时的行车,简称为非正常行车。

机务非正常行车情形很多,归纳来讲有区间非正常停车、汛期行车、天气不良情况下行车、行车设备不正常情况下安全行车等典型情形,机车副司机应学习掌握必要的非正常行车时的应急处置办法,严格按照非正常行车的处置作业要求,配合机车司机正确应对运行中发生的非正常情况,确保行车处置规范、作业标准执行到位。

一、列车在区间被迫停车时的处置总体要求

1. 列车在区间被迫停车不能继续运行时(司机若发现制动主管压力突然急剧下降时,应迅速将自阀手柄移至中立位或制动区,解除机车牵引力),立即使用列车无线调度通信设备通知两端站(列车调度员)及车辆乘务员(随车机械师),报告停车原因和停车位置,根据需要迅速请求救援。需要防护时,列车前方由司机负责,列车后方由车辆乘务员(随车机械师)负责,无车辆乘务员(随车机械师)为列车乘务员负责。配备列车防护报警装置的列车应首先使用列车防护报警装置进行防护。

2. 列车在区间被迫停车不能继续运行时,应施行常用制动保压停车,防止列车溜逸。

已请求救援的列车，不得再行移动，并按规定对列车进行防护。

3. 列车在区间被迫停车后，遇列车无线调度通信设备、GSM-R手持终端等通信工具不能联系时，司机可指派列车乘务组及其他铁路员工，使用一切可利用的通信、交通工具向就近车站(列车调度员)报告停车原因及停车位置，司机应根据情况及时请求救援。

4. 线路允许速度160 km/h以上区段(含邻线)，列车被迫停车须下车处理时，司机[或司机根据车辆乘务员(随车机械师)的申请]向列车调度员报告，得到列车调度员已发布邻线列车限速160 km/h及以下调度命令或已扣停邻线列车的口头指示[需转告车辆乘务员(随车机械师)时，司机应及时转达]后，方可下车作业。

5. 单机挂车，安装使用列尾装置的列车及在电气化区段原则上不实行分部运行，应请求救援或按规定退行到后方站处理。

6. 电力机车运行中被迫停车，造成机车受电弓停在接触网电分段处的禁停区域(电力机车禁“停”标内)时，应按有关规定处理。

7. 动车组以外的旅客列车在区间被迫停车遇自动制动机故障(电气化区段接触网停电，在6‰及以上坡道上停车超过30 min，在小于6‰坡道上停车超过60 min)时，司机应立即将止轮器放置于机车下坡端车轮下对列车进行止轮防溜，以列车无线调度通信设备并辅以鸣笛信号(连续鸣笛“三短声”)通知车辆乘务员(随车机械师)。车辆乘务员(随车机械师)得到司机通知后，应立即组织列车乘务人员拧紧全列人力制动机，以保证就地制动。车辆乘务员(随车机械师)与列车长共同确认全列人力制动机拧紧[车辆乘务员(随车机械师)在车下，列车长在对应车辆的车上]，分别做好人力制动机使用记录，车辆乘务员(随车机械师)及时向司机告知。

列车制动系统恢复正常、救援列车挂上制动系统故障车列接通软管或接触网恢复供电后，司机(救援列车司机)以列车无线调度通信设备并辅以鸣笛信号(连续鸣笛“二短声”)通知车辆乘务员(随车机械师)，车辆乘务员(随车机械师)接到司机(救援列车司机)通知后，组织列车乘务人员松开拧紧的人力制动机。车辆乘务员(随车机械师)与列车长共同确认全列人力制动机缓解[车辆乘务员(随车机械师)在车下，列车长在对应车辆的车上]，分别做好人力制动机使用记录，车辆乘务员(随车机械师)及时向司机报告，司机方可按规定开车。

二、列车在区间被迫停车时的处置要点

列车在区间遇设备故障，或受气候地质灾害情况影响设备不能正确工作被迫停车时，应严格按照对应情形处置流程办理，并将相关处置关键要点落实到位。

1. 停　　车

遇非正常情况停车要果断，立即采取紧急停车措施(热轴、机车故障、车站预报常用制动除外)，涉及弓网方面还须断电降弓。

2. 记　　录

养成随时记录工作习惯，记录停车时间、公里标、自闭区段前方信号机编号、坡道、当时速度等。

3. 汇　　报

严格落实汇报制度，停车后按规定向车站值班员(列车调度员)汇报停车原因、停车时间、公里标等。

4. 查　　看

得到准许下车检查的通知后，穿戴好劳动防护用品会同有关人员共同下车进行检查。

5. 取　　证

注意留存证据，对现场进行拍照、录像留证。

6. 防护防溜

区间停车后要按规定采取防护防溜措施，线路塌方、道床冲空、可能妨碍邻线等危急情况，配备列车防护报警装置的列车应首先使用列车防护报警装置进行防护，同时采用响墩防护(单班单司机可采用火炬进行防护)，依据牵引列车及线路情况还需要采取止轮器、拧紧人力制动机等方式进行防溜。

7. 处　　理

根据现场情况按各类处置流程处理。

8. 确　　认

开车条件具备，有车下作业时必须确认相关人员均已上车。

9. 开　　车

司机自行停车时由司机自行起动继续运行并汇报车站值班员(列车调度员)；其他人员使列车停车时由相关人员按规定发车，并检查列车制动主管的贯通状态。

三、因线路故障造成区间被迫停车的处置

列车遇线路故障，如断轨、塌方、断道、线路障碍等被迫停车时，应按以下流程进行处置，遇线路故障(断轨、塌方、断道、线路障碍等)时的处置流程如图 7-20 所示。

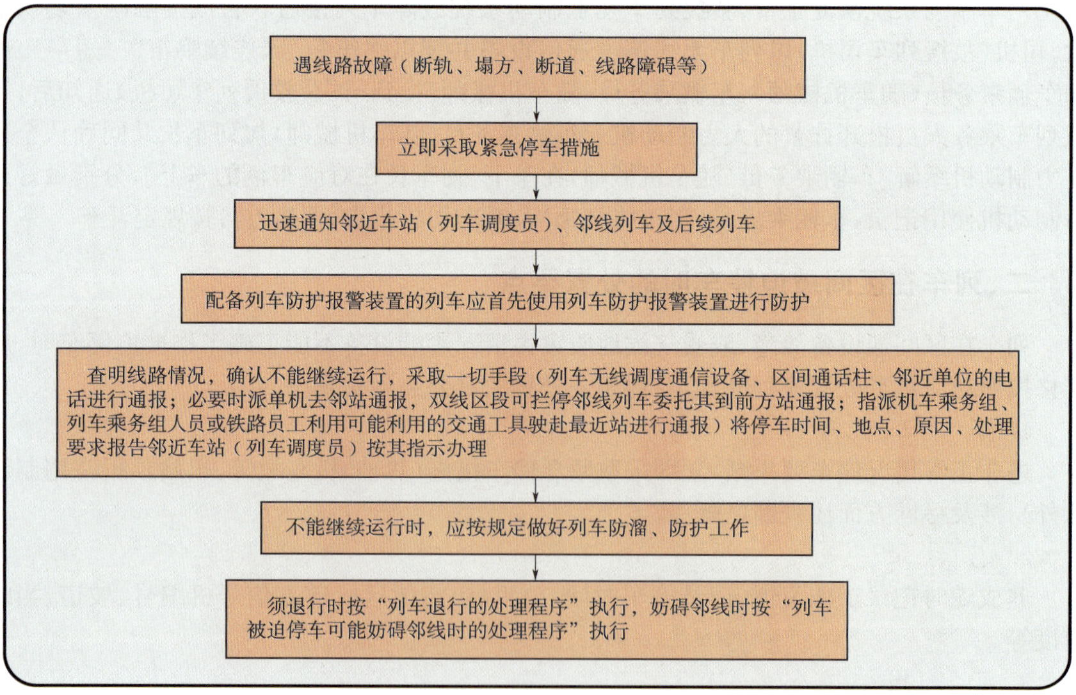

图 7-20　遇线路故障(断轨、塌方、断道、线路障碍等)时的处置流程

四、汛期行车的安全与要求

汛期行车机车乘务员要集中精力，提高警惕，做到“车动集中看，瞭望不间断”，严格执行手放大闸规定（离开闸柄连续时间不得超过 5 min），按规定执行车机工联控，严格遵守调度命令、不同雨量警戒值的限速规定。遇不同汛情时，按规定采取对应措施，汛期安全行车应对措施如图 7-21 所示，并做到：

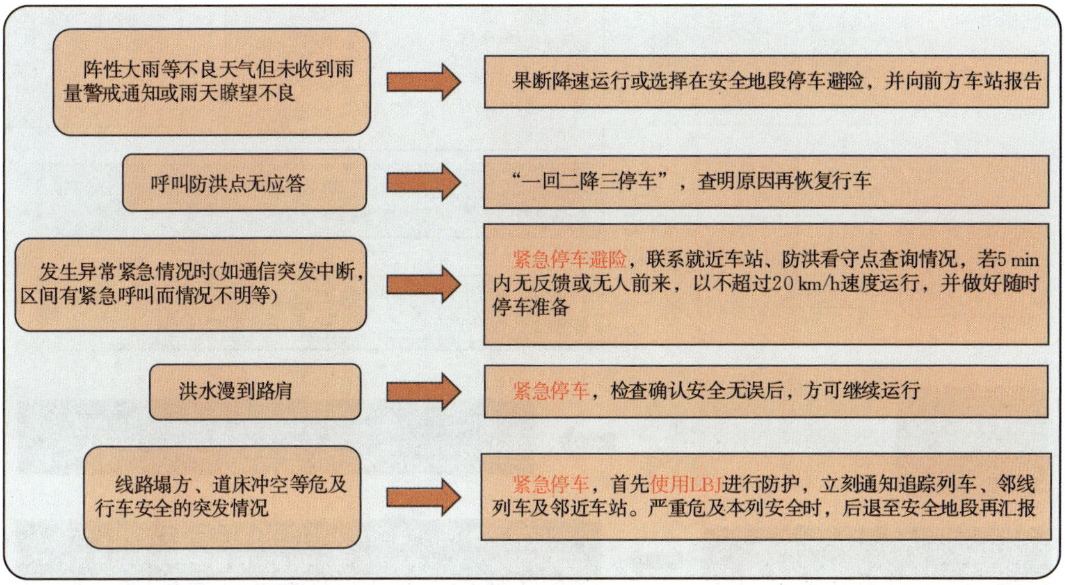

图 7-21　汛期安全行车应对措施

1. 列车通过防洪重点地段时，司机要加强瞭望，并随时采取必要的安全措施。

2. 当洪水漫到路肩时，列车应按规定限速运行；遇有落石、倒树等障碍物危及行车安全时，司机应立即停车，排除障碍并确认安全无误后，方可继续运行。

3. 列车遇到线路塌方、道床冲空等危及行车安全的突发情况时，司机应立即采取应急性安全措施，并立刻通知追踪列车、邻线列车及邻近车站。配备列车防护报警装置的列车应首先使用列车防护报警装置进行防护。

五、天气不良时的行车方法与要求

天气不良时的行车应对流程如图 7-22 所示。列车运行中遇恶劣天气，机车行安设备必须全程开机运转，严禁关机，按规定显示列车（机车）标志，机车乘务员做好随时停车准备，严格执行手放大闸规定（离开闸柄连续时间不得超过 5 min），发现异常立即采取紧急制动措施。信号机显示距离不足 200 m 时，司机或车站值班员须立即报告列车调度员，列车调度员应及时发布调度命令，改按天气恶劣难以辨认信号的办法行车，机班加强互控，认真落实恶劣天气行车办法措施，在以下关键地点，执行好作业标准，确保行车安全。

1. 列车按机车信号的显示运行。当接近地面信号机时，司机应确认地面信号，遇地面信号与机车信号显示不一致时，应立即采取减速或停车措施。

2. 当无法辨认出站（进路）信号机显示时，在列车具备发车条件后，司机凭车站值班员

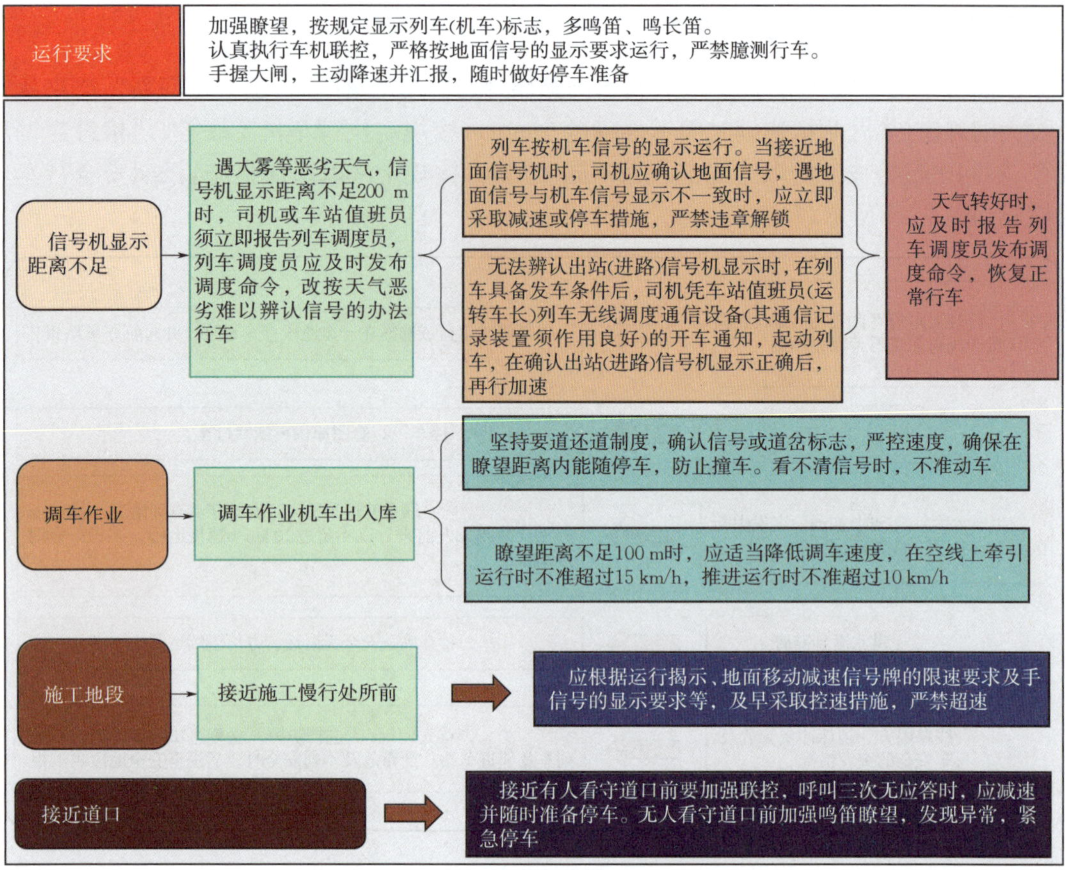

图 7-22　天气不良时的行车应对流程

列车无线调度通信设备(其语音记录装置须作用良好)的发车通知起动列车，在确认出站(进路)信号机显示正确后，再行加速。

3. 天气转好时，应及时报告列车调度员发布调度命令，恢复正常行车。

六、其他需要掌握的非正常行车处置知识

(一)担当救援任务时监控装置的操作

1. 闭塞区间正方向担当救援任务时，司机应根据调度命令输入担当车次，重新降级开车对标，使 LKJ 处于通常工作状态进入区间，严格按分区通过信号机显示要求行车。

运行中注意地面和 LKJ 公里标，判断与被救援列车距离，在行车许可终点处一度停车与被救援列车司机联系确认后，按 LKJ 调车模式进入前方闭塞分区。

2. 除上述情况以外的其他情况救援时在、双线自动闭塞区间反方向、半自动闭塞区间及自动站间闭塞区间运行时，应使 LKJ 处于调车工作状态，进入区间救援。

3. 救援机车担当附挂时，应将 LKJ 转入补机状态。

4. 被救援列车机车将监控转入补机状态(采用尾部顶推救援时除外)。

(二)执行“十必停”制度

列车运行中要严格执行“十必停”制度，列车运行中“十必停”措施见表 7-20。

表 7-20　列车运行中"十必停"措施

序号	风险源	风险项点	防控措施		
			处置时机	处置方式	后续处置
1	线路障碍	线路上有行人、牲畜、异物等侵界	发现或听到停车的呼叫或遇停车手信号时	紧急制动停车	立即向列车调度员(车站值班员)汇报,按照其指令办理
2	机车异常	机车走行部有异音、异状或听到相撞声	发现后	紧急制动停车	1. 按规定汇报并防护。 2. 检查无异状时,汇报后继续运行。 3. 检查后不能继续运行时,再次汇报故障情况,及时向有关部门请求处置
3	弓网异常	机车原边失压保护动作,并伴有接触网晃动和车顶有异音、弧光等异常现象	发生时	紧急制动停车	1. 按规定汇报,询问车站接触网是否停电。 2. 查明情况后方可继续运行,不得盲目升弓合闸
		断网、接触网部件脱落、弓网异常、刮弓	发现后	降弓断电,紧急制动停车	1. 按规定报告列车调度员(车站值班员)、后续列车及其他相关人员。 2. 检查弓网状态,如损坏的受电弓或接触网及相关部件妨碍邻线时,应立即进行防护,并迅速用列车无线调度通信设备向两端车站或列车调度员报告。 3. 有车顶绝缘检测装置的机车必须按规定进行检测
4	车辆异常	运行中车辆出现抱闸、热轴等异常现象	听到车站呼叫时	紧急制动停车(如明确车辆热轴需停车时,采用常用制动停车)	1. 按规定汇报并防护。 2. 检查后不能判定是否能继续运行时,再次汇报列车调度员,按照列车调度员的指令办理
5	尾部风压异常	1. 列车风压与机车风压不一致或列尾装置异常报警。 2. 发现机车总风压力下降异常或压缩机打风不止、列车管压力表针急剧摆动时	发现后	1. 紧急制动停车。 2. 使用列尾装置司机控制盒进行尾部排风	1. 停车后及时向列车调度员(车站值班员)汇报,并做好防溜、防护。 2. 检查、记录、汇报、处理列尾风压与机车风压不一致或列尾装置异常报警的故障,正常后要进行制动机试验(长大坡道确认尾部风压同步上升),继续运行
6	信号设备异常	信号突变、灯光熄灭、显示异常	发生时	紧急制动停车	停车后及时向列车调度员(车站值班员)汇报,按其指令办理
7	水害	山体滑坡、泥石流冲入线路、道床冲空、水浸路基	发现时或听到停车的呼叫或遇停车手信号时	紧急制动停车	立即向列车调度员(车站值班员)汇报,按其要求办理。如严重危及本列安全时,后退至安全地段再汇报

续上表

序号	风险源	风险项点	防控措施		
			处置时机	处置方式	后续处置
8	火情	机车、车辆等设备发生火灾险情	1. 发现机车火灾后。 2. 听到停车呼叫或发现有火情时(尽量避开隧道、桥梁、有易燃易爆设备、物品等高风险处所停车)	紧急制动停车	1. 发生机车火情时,及时切断电源(内燃机车停止柴油机工作),做好防溜措施后实施灭火措施,同时按规定汇报信息。 2. 车辆等设备发生火情时,在停车并做好列车防溜、防护措施的同时,及时准确汇报火情信息并积极采取扑救措施
9	拦截停车信号	遇有车站、道口、巡线工、看守点、邻线列车、前行列车等发出的各种停车信号(呼叫)	接到后	紧急制动停车	立即向列车调度员(车站值班员)汇报,按照其指令办理
10	移动停车信号	运行中压响墩,发现火炬、停车手信号、停车牌等	发现后	紧急制动停车(担当救援作业时,常用制动停)	1. 立即向列车调度员(车站值班员)汇报,按照其指令办理。 2. 按救援程序执行

(三)双线区段反方向行车或双线改为单线时的处置

1. 无双向闭塞设备的双线区间反方向发车或改按单线行车。

(1)无双向闭塞设备的双线区间反方向发车或改按单线行车应停止使用基本闭塞法,改用电话闭塞法行车,列车占用区间的行车凭证为路票。

(2)双线反方向行车使用路票时,应在路票上加盖"反方向行车"章。

(3)双线改单线时,使用常用路票,并在路票下方注上"双线改单线,经上(下)行线运行"字样。

2. 双线双向闭塞设备的车站,反方向发出列车时。

(1)设有双向闭塞设备的双线自动闭塞区间反方向行车时,按站间组织行车。

(2)行车凭证为出站信号机显示的允许运行的信号。

(3)双线反方向行车的调度命令。

(4)反方向发车进路表示器显示正确(进路表示器故障时通知司机)。

(5)司机凭列车调度员发布的"双线反方向行车"调度命令在反方向行车的起止站停车,调用 LKJ 反方向行车数据并进行其他相应的转换操作。

3. 设有双向闭塞设备的双线自动闭塞区间改按单线行车。

(1)闭塞设备正常时,原正方向行车,仍然按自动闭塞行车,原反方向按站间组织行车。

(2)遇该线双向闭塞的某一个方向闭塞设备发生故障,而另一方向闭塞设备正常时,无论故障方向,还是正常方向,均应改用电话闭塞法行车。

(3)双线自动闭塞区间改按单线行车,对进入该单线原反方向运行的列车,列车调度员不再发布反方向行车的调度命令。

(4)司机凭列车调度员发布的“双线改单线行车”调度命令在反方向行车的起止站停车，调用 LKJ 反方向行车数据并进行其他相应的转换操作。

(四)电力机车被迫停在接触网分相无电区时的处置

1. 车站值班员(列车调度员)接到报告后采取的处置措施电力机车被迫停在接触网分相无电区时，司机要立即降弓，并将停车原因、停车位置、接触网支柱号(司机能确认时)等报告车站值班员(列车调度员)。

2. 具备采用换弓、退行闯分相自救条件时的处理办法。

具备采用换弓、退行闯分相等方式自救时，由列车调度员、供电调度员、机车调度员共同根据电力机车、动车组类型、停车位置、牵引供电设备状况等确定自救方案，组织自救。

3. 不具备自救条件时采取的处理办法。

(1)向中性区送电办法

具备向中性区远动送电时，车站值班员(列车调度员)通知后方供电臂内所有列车停车、降弓，由列车调度员通知供电调度员，供电调度员办理后方供电臂停电后向中性区远动送电。

车站值班员(列车调度员)通知停在该分相处的列车升弓，待该列车驶出分相区后，由列车调度员通知供电调度员恢复原供电方式并向后方接触网供电臂送电，恢复后续列车正常运行。

(2)组织救援的办法

因故停于分相内需使用机车救援时，应尽量组织内燃机车在列车运行前进方向担当救援。

使用电力机车救援时，司机应查明机车停车位置距“断”电标或“合”电标的距离，司机报告车站值班员(列车调度员)是否“电力机车可以从前部救援”。从尾部救援时，司机(动车组司机应换端至动车组尾部司机室)应与救援机车司机保持联系，司机及时通知防护人员进行防护。根据实际情况，救援机车将被救援列车救援至前方站或后方车站(动车组只能救援至后方站)后，司机升弓受流恢复运行。

(五)列车发生火灾、爆炸时的处置

1. 列车发生火灾、爆炸时，须立即停车(停车地点应尽量避开特大桥梁、长大隧道等，选择便于旅客疏散的地点)，车站不再向区间放行列车，并通知邻线及后续相关列车停车。电气化区段，现场需停电时，应立即通知供电部门停电。

2. 列车需要分隔甩车时，应根据风向及货物性质等情况而定。一般为先甩下列车后部的未着火车辆，再甩下着火车辆，然后将机后未着火车辆拉至安全地段。

3. 对甩下的车辆，在车站由车站人员负责采取防溜措施；在区间由司机、车辆乘务员(随车机械师)负责采取防溜措施。

4. 遇火灾、自然灾害、列车被迫停车妨碍邻线等紧急情况危及行车安全时，列车司机、车辆乘务员(随车机械师)、工务巡检人员、道口看守人员、车站助理值班员可使用 GSM-R 手持终端发起“299”紧急呼叫。可能妨碍邻线时，按妨碍邻线时的处置办法办理。

5. 机车发生火灾时应先断电降弓(内燃机车须停止柴油机工作)，拉开蓄电池闸刀，再灭火。如果火势严重，立即采取措施将机车与车辆分隔，并采取防溜措施。

(六)改用电话闭塞法行车时的处置

1. 使用电话闭塞法行车时,列车占用区间的行车凭证为路票。当挂有由区间返回的后部补机时,另发给补机司机路票副页。接到路票后机车乘务组应共同确认路票是否正确(电话记录号、车次、占用区间、站印)。

2. 发出需由区间返回的列车时,除发给司机路票外,必须发给司机区间停车地点、返回车次、时间及安全注意事项的调度命令,并在发给司机路票的最下边注上“区间折返”字样。

3. 发出区间返回后部补机的车站,应另发给补机司机在右上角加盖“副”字戳的路票,作为区间返回时的行车凭证。

4. 双线改单线时,使用常用路票,并在路票下方注上“双线改单线,经上(下)行线运行”字样。

双线反方向行车使用路票时,应在路票下方加盖“反方向行车”章;两线、多线区间使用路票时,应在路票下方加盖“××线行车”章。

5. 自动闭塞区间遇下列情况之一时,应停止使用基本闭塞法,改用电话闭塞法行车。

(1)只设一架通过信号机的区间,通过信号机发生故障或灯光熄灭时。

(2)未设通过信号机的区间,出站信号机及该方向离去监督表示器均发生故障时。

6. 将监控装置转换至路票控制模式,以不超过该股道的侧向限速运行,列车尾部越过最外方道岔后,按监控装置的规定限速运行。